信息化战争简明教程

主编 司伟建 张春杰 曲志昱 侯长波

哈尔滨工程大学出版社

Harbin Engineering University Press

内 容 简 介

本书系统全面地阐述了信息化战争、美国的信息战、军事信息化、信息化战争模型、计算机战、网络中心战、太空战、导航战的定义、内涵、现状及发展趋势。本书以美国、俄罗斯军事信息化的现状与发展前景为主,阐述了世界军事信息化的过程与未来,以及对我国军事信息化的启迪。

本书可以作为高等院校本科生及硕士、博士研究生相关专业课程的教材,也可作为从事信息化战争研究的工程技术人员快速了解相关知识的参考书。

图书在版编目(CIP)数据

信息化战争简明教程 / 司伟建等主编. —哈尔滨：
哈尔滨工程大学出版社,2020.1
ISBN 978 – 7 – 5661 – 2131 – 8

Ⅰ. Ⅰ. ①信… Ⅱ. ①司… Ⅲ. ①信息战 – 教材 Ⅳ.
①E869

中国版本图书馆 CIP 数据核字(2018)第 265931 号

选题策划　石　岭
责任编辑　石　岭
封面设计　博鑫设计

出版发行　哈尔滨工程大学出版社
社　　址　哈尔滨市南岗区南通大街 145 号
邮政编码　150001
发行电话　0451 – 82519328
传　　真　0451 – 82519699
经　　销　新华书店
印　　刷　哈尔滨市石桥印务有限公司
开　　本　787mm×1 092mm　1/16
印　　张　11
字　　数　291 千字
版　　次　2020 年 1 月第 1 版
印　　次　2020 年 1 月第 1 次印刷
定　　价　39.80 元
http://www.hrbeupress.com
E-mail:heupress@hrbeu.edu.cn

前　言

在信息技术蓬勃发展的信息化时代,信息化战争最终将取代机械化战争,成为未来战争的基本形态。在信息化战争中,信息、通信、计算机是三大技术要素,信息和知识是主要的作战力量。信息化战争的目的是取得信息优势,使已方的信息畅通、已方指挥人员得到足够的信息,以作出正确的判断、正确的决策;阻断敌方的信息,使敌方的指挥官得不到正确的信息,无法作出正确的判断,从而作出错误的决策或者无法作出决策,贻误战机。

信息化战争是我国的定义,而其他国家则有其自己的称谓,例如美国称其为信息战。信息化战争与信息战的定义不同,但其实质内涵、内容和作战的方式是基本相同的。本书对信息化战争(信息战)的概念、理论及其重要内容进行了简明论述。

1997 年美国提出了新的作战理论——网络中心战。现代信息化战争是以"网络中心战"的方式进行的,因此本书对网络中心战进行了论述。2018 年,美国总统及副总统多次公开发表关于推动筹建"太空军"的言论,并计划在 2020 年之前分阶段建成"太空军"。可见,信息化战争正在向空间(太空)发展,将来信息化战争的主战场在"太空",太空战在一定程度上将逐步变为现实。本书将对太空战的相关知识和发展进行论述。

本书在对 2010 年出版的《信息化战争导论》一书内容整合、删减的基础上,对美国、俄罗斯等国近几年信息化战争领域的发展和变化进行整理和分析,力图简明扼要地阐述信息化战争的基本概念、内容、形式及发展方向。本书可以作为高等院校本科生及硕士、博士研究生相关专业课程的教材,也可作为从事信息化战争研究的工程技术人员快速了解相关知识的参考书。

本书由司伟建、张春杰、曲志昱、侯长波编写,李善双、郝英军、杨梦、郝东斌等参与了本书的校对,得到了哈尔滨工程大学校级规划立项教材资金的资助。编者在此对负责本书编辑、策划和出版的同志表示衷心感谢。

由于编者水平和经验有限,本书必然存在不妥之处,敬请读者多加批评和指正,以便今后逐步完善,不胜感谢!

编　者
2019 年 7 月

目　　录

第1章 信息化战争

1.1 概 述

1.1.1 时代背景

现代世界正处于第三次革命浪潮,同时已步入高速发展的信息时代。在信息时代从政治、经济、文化、军事等多个方面,从政府、社会、团体到个人等多个层次,不管是开展正常的活动还是参加竞争,都必须依赖信息。信息已成为赢得未来的关键因素。

第三次革命浪潮,实质上就是信息革命。而信息革命的支柱是信息技术、通信技术和计算机网络技术。正是这些技术的现代化,使人们对其依赖性增强,同时也增加了其脆弱性。用信息武器攻击的战略目标将大量增加。

信息基础设施(综合信息电子系统)的发展是以容易使用和存取为基础的。软件强调友好,趋向公开,但这使信息系统更加脆弱。随着计算机技术和网络技术的发展,计算机通信网络(如 Internet 互联网)逐渐在世界各国普及,随之而来的对计算机和网络进行攻击的事件也不断增加,对此各国的专家指出:信息和网络的安全是21世纪的重大安全挑战,完全有必要制定一项国家信息战政策来处理这种威胁和挑战。这是提出信息化战争理论的时代背景。

1.1.2 军事背景

随着军事技术革命的不断深入,部队结构从面向武器系统进行组织的战斗集体,正转变为一种面向信息系统进行组织的战斗集体,规模变小,快速反应能力提高,机动性增强,使用精确制导武器,加大了纵深打击力度。所有这一切必然提出非常严格的信息要求,因此必须建立一套符合上述要求的最佳情报系统,这是提出信息化战争理论的军事背景。

1.1.3 信息化战争内涵

在信息化战争中,信息是最重要的战斗力。只有在正确的时间、正确的地点,提供正确的信息,物质和能力才能转化为战斗力。也就是说,部队战斗力的发挥将完全依赖于及时的信息收集、处理、控制、传递和使用。这就要求武器装备的"信息化"和"数字化",而武器装备的"信息化",必然导致"信息化战争"。因此"信息化战争"理论的提出和运用正是顺应了时代的发展和历史的必然。

"信息化战争"简单地说是围绕着信息控制权的争夺而进行的作战,己方通过夺取信息优势,获得信息控制权,加快作出决策的进程,同时使敌方不能获得有利于其决策的信息,从而作出错误的决策或难以决策,因此延误战机、指挥失灵。

信息化战争的目的就是取得信息优势,而信息优势不是简单意义上的信息的多少,它是利用信息作出正确的决策,并比敌方更迅速实施,来提高己方能力的一种手段。信息优势就是对信息的控制权,信息化战争是在防止敌方在信息领域对己方造成危害的同时,为了自由地利用信息而对信息领域进行的控制。

1.2 信息化战争一词的来历与定义

1.2.1 信息化战争一词的来历

信息化战争这一概念是著名的科学家钱学森提出的。1995 年其在原国防科学技术工业委员会首届科学技术交流大会上的书面发言中提出:"现阶段和即将到来的战争形式为核威慑下的信息化战争。"这是首次开创性地提出"信息化战争"的概念。这一概念的提出不仅顺应了我国研究世界新军事革命的潮流,而且具有巨大的启迪和模范作用,使人们意识到人类面临的下一个战争形态将是信息化战争,这是中国学者的创新。

1.2.2 信息化战争的定义

1. 定义

信息化战争是信息时代的基本战争形态,是由信息化军队在陆、海、空、天、信(息)五维战略空间进行的,以信息和知识为主要作战力量的,将附带杀伤破坏减小到最低限度的战争。

2. 信息化战争的五个基本点

(1)时代性,信息时代有多种战争,但信息化战争是最基本的、最主要的战争形态,就像工业时代机械化战争是最基本的战争形态一样。

(2)交战双方至少一方是信息化军队,机械化军队或半信息化军队打不了信息化战争。近期的高技术局部战争之所以算不上信息化战争,就是因为迄今世界上任何国家都没有建成信息化军队。

(3)要在五维空间进行,特别是外层空间(太空)、信息空间进行的战争要占相当的比例,不能像现在这种外层空间系统只起支援作用。

(4)在物质、能量、信息等构成作战力量的诸要素中,信息起主导作用,信息可严格控制在战争中表现为火力和机动力的物质和能量。

(5)战争中的必要破坏和"流血暴力"依然存在,但附带破坏,亦即与达成战争目的无关的不必要的杀伤破坏应降低到最低限度,甚至趋于零。

根据这五个基本点判断,迄今为止发生的所有战争都不是信息化战争。

1.2.3 信息化战争的特点

1. 战争的起因

信息化战争,在今后相当长一段时间内,其主要的起因仍然是政治主张、意识形态、民族解放、国家独立、领土争夺、资源争夺、民族纠纷、宗教矛盾等,还有贸易问题、环境污染问题、难民问题、贩毒和恐怖主义活动等因素,但最基本的起因则是国际战略格局的演变和国际利益的调整。然而,称得上信息化战争者,绝不是弱国之间的武装冲突,而是战争中至少有一方是拥有信息化装备和信息化部队的军事强国。

当今的霸权主义就是外国学者所称的"后殖民主义",与新旧殖民主义一样,都是发达国家凭借经济、军事和科技等方面的优势,企图强迫发展中国家服从他们的利益与意志,控制别国,称霸世界。

当今世界霸权主义往往把其发动战争或进行军事干涉的起因解释为"保护本国公民和海外商业利益""维护和平""履行条约义务"等,但实质是霸权主义者按照本国利益的需要,把自己的意志强加到别国头上,妄图主宰别国的命运,或者以牺牲别国经济利益为代价使自己获取更多的经济利益。美国的国际关系学家摩根索也认为"国家扩大自己权力的欲望,会在一定的条件下导致战争"。

世界霸权主义企图控制的范围是整个地球。世界霸权主义,为了推行全球战略,实现侵略、掠夺、扩张的目的,凭借强大的经济实力、科技实力和军事优势,攫取与维护其全球利益;或充当世界警察,扩大势力范围,维护其霸主地位。霸权主义为称霸世界而发动战争,从其全球战略上看,有如下三种类型:

(1)扫除称霸障碍。如美军两次空袭利比亚,借口是"向全球的恐怖分子开战",其实质是扫除称霸的障碍。其原因是苏联向利比亚提供了60亿美元的军火,在利库费腊绿洲建立了大型战略空军基地,并获得了利用机场和港口的便利;与此相反,美国在利比亚建立的惠勒斯空军基地则被收回,并废除了与之签订的军事、经济等九项协议。美国认为,不扫除它将"在全球对美国及其盟国构成挑战",成为其控制地中海沿岸的一个障碍。

(2)铲除扩张隐患。如美军入侵格林纳达,声称应加勒比海各国"要求"和"保护美侨利益",其深刻原因是踞守加勒比海通往大西洋航道的格林纳达,让苏联在格西南部萨林斯建造了大型现代化机场,成为美国的心腹之患。美国认为,这对其加勒比海域的石油运输线构成了威胁,不消除之,后患无穷。于是,美国悍然奔袭2 000千米入侵格林纳达。

(3)控制既得利益。美国入侵巴拿马,名义上是"打击毒品走私"和"自卫行动",其实质是美巴签订的新条约使美失去了运河的管理权,丧失了原有3亿多美元的年收入,并给其在政治、经济和军事上带来严重后果。为控制在运河的既得利益,扶植亲美政权,美国直接派兵入侵了巴拿马。又如,美国出兵攻打伊拉克,并非是出于维护和平、正义、公道,而是因为伊拉克入侵科威特触犯了以美国为首的西方国家的经济利益,是对美国世界霸权地位的挑战。海湾地区地处欧亚大陆中心,直控欧亚非三大洲咽喉,又因其储油量占全世界的65%,是世界上最重要的石油供应基地。从杜鲁门时代起,美国就把海湾地区看成自己的经济生命线,并宣称"任何外部力量想控制波斯湾地区的企图,都将被看成威胁美利坚合众国的切身利益,因此都要采取包括军事行动在内的一切手段来加以排除"。美国为确保其在中东的利益不受损失,下定了武装干涉的决心。美国除了经济利益之外,还基于保护政治上领导全球的"尊严"和树立超级大国的"威望"。

美国在冷战结束之后,认为世界发生了对其有利的四大变化:

(1)美国已成为世界上唯一的超级大国,"拥有世界上最强的军队,最具实力的经济和最有生气的多民族社会",现存的"力量、权威和榜样"给予了其"领导世界的千载难逢的机会",且这种"领导"不是以"恐怖"为基础的;

(2)美国所奉行的民主制和市场经济得到了前所未有的"广泛欢迎",夯实了其政治大国的地位;

(3)民族、宗教和派别矛盾引发的武装冲突主要表现在别国国内,美国可根据其经济利

益和安全利益的需求,握有"单边和多边参与的主动权";

(4)美国具有以信息革命谋利的驱动力,因势利导地运用信息革命成果扩大自己的影响和推进自己的利益。

基于上述看法,美国正式推出了"扩展战略"。美国的"扩展战略",是彻头彻尾的强权政治和霸权主义的产物。"扩展战略"比"遏制战略"具有更强的进攻性,其实质是随意鱼肉他国,使世界各国面临遭受侵略的危险。

"扩展战略"已历经了两个阶段:第一阶段是"堂皇行动阶段",这一阶段的主要特点是打着联合国的旗帜、打着维护和平的幌子、推出联军作战模式、采取"先礼后兵"策略干涉他国内政;第二阶段是"赤膊行动"阶段,可以不顾联合国决议或授权,单独行动,先发制人,具有更大的危险性。

2.战争的特点

(1)信息化战争的基本特点

①信息化战争的主战兵器是应用新物理原理,以超级数据处理支持的精确制导武器,精度和速度是其基本特征,追求精确的信息、精确的指挥控制、精确的打击、近实时的侦察、近实时的指示、近实时的打击。以往战争的历史是不断增加破坏力的历史,杀伤力的增大是通过增大破坏力来实现的,核武器使这种趋势达到了顶峰。精确制导武器打破了杀伤力与破坏力之间的正比关系,从而使战争的附带损伤大为减少,火力的运用由打面目标转向打点目标。

②信息化战争的主战场转向空中和空间,地面部队作用逐渐减小,空军、海军部队的作用更加突出;空间平台将成为实施连续侦察、指挥、控制与通信、导弹攻击预警、天气预报、导航和电子战的基地,成为打击敌占区设施和目标的主要作战平台;地面部队、海军和空军的指挥与控制将由机载或天基指挥所担任。进攻性航空航天战贯穿战争的始终。电子战由支援活动变为独立的战术、战役和战略行动方式。防空作战的主要任务是打击无人驾驶飞行器,并主要依赖大量的短程、中程、远程和洲际精确制导武器。庞大的陆军装甲部队不再决定战争的结局。

③信息化战争在军事力量运用的方式方法上将发生重大变革。武器的威力、精度、反应速度和军队机动能力的不断提高,已使过去大规模正规战争的那一套,诸如火力准备、突破前沿、纵深攻击和绵密堑壕式的、支撑点式的、纵深梯次配置式的防御等趋于过时;战争的前后方界线正在消失,战场是"非线式"的、"多维"的、"流动"的,军队将在"扩大的战场"条件下分散行动,大兵团建制不仅无用武之地,还将成为对方"合适的靶子"。兵力集中这一古老军事原则的含义将更新,集中的内容是火力而不是兵力;集中的范围是战役级而不是战术级。瘫痪战、远战、电子战、信息战、全维战等新的战法和新的作战理论应运而生。由于种种原因,核生化武器很难根除,信息时代发生核生化战争的危险依然存在。

(2)信息化战争的作战特点

①全维作战

信息技术拓展了作战空间,未来的作战将是诸军兵种的联合作战。

②信息作战

制高权、制海权、制空权、制天权、制电磁权、制网络权,其关键是制信息权,以获取信息优势为目的的信息作战将贯穿战争的始终。

③精确作战

信息与能量相结合,精确打击点状目标的能力提高。在信息化战争中,各军兵种都具备了进行导弹战的条件。精确制导加上遥感侦察,可以实施超视距打击(非接触作战)。只要能发现目标,不管目标在什么地方,都具备将其消灭的可能性。"点穴法"已成为新的作战方法,专门打击指挥控制中心的"神经瘫痪战法",打击地下设施的"钻地打击法"已经应运而生。精确制导炸弹与遥感技术、电子控制技术相结合,形成了新的突击方式。利用侦察卫星、导航定位卫星,打击的精度更有保障。这种突击方式的革命性将带来一系列作战方式的变革(如纵深同时打击)。

④机动作战

兵力的战略投送和机动作战在信息化战争中尤为重要,而且由于信息网络的作用,空前的组织严密性和行动快速性,使信息化条件下的兵力把握和机动作战不同于以往。在机动作战方法上,已经实现了空中突击和加油技术相结合的洲际空中奔袭战;地面装甲部队在航空兵、直升机支援下的空地一体的机动战,以及与运输直升机相结合的"蛙跳"战;在战役纵深实施以多种直升机为主的空中突击遮断战法;采用空中和地面输送方法等,可大规模转移战区战场兵力。远战火力、空中投送、战场的快速机动,以及航空兵和直升机的伞降、机降作战,战术上更多地采用穿插分割、包围迂回战术,非线性作战越来越多。

⑤夜间作战

各种夜视信息设备,使夜幕不能阻碍继续白天的作战,反而成为达成作战目的可利用的时机。夜战成为信息化战争的一种必然形式,各种夜视器材的装备、部署和应用是夜战方法的必然内容。夜战中的精神因素、地形的了解和利用对夜战起重要影响,夜战的优势已倾向于拥有夜视探测能力和夜间打击能力的一方。

⑥突袭作战

信息技术缩短了信息获取和采取行动的时间,信息传递和处理的快速性使战争的节奏加快了,达成战争的突然性和快速性的条件更加完备。一场战争准备的时间也许很长,而实施的时间有时却很短。

3.非对称作战是信息化战争的一般规律

当今世界按照各国的经济、军事实力划分为三个世界,即第一、二、三世界。三个世界的国力、军力差别很大。美国不但在经济、军事上占据领先地位,在科学技术上也占有优势,不仅拥有先进的陆、海、空军武器,而且在空间武器的研制上也遥遥领先;他们不仅拥有质量占有优势、数量也十分庞大的核武器库,而且拥有超高速的动能武器,聚合成束的定向能武器,耳听不见的次声武器,地震、山崩、海啸等人造灾害的地球物理武器,聚焦阳光的太阳能武器,"不可救药"的基因武器等众多的新概念武器。而第三世界国家多数仅拥有数量有限的、落后的工业时代武器,甚至农业时代武器。

今后相当长一段时间,世界上强权政治和反对霸权、掠夺和反掠夺、剥削与反剥削、侵害与反侵害的矛盾将一直存在,战争在第一和第三世界国家之间发生的可能性最大。由于第一和第三世界国家力量悬殊,战争将是"非对称的"。第三世界国家面对强敌,无法正面对抗,只能因地制宜、扬长避短,依靠人民大众抵御外来入侵,保卫国家和民族的利益。美国也在倾注力量应付非对称战。

这里需要指出的是,美军在海湾战争后,在1991年11月颁发的1号出版物《美国武装部队的联合作战》,以及随后颁发的3号联合出版物《联合作战纲要》中提出了非对称战

(Asymmetric Operations)的概念,将其定义为"不同类型"部队之间的交战。"不同类型"指空军对海军、空军对陆军……即双方不同军种之间的交战。这种非对称战的概念与我们前述的概念是站在两个不同角度的描述。

无论如何,都可以得出这样的结论:非对称战是信息化战争的一般规律。

4.积极做好非对称战的准备

众所周知,国防现代化建设需要人才、技术、经费和时间。我们要在军队机械化和信息化方面赶上西方发达国家需要一段相当长的时间。未来战争是"信息伞"加精确制导武器的战争,即网络加平台的战争。C4ISR 是构成国家军队信息化体系的主体及核心,雷达、卫星、光电设备、通信设备为四大具体应用装备。现阶段,美国陆军装备信息化程度已经达到50%以上,美国海军、空军的装备信息化程度已经达到70%以上。目前,美国第三代全球C4ISR 系统已组建完成,我国第一代全军一体化指控系统取得突破,第一代自主高信息化水平武器装备研制完毕,已经加速列装。从中美信息化装备发展程度对比来看,中美国防信息化装备仍有较大差距,我国在卫星导航、雷达通信设备、集成电路技术等细分领域亟待突破。加快、加强信息化武器装备的研制、应用,培养和储备信息化战争需要的高科技人才和熟练运用信息武器装备的军队将为可能面临的非对称战做好充足准备。

1.2.4　信息化战争与高技术战争及二者区别

从工业时代的机械化战争到信息时代的信息化战争,要经过一个战争形态从量变到质变、从部分质变到整体质变的漫长过程。在这个过程中的战争形态一部分是机械化战争,另一部分是信息化战争。而且,随着时间的推移,其机械化战争的成分越来越少,信息化战争的成分越来越多。对这种两者兼而有之的混合型战争形态,我们不妨称之为高技术战争。高技术战争是从工业社会向信息社会过渡时期产生的,既有工业时代机械化战争的性质又有信息时代信息化战争特点的、大量使用信息化武器装备(即高技术兵器)的、在构成作战力量诸要素中信息的作用日益凸显的混合型或过渡性战争形态。

高技术战争与机械化战争相比,主要有以下六个特点:

一是可控性强。对战争的目标、规模、手段都严加控制,使战争行动严格限制在政治目的许可的范围内;对和谁打,什么时间和使用什么手段打,打多长时间和打到什么程度,如何结束战争,都有明确的限定。战争可控性增强的原因是:现代国家或政治集团实现战略目的的手段增多;世界经济一体化格局有巨大约束力;新闻媒体和公众舆论的制约力增强;战争耗费大。

二是电子战发展为信息战,信息空间的斗争逐渐展开,信息在构成作战力量诸要素中的作用日趋突出。

三是信息优势作用凸显。由20世纪80年代以来发生的各场高技术局部战争可以看出,优势一方之所以有优势,主要是因为有信息优势。有了信息优势,就可以拥有制空权、制海权,拥有全部战场主动权,使敌方永远处于被动挨打的地位。

四是精确打击崭露头角。精确打击是指使用精确制导武器或弹药对目标实施的攻击行动。随着各国军队信息化程度的不断提高,在高技术战争中使用精确武器的比例也越来越大。美军在海湾战争中使用的精确弹药占弹药总量的8%,在科索沃战争中占35%,在阿富汗战争中上升到56%(共投弹12 041枚,其中6 732枚是精确制导炸弹)。使用精确弹药实施的精确打击,作战效能极高。据统计,一架 F - 117A "夜鹰"战斗机携带 2 000 磅①激光制导炸弹所达到的作战效果,相当于 10 名飞行员驾驶的 B - 17 重型轰炸机飞行 4 500 架次,投掷 9 000 枚炸弹的效果。

五是持续时间短。1982 年的英阿马岛战争历时 74 天,1983 年美入侵格林纳达前后用了 8 天,1986 年美军空袭利比亚仅用了 16 分钟,1991 年的海湾战争历时 42 天,1999 年的科索沃战争持续了 72 天。高技术战争的持续时间之所以大大缩短,主要是由于战争目的有限、作战效率提高和作战节奏加快。

六是耗资巨大。由于大量使用高技术兵器,而这些武器又价格昂贵,高技术战争耗资极大。海湾战争中,美军共耗资 610 亿美元,日均消耗 14 多亿美元;在科索沃战争中,美军仅用于空袭和地面行动的费用就高达 240 亿美元;美对阿富汗军事打击到 2001 年 12 月 8 日共耗资 137 亿美元,日均 2.25 亿美元。2017 年,美国国防部给出了华盛顿 21 世纪以来的中东战事开销数据:自 2001 年以来,美国已为阿富汗、伊拉克、叙利亚和巴基斯坦的战事支出约 1.5 万亿美元。

一般认为,高技术战争始于 1982 年的英阿马岛战争,因为在这场战争中使用了较多的高技术兵器和综合电子信息系统。高技术战争的起点是 20 世纪 80 年代初,那么高技术战争的终点在哪,它何时才能过渡到信息化战争,对此要作出较为准确的预测,就必须认清打信息化战争应具备的最基本条件。这个条件就是要出现信息化军队,因为只有信息化军队才有资格打信息化战争。从现在来看,军队信息化建设起步最早的国家是美国,目前军队信息化程度最高的国家也是美国,美国最有可能在世界各国中首先建成信息化军队。美国国防部 2001 年《四年防务审查报告》指出,要全力推进美国军队转型,把美军由工业时代的机械化军队建设成信息时代的信息化军队。军队信息化建设的龙头是不断完善综合电子信息系统。为此,美国国防部计划 2025 年建成 C4ISR 系统,即实现探测预警系统、指挥控制通信系统和各种打击系统的一体化。在美国国防部的指导下,各军种制订了本军种的转型规划。陆军在建设数字化部队的基础上,计划到 2031 年把 10 个师建成高度信息化的"目标部队"。海军的"21 世纪信息技术建设计划"规定,分三个阶段实现海军信息化,到 2025 年将把指挥决策程序的观察——判断——决策——行动四个阶段合而为一,把海军和陆战队建成一个信息化大系统。美"空军 2020 年构想"要求,到 2030 年左右把现在的"航空航天部队"建设成新型的"航天航空部队",使空军具备空间作战能力。各军种到 2030 年左右基本实现数字化、信息化后,国防部可能还要用约 10 年的时间集中精力调整体制编制,使全军成为无缝隙连接一体化"军事大系统"。军队从一种体制转换成另一种体制后要想顺利运转和充分发挥效能,要经过 10 ~ 15 年的磨合、调整与完善期,这就到了 2050—2055 年,即 21 世纪中叶。

从 20 世纪 80 年代初到 21 世纪中叶的 70 年间,高技术战争将经历三个发展阶段,即初级高技术战争、中级高技术战争和高级高技术战争阶段。初级高技术战争阶段为从 1982 年的马岛战争至 1991 年的海湾战争。在这一时期的战争中,电子战发展成指挥控制战,信息的作用崭露头角;远程精确打击兵器开始使用,导弹战、精确战、非接触作战等新作战样式不断涌现;战略、战役和战术级信息系统投入使用,战场信息的获取、处理、传输和使用大大加快。从 20 世纪 90 年代初的海湾战争到 21 世纪 20 年代末的约 30 年间,是中级高技术战争

---

① 1 磅 ≈ 0.453 6 千克

阶段。在这一阶段,由于各国军队的信息化程度有很大提高,战争的信息化、一体化水平也将达到相当高的程度,其主要表现是:预警探测系统与指挥控制系统实现无缝隙连接,C4ISR 系统与各种武器系统开始联通;精确弹药将大量使用,外科手术式的精确打击成为普通作战样式,扁平的网络式指挥控制体制开始形成,信息得以近实时的采集、处理、传输和利用;争夺制信息权的斗争将非常激烈,网络战将成为决定战争结局的重要作战样式,虚拟现实战开始出现。从 21 世纪 20 年代末到 21 世纪中叶的高级高技术战争中,由于一些国家的军事组织结构很快就要过渡到信息时代的军事体制,接近于建成信息化军队,信息能得到实时利用,信息将主宰战场上的物质和能量,控制部队的机动和火力,成为决定战争胜负的主导要素。

参 考 文 献

[1] 王保存. 信息化战争及相关概念辨析[J]. 国际电子战,2002(8):18 – 24.

[2] 张翔. 新军事革命——信息化、信息战、信息化战争[M]. 北京:海潮出版社,2007.

[3] 董学贞. 解读信息作战、信息战与信息化战争[J]. 陆军学术,2000(6):10 – 11.

[4] 田一平. 空军信息作战概念[M]. 北京:解放军出版社,2003.

[5] 沈伟光. 21 世纪作战样式[M]. 北京:新华出版社,2002.

[6] (美)汉斯·摩根索著. 国家间政治——权力斗争与和平(简明版)[M]. 徐昕,郝望,李保平,译. 北京:北京大学出版社,2012.

[7] 汪维余. 信息化战争哲理[M]. 北京:国防大学出版社,2011.

[8] (美)Christopher Paul 著. 信息战理论与实践[M]. 董宝良,蔡磊,杨诚等译. 北京:电子工业出版社,2015.

[9] 沈伟光. 未来世界战争——全面信息战[M]. 杭州:浙江大学出版社,2000.

第 2 章 美国的信息战

2.1 概 述

2.1.1 美国信息战一词的来历

信息战一词最早是由美国海军电子系统司令部副司令小阿尔贝特·加洛塔少将提出的。他于 1985 年 3 月在《电子防御》杂志上发表了《电子战与信息战》一文,文中指出,随着电子战的范畴越来越广,电子战的目的已不仅仅是干扰和阻断敌方的通信,干扰和破坏敌方雷达等简单的目的,已逐步扩展到攻击敌方的决策能力,同时阻止敌方攻击我方的决策能力。因此,他建议使用"信息战"这个术语表示这一新的发展和新的概念。

随着信息战这个术语的发展又出现第二个术语,即"战争中的信息芯片技术",这种技术从根本上改变了武器研制方式,改变了在传统战争中,特别是在战场上运用信息的方法。芯片技术推进了机动性的通信、情报的收集和发放,以及与人员、计划、后勤、医疗要求和其他现代系统有关的大量数据的处理技术的发展。

2.1.2 美国信息战的定义

在美国信息战的定义多种多样,但比较有权威的且用得最多的是美国国防部在信息战条令中的定义:通过影响敌方信息、基于信息处理的过程和信息系统,以及基于计算机网络的系统;同时保护己方的信息、基于信息处理的过程和信息系统,以及基于计算机网络的系统,从而获得信息优势的行动。

信息战的目的是取得信息优势,使己方的信息流畅通,阻断敌方的信息流;使己方及时决策,使敌方难以决策或作出错误的决策。

2.1.3 信息优势

"信息优势不是简单意义上的我的信息比你的信息多",它是利用信息作出正确决策,并比敌方更迅速地实施来提高己方能力的一种手段,它是改变敌方对真实情况全面认识的一种手段。

简单地说,信息战是在信息领域实施的作战,信息优势就是对信息的控制权,信息战的目的是防止敌方在信息领域对己方造成危害的同时,自由地利用信息而对信息领域进行的控制。

信息战的攻击目标是人的思想,特别是那些在战争与和平问题上有决策权的人们的思想,在军界则是那些能够决定用兵、何时用兵和以什么方式用兵的人们的思想。

2.1.4 信息战的主要内容

1. 信息战的五大要素

作战保密、军事欺骗、心理战、电子战和精确打击是信息战的五大要素。

2. 信息战的 10 个主要内容

（1）情报战（intelligence branch warfare，IBW）

（2）指挥控制战（command control warfare，C2W）

（3）电子战（electronic warfare，EW）

（4）心理战（psychological warfare，PSYWAR）

（5）经济信息战（expence intelligence warfare，EIW）

（6）通信战（communication warfare，CW）

（7）计算机战（cyber warfare，Cyber W）

（8）导弹战（精确打击）（missile warfare，MW）

（9）导航战（navigation warfare，NW）

（10）太空战（space warfare）

3. 情报战（IBW）

运用技术手段进行的侦察反侦察、获取反获取、窃听反窃听、破译反破译的斗争，在这个定义上的信息战便可以扩展到社会、政治、经济和军事等各个领域，并且是无时无刻不在进行的。

信息战这个术语中"信息"二字从作战手段来看是指信息技术和信息武器，但从作战目的来看是指夺取"制信息权"，而"制信息权"按美国军事理论家约翰·阿奎拉的定义就是了解对方一切情况，同时阻止对方了解我方的大量情况。在这个意义上讲，信息战就是争夺情报的斗争。情报在打击敌方信息系统和保护己方信息系统中具有决定性的作用。信息战要求增大战场透明度，对战场了如指掌，不仅指挥决策需要大量随时更新的情报，信息武器系统对情报的要求更高，特别是智能化的精确制导武器的运用少不了大量的动态变化的环境信息和目标数据。

在信息战中，情报的重要性必然引起战争的双方对情报的激烈争夺，诱发强烈的情报对抗，围绕情报的获取、传递和利用采取各种行动，所以在信息战中情报战的地位非常重要。

信号情报（SIGINT）包含三个部分：无线电波段的通信情报（COMINT）、雷达波段的电子情报（ELINT），以及测量和特征情报（MASINT）。

根据美国国防部的定义，COMINT 是指非指定接收者从外部通信中获得的技术信息和情报；ELINT 是指从国外非通信电磁辐射源（核爆炸和放射源除外）的辐射中获取的技术和定位信息；MASINT 是指通过对来源于特定技术传感器的数据（长度、角度、空间、波长、时间关系、调制和等离子体等）进行定性和定量分析获得的科技情报，目的是识别与目标、源、辐射源相关的任何明显特征或者对同型设备的发射机进行测量（被检测的特征既可为直射也可为反射）。

4. 指挥控制战（C2W）

在情报的相互支援下，综合运用作战保密、军事欺骗、心理战、电子战和实体摧毁，阻止敌方获得信息，影响、削弱或摧毁敌方指挥控制能力，同时保护己方指挥控制能力免受同类行动的影响。指挥与控制战适用于作战联合统一体和一切级别的战斗。指挥控制战包括进攻和防御两个方面，在作为进攻战略时为反 C2，而在作为防御战略时为 C2 防护。

（1）反 C2（Counter-C2）

通过不让敌方获得信息,影响、削弱和摧毁敌方指挥与控制系统,阻止敌方指挥与控制其部队。

（2）C2 防护（C2-Protection）

通过将优势转向己方,或使敌方企图阻止己方获得信息从而影响、削弱或摧毁己方指挥与控制系统的行动变为无效,保持对己方部队的有效指挥和控制。

每一种战略都用于支援指挥员的任务和作战理论,单独使用或综合使用 C2W 的各要素以实现对敌方或己方 C2 组织机械的预计影响。

5. 电子战（EW）

使用电磁能和定向能控制电磁频谱或攻击敌军的任何军事行动。电子战包括三个主要部分:电子进攻、电子防护和电子战支援。

（1）电子进攻（EA）

电子战的组成部分,以削弱、抵消或摧毁敌方战斗能力为目的而使用电磁能或定向能攻击人员、设施或装备。

（2）电子防护（EP）

电子战的组成部分,包括为保护人员、设施和装备在己方实施电子战或敌方运用电子战削弱、抵消或摧毁己方战斗能力时不受任何影响而采取的各种行动。

（3）电子战支援（ESM）

电子战的组成部分,包括由指挥官分派或在其直接控制下,为搜索、截获、识别和定位有意或无意电磁能辐射源,以达到立即辨认威胁之目的而采取的各种行动。因此,电子战支援为立即决策提供所需的信息,这些立即决策包括电子战行动、威胁规避、目标确定和其他战术行动。

6. 心理战（PSYWAR）

心理战的定义:"为影响外国观(听)众的情感、动机、客观推理并最终影响外国政府、组织、团体和个人的行动,向其传递经过选择的信息和指示物的有计划的行动",是 C2W 的组成部分。

心理战是心理保障的一个重要组成部分。实施心理战有助于以有限的兵力、最小的伤亡和物质消耗达成预想的军事、政治目标。美军在格林纳达、巴拿马和海湾地区实施的心理战表明:危机时期实施心理战,一方面,可涣散和降低敌军和当地居民的精神心理稳定性,使敌方在战斗行动开始之前就丧失抵抗意志;另一方面,有助于己方达成一定的进攻突然性,从而大大提高部队行动的效果。

心理战按等级分为战略心理战、战役心理战和战术心理战。

（1）战略心理战的目的。实施战略心理战是为了达成长远的目标——为实施战斗行动创造有利的心理态势,并且通常带有全球性。无论是平时还是战时,战略心理战都是由国家一级的政府机关实施的。

（2）战役心理战的目的。实施战役心理战是为了支援战局或大型战役,为军队行动创造有利的形势。战役心理战由军队心理战部队在准备战役时及在实施战役过程中实施。施加心理影响的对象是当前作战地区的军民。以海湾战争为例,鉴于美国及多国部队是第一次在阿拉伯和穆斯林众多的这种异乎寻常的地区进行大规模作战,因此军队展开阶段,多国部队在进行战役心理战时,集中主要力量建立当地居民与多国部队军人之间的正常关系。

空袭战役伊始,就把心理战措施作为空袭战役的一个最重要的组成部分。40 天的空袭战役在军事方面取得的战果是非常有限的(据美国国防部称,伊军的损失为:飞机 10%,装甲坦克 18%,火炮 20%,而伊军的士气却下降了 40% ~ 60%。同伊军分队进行的首次战斗表明,伊军士气低落,无力进行抵抗)。

（3）战术心理战的目的。战术心理战是战术作战计划的一个组成部分,其目的是削弱或动摇敌军全体人员进行抵抗的决心,防止当地居民采取对立行动。例如,美军在入侵格林纳达的最初阶段,战术心理战的主要任务是保障美第 82 空降师部队和分队占领格林纳达岛,使防空一方放下武器,停止抵抗,以及对居民施加心理影响,使其不参加武装斗争。

心理战的任务如表 2 - 1 所示。

表 2 - 1 心理战任务表

平　　时

1. 破坏潜在敌国的内政稳定,削弱其经济和社会政治机构的力量
2. 涣散军民的士气
3. 促使有影响的各权力斗争政治集团之间的分裂,支持反对派政治势力
4. 利用敌国政治、经济、社会、民族和地区等方面的困难,加剧敌方居民的不满情绪

战　　时

1. 破坏敌军士气、动摇敌国民心,以此来降低敌军的战斗潜力
2. 分化敌国军民的团结,加剧他们之间的分歧,挑起军人的不满
3. 采取反情报措施迷惑敌人
4. 鼓动交战国居民不服从合法政权
5. 加强对敌反对派的支援
6. 争取敌国居民支持己方部队的战斗行动,或使其对己方的干扰降低到最低限度

战斗行动结束后

1. 组建新的政权、军队和警察机构,恢复大众新闻媒介的职能
2. 参加查明隐蔽的敌军、坦克和武器、秘密电台和印刷厂的行动
3. 同散布谣言的行动作斗争
4. 为新政府拟定应急的政治、经济、社会、新闻和教育计划
5. 分配人道主义援助物资

7. 经济信息战(EIW)

像心理战一样,经济信息战的作用影响较慢,且效果有限。信息封锁的目的是防止敌人利用国际数据网来获取数据为其所用,以及输出(出口)数据作为发生现金转移的产物或作为心理战的一种形式。事实上,这种技术不大可能比传统的经济封锁更有效。地面通信设施可被干扰或摧毁,经由通信卫星与目标国家之间来往的信息流动,在信息战攻击者的控制下阻断其与所有地面站的联系。通信卫星被不同政治结盟的国家和集团所普遍拥有,使得中断通信卫星几乎不太可能。

8. 导弹战(MW)

导弹战也可称为实体摧毁战或精确战,通过各种精确制导武器,摧毁敌人的信息或信息

系统,即制导炸弹、制导炮弹、制导子母弹、巡航导弹、末制导导弹、反辐射导弹等,它们实质上能够获取和利用被攻击目标所提供的位置信息,修正自己的弹道以准确命中目标。这些武器具有一定的智能,可以在敌方火力网外发射,自主地识别、攻击目标,体现其命中精度的圆概率误差将趋近于零。海湾战争已经证明,精确制导武器是高技术战争与信息化战争中的基本火力。

随着导弹技术的发展,出现了拦截导弹的导弹系统(即反导系统),以拦截导弹,防止导弹的攻击。

精确战分为进攻性精确战和防御性精确战。

(1)进攻性精确战

①点穴战(也称"外科手术作战")。它是高层指挥,使用导弹部队或小型特种部队,打击有限要害目标的一种快速作战样式。它与一般作战样式有着质的区别,即其作战意图直接出于攻击对方的最高决策层,选择的目标往往都是对方具有战略意义的要害处(如指挥中心、通信枢纽、雷达站、供电设施、核基地、导弹基地、核(生、化)武器库、机场、港口等)。一旦攻击成功,就可迅速改变国家间的政治与军事态势。"点穴战"作战的时机、规模、手段和持续时间都有严格的限制。不允许超过预期目的所需的兵力、兵器,避免袭击与目的无关的目标或触犯第三国利益,以防战争升级。这种作战样式,战略目的有限,行动发起突然,战斗进程短促,战斗手段干净利落,是一种使用兵力少、指挥级别高,集战斗、战役于一身的特殊形式的局部战争,以色列空袭伊拉克原子能反应堆、巴解总部和叙利亚导弹基地等军事行动就是典型的"点穴战"。

②瞬时战(也称"闪电战")。瞬时战以闪电般开始、瞬间结束,依靠机动和攻击距离远、飞行速度快、命中精度高的武器系统与快速反应部队,集中全维情报、侦察、通信、导航等支援力量,运用谋略达到"时间差",以意想不到的时间、意想不到的地点和意想不到的隐蔽方式发动闪电般的攻击,对敌方全纵深要害目标实施远距离、短时间的高强度突击和精确毁伤;然后迅速脱离战斗,免遭报复,把损失减小到最低限度。1986年美国空军对利比亚总统卡扎菲的驻地、总参谋部所在的军营、国际机场军用区和军用机场精锐部队兵营等要害目标进行猛烈而精确的突袭,11分钟完成重创敌军事目标后即撤出战斗,这是瞬时战一个典型的例子。由于这种作战样式开始先兆少,预测难度大,作战进程短,战争损失小,达成目标快,将成为未来军事大国的一种战略选择。

③瘫痪战(也称"结构战")。瘫痪战是使用高技术武器装备(主要是精确制导武器),集中打击敌方 C3(指挥、控制、通信)系统、侦察预警系统、电子对抗系统、后勤补给系统、信息化武器系统,以及机场、港口、交通枢纽等重要的"关节点",使其各系统运行失调、力量结构失衡和整体运行失灵,从而使对方作战力量瘫痪,它是现代有限战争的一种重要作战样式。

"瘫痪战"最显著的特点是:作战目标不是消灭对方全部军事力量和占领对方全部领土,不求危及对方整个国家和民族生存,只求敌人"瘫痪"而无还手之力,使之屈从自己的意志。因此,"瘫痪战"的打击方式,主要通过远战兵器(如导弹)打击对方纵深要害目标的关节点。"瘫痪战"因基于破坏敌方军事机构而达到解除敌人武装的目的,而"解除敌人的武装较之通过艰苦战斗消灭敌人更迅速、更经济",所以"战略家应从瘫痪的角度,而不是从消灭的角度来考虑问题"的观点,已得到越来越多发达国家的认同。

(2)防御性精确战

防御性精确战,也称作精确制导武器对抗。对抗精确制导武器,通常采用以下三种对抗手段。

①摧毁。这是积极的、进攻性的对抗手段,反导弹系统就属于这种对抗手段。摧毁的目标有三类:一是敌方精确制导武器的发射系统;二是敌方精确制导武器的侦察预警、指挥控制系统;三是敌方已发射的精确制导武器。

②干扰。干扰精确制导武器的制导系统——针对雷达制导系统,可发射干扰辐射,施放箔条干扰弹、诱饵弹、设置假目标等;针对红外制导系统,可施放红外诱饵弹、红外干扰烟幕、发射强红外干扰辐射等;针对激光制导系统,可发射激光束使来袭导弹偏离攻击方向,或施放能干扰激光束的宽波段烟幕气溶胶。人们把制导反制导称为"制导战",把 GPS 反 GPS 称为"导航战"。

③防御。防御的主要目的是降低己方目标被敌侦察发现的概率,提高其生存能力。主要的方法有:利用地形地物将重要目标(如导弹发射架等)隐蔽在侦察死角,如山坡背面、山沟里或较厚的植被下面;采用伪装手段(如伪装网等);电波"静默",控制雷达开机和无线电通信;采用隐身措施(如减小雷达反射截面,减少红外辐射特征、涂敷雷达波吸波涂层、红外隐身涂料和低激光反射涂料等);利用不良气候条件,施放烟幕;利用装甲、构造工事和掩体等方法对目标进行加固;提高目标机动能力(如行军状态和战斗状态互相转换的速度、越野能力、行驶速度、最大行程等)。

以上是一般原则,对不同类型的精确制导武器,应采取不同的对策和对抗方法。对抗巡航导弹,可采取下列措施:

①加强侦察,弄清敌巡航导弹发射平台的部署情况和可能的攻击目标;

②建立探测网,尽早预警,探测网通常由预警卫星、预警飞机及无人驾驶预警飞机、无人驾驶预警飞艇等装载的雷达、各种地基雷达、战场低空探测雷达和目标观测哨等构成;

③实时指挥控制,在统帅部战略意图指导下,明确分工,联合作战,截击来袭巡航导弹;

④多层联合拦截,由于巡航导弹难于发现,而且几乎可在任何地方实施跃升或俯冲,因此必须采取分层防御,诸军种联合实施纵深作战,利用火炮、导弹、激光武器等直接分层拦截。对抗地地战术导弹等,则需采用反战术弹道导弹武器系统,这些系统有共同的特点:在战术弹道导弹飞行的中后段或末端,用地基拦截弹进行拦截;系统主要由预警雷达、指挥控制通信中心和拦截导弹武器构成;分层防御、拦截、摧毁。对抗战略弹道导弹,采用反弹道导弹防御系统(简称"反导防御系统"),主要由反弹道导弹,目标搜索、识别、跟踪系统,引导系统和指挥控制等组成。美、俄等国已经研制成功多种平台的动能武器反导系统和激光武器反导系统。

9. 计算机战(Cyber W)

计算机战包括"黑客"战、电子网络战、病毒战等。计算机战的范围很广,几乎渗透到信息战的各个方面。有人称信息战为以"计算机为基础的战争"或者"计算机控制的战争"。实际上确实如此,任何信息系统和信息武器系统都离不开计算机。军事领域的各个方面和所有先进的武器装备和武器平台都离不开计算机。国家信息基础设施和国民经济的各个重要领域也都离不开计算机。由此就不难想象计算机战在信息战中的重要地位了。

10. 导航战(NW)

1997 年美军正式提出"导航战"的概念,并将其定义为:阻止敌方使用卫星导航信息,保证己方和盟友部队可以有效地利用卫星导航信息,同时不影响战区以外区域和平利用卫星导航信息。美军还确立了导航战的作战目标:"在战场上取得导航优势;确保 GPS 系统正常运行,使美军和盟军不受干扰地使用该系统;阻止敌军在战场上使用 GPS 系统,并使敌方的卫星导航系统不能正常工作或不能正常使用其服务。"

（1）导航战的起因

导航战是指美军针对全球定位系统在使用时一定会遭到敌军干扰的情况而提出的"在复杂电子环境中,使己方部队有效地利用卫星导航系统,同时阻止敌军使用该系统"的理论。施行导航战计划的目的是在未来战争中确保自己及盟国不受干扰地使用卫星导航系统,这也是美国最近提出的争夺导航权的一项具体措施。美国之所以提出"制导航权"和"导航战"的新概念,其根本原因在于目前先进的电子干扰技术已经对 GPS 脆弱的抗干扰性构成了直接威胁。

（2）美军导航的原则、目标与全球打击能力

①导航战的提出与导航战原则

美军的导航战原则,是在责任区内,保护美军及其盟军的 GPS 系统的正常工作能力,防止敌方使用 GPS 系统,最大限度地降低对民用服务的影响。导航战的目标是,使 GPS 系统只在地球规定的区域内失效,而对地球其他区域的用户仍然有效,这将通过调整导航卫星的发射频率和采用干扰技术来实现。

1995 年 4 月 27 日,美国宣布 GPS 系统已具备全球运行能力,同时美国国防部表明 GPS 系统军用用户优先的坚决态度,提出"在提高自身生存能力的同时,采取措施防止敌方使用 GPS 系统"。美军对导航战的全面研究始于 1996 年 8 月,由波音公司联合罗克·柯林斯公司、诺思罗普·格鲁门公司、洛克希德·马丁公司的联邦系统部,休斯飞机公司的光电系统部共同发起。

②导航战目标与全球打击能力

按照美军导航战的计划和部署,GPS 系统要对陆地、海面、岛屿,对机场、海军基地、导弹发射场、指挥通信中心等军事要地,对战区、战区前沿的军事部署和行动进行精确测量、定位和监视;为轰炸机、运输机、预警机、电子干扰飞机、舰艇、潜艇、弹道导弹、巡航导航、空空导弹、空地导弹、反辐射导弹、反舰导弹、精确制导炸弹,为搜索、救援等行动导航,锁定目标。

为实现美军全球打击能力,GPS 系统能使美军发现、选择、跟踪和瞄准地球表面的任何移动目标。在高空侦察、空中加油等行动中,GPS 系统能提供精确的目标地理位置、时间和速度信息。GPS 系统不仅能为轰炸机、运输机和空中加油机的远程飞行、远程作战提供导航数据,进行导弹跟踪监测等,还能为精确打击武器提供 GPS 制导,提高命中精度。

目前,美军作战部队配备的单兵 GPS 定位仪,定位精度已达 1 ~ 3 m,装甲车辆、固定或可移动作战装备配备了应用差分技术的 GPS 接收机,定位精度达厘米级。美军武器系统的 GPS 接收机需要有解码装置方可使用,美军士兵的 GPS 定位仪,每天更换密码能接收军用定位服务。

（3）美军导航战的手段与措施

目前,美军的导航战研究主要集中在防止敌方使用 GPS 系统和 GPS 系统反干扰手段与措施上。美军曾多次在军事演习中实施过导航战,一方面是提高 P(Y) 码接收机的抗干扰性能,另一方面则积极研究 C/A 码接收机的抗干扰技术。

①美军防止敌方使用 GPS 系统的主要措施

a. 使用独立、加密、抗干扰能力强的等效 C/A 码

目前大多数 GPS 接收机 P 码和 C/A 码共用 L_1 频段,而且 P 码是在 C/A 码基础上接收 P 码。因此,一旦 C/A 码受到干扰,GPS 接收机就很难接收到 P 码。美国国防部为防止敌

方干扰 C/A 码信号,军用服务单独使用 L_2 频段,在作战环境下,GPS 信号采用独立、加密、抗干扰能力强的等效 C/A 码信号。

b. 研制直接接收 P 码的 GPS 接收机

由于导航卫星距地球 17 700 km,达到地面 GPS 接收机的信号强度甚至比 1 W 低功率干扰机产生的信号强度还要弱。所以,GPS 系统的信号非常容易被干扰,当 GPS 接收机把接收信号锁定在 P 码时,就不容易对其进行干扰。

c. 研制直接接收新码的 GPS 接收机

据美国国防部科学技术委员会提供的一份报告指出,为使 GPS 系统有效地对抗干扰,最有效的办法是避开干扰机的辐射能量。目前,美国正在研究的 GPS 接收机避开干扰机辐射能量的技术有自适应频率跟踪技术、自适应波束成形技术、后相关波束技术、后相关波束置零技术等。

②美军提高 GPS 系统抗干扰能力的措施

美军认为,要提高导航战能力,首先要提高 GPS 系统的抗干扰能力,为此采取了如下措施:

一是改进 GPS 接收机的自适应天线,使抗干扰能力提高 30 dB 以上;对卫星数量进行调整,将 GPS 信号的发射功率提高到 500 W 以上,不仅提供足够的抗干扰能力,还能使目前的 GPS 接收机有更大的兼容性。

为了对抗对 GPS/INS 制导武器的干扰,美空军实验室还开发了下列反干扰技术,采用自适应 GPS 滤波器/天线技术,用"插入式"天线单元采集 GPS 信号和采样干扰机的能量,然后利用这些信息控制天线的零点指向,采用时空反干扰技术将 GPS 接收机与 GPS/INS 制导武器的测量装置结合,形成一个反干扰型的 GPS/INS 制导系统。

另外,美军还研制了一种能自动显示干扰机方位的 GPS 接收机,可以有针对性地避开干扰机的辐射能量,甚至可以对干扰机实施打击。诺思罗普·格鲁门公司正在研制可减少 30～40 dB 干扰信号进入 GPS 系统的反干扰接收机,它由惯性导航和 GPS 接收机在载波相位级进行全耦合来实现。洛克希德·马丁公司和罗克·柯林斯公司联合为 JASSM 空对地导弹研制了 G-STAR 高级反干扰型 GPS 接收机。该接收机采用调零和六元天线阵操纵波束的技术,其先进的数字波束成形器,能减少干扰机方向的增益,同时增加卫星方向的增益;数字信号处理装置可通过动态调零来抵消噪声,提高增益。当探测到威胁信号时,便将其调零,同时将接收机朝向调整到卫星。

二是发射具有新型信号结构和频段的导航卫星,在设计中增加备份电源,以使原有电源在间歇期间提供 500 W 以上的额外电源。美国国防部预研计划局(DARPA)正在研究一种新的抗干扰措施——采用伪卫星星座进行导航,即 GPS 信号发射机安装在无人机或地面装置上,代替 GPS 卫星进行导航,其发射信号的功率超过敌方干扰信号的功率,由 4 架"猎人"无人机产生的 GPS 星座,可覆盖 300 km² 的战区空域,但导航定位误差将增加 20%。DARPA 和罗克·柯林斯公司已在 7 500 m 高空的公务机和 3 000 m 高空的"猎人"无人机上试验了一颗伪卫星,导航定位精度从 2.7 m 下降到 4.5 m。

三是在导航卫星上增加一个可控的窄波束天线,通过提高天线增益和发射功率,使卫星信号增加 20 dB,4 颗卫星的波束信号指向地球的某一区域,而其他区域接收信号的强度不会明显降低。这样就迫使敌方提高干扰机的信号功率,干扰功率的增加,势必导致干扰机尺寸的增加和干扰信号频率特征明显,干扰机就容易被探测,并受到反辐射导弹的攻击。

一般来说,卫星信号增加 20 dB,可增加固定式干扰机的非隐蔽性,当信号增加 40 dB

时,固定式干扰机容易暴露,从而大大提高 GPS 系统的生存能力。波音公司的技术专家称,在 2020 年之前,通过合理部署卫星数量,采用自适应天线以及更新 GPS 接收机等措施,使卫星信号功率提高 60 dB。

目前,GPS 系统有 24 颗卫星,在 5°覆盖角范围内提供导航、定位信息。据波音公司称,未来 GPS 系统的导航卫星数目将增加到 30 颗,部署在 3 个轨道平面上,每个轨道平面上部署 10 颗卫星,提供 20°的覆盖角,可获得显著的导航战优势。近期内,美军提高导航战能力的办法,包括增加卫星的数量,提高卫星信号的发射功率和改进卫星天线。

今后 20 年,美国国防部将通过合理部署卫星星座,采用自适应天线和更新 GPS 接收机等措施,提高抗干扰能力 60 dB 左右。

11. 太空战(space warfare)

20 世纪 50 年代末,世界上第一颗人造地球卫星升空,开始了人类对太空的开发,并相继出现了人类对太空的争夺。60 多年来,空间大国在太空的角逐——太空战,已引起人们普遍关注。

太空战也称"空间战"或"天战"。目前,人们对空间战有两种认识:一种是在太空进行的作战。按照这种认识,当今空间战尚未发生,仅有航天兵器的对抗;另一种是以空间武器为攻防对象的作战,按照这种认识,现今针对卫星和弹道导弹的对抗是空间战的一种作战样式。

空间战的武器系统大多位于距离地球 100 km 以上的太空,该空间具有以下特点:

(1)浩瀚无垠,为任何高速、高效的武器系统提供了用武之地。

(2)无遮无挡,无风无浪,不受气候和地形的影响,可以全天候、全天时、全方位作业。

(3)位于陆、海、空域之上,可以一览无余下层空间的目标,可以居高临下发挥火力的作用。

(4)具有无限的资源和奥秘,如据科学家测算,若用航天飞机从月球上运回 20 t 液化氦−3,就可以向全世界提供几百年的动力;又如,据理论计算地球与月球之间存在 5 个"拉格朗日点",处在这些点上的物体受到地球与月球的引力相互抵消而相对于地球基本保持稳定状态,这些点在空间站中是理想的"空间兵战"和太空作战平台的位置。

(5)没有划界,无国境限制,驰骋自由,不会引起侵犯领空的争议。

空间战的作战空间,除上述空间外,也包括 100 km 以下的空间。当前空间战的作战空间主要是指从地面到 800 km 高的空间。

未来战争是"全维战争"。美国陆军在 1993 年版的《作战纲要》中提出了全维作战理论。全维作战是"在整个战争区域实施在太空作战支援下的统一的空中、地面、海上和特种作战"。由此可见,在未来战争中,制天权比制空权、制海权、制高权更重要。有人预言,在未来战争中,谁控制了太空,谁就控制了地球;谁在太空处于优势,谁就掌握了战争的主动权。

空间战武器系统,可以按照作战运用分为三类,即空间支援系统、空间防御系统和空间攻击系统。空间支援系统包括各种航天武器的太空平台(如航天飞机、空天飞机、航天母舰、载人飞船和空间站等)和各类卫星(如侦察预警卫星、军事通信卫星、军事导航卫星、军事气象卫星和军事测地卫星等)。空间防御系统包括防天系统(如反卫星侦察、反弹道导弹攻击系统等)和天防系统(如地基武器攻击系统、防天基武器攻击系统等)。空间攻击系统包括"摧毁型"(如定向能武器、动能武器、太空雷、轨道轰炸机、载人太空攻击系统等)和"干扰"型(如卫星干扰系统、导弹干扰系统等)两种。

未来的空间战是以宇宙空间为主要战场、以空间部队为主要作战力量,以太空武器为主要作战手段的作战。空间战按照作战区域可分为以下三种：

（1）"天-地"对抗战，即使用航天兵器突击敌方的地面目标（也称此类空间战为"地球战"），或使用地基激光武器、粒子束武器、微波武器、动能武器截击敌方的战略导弹和航天器；

（2）"天-天"对抗战，利用反卫星卫星、反卫星导弹与天基截击导弹以及宇航员在太空基地直接操纵武器或装置，摧毁或捕获敌航天器；

（3）"天-地"一体战，即在陆战、海战、空战的配合下，以太空为主要战场，以争夺制天权为主要目的的全维作战。

空间战是一种新的作战样式。空间战理论一方面与空间武器系统的发展水平相适应；另一方面牵引和推动空间武器系统的发展。

2.2 进攻性信息战与防御性信息战

2.2.1 概述

信息战分为进攻性信息战和防御性信息战。

1. 进攻性信息战

不管是进攻还是防御都必须把与信息战密切相关的指挥控制战的五个方面——作战保密、电子战、心理战、欺骗和精确打击或摧毁结合起来，以达到最大效能。

进攻性信息战是为自己方面自由地利用信息和防止敌方自由地利用信息而进行的心理战、欺骗战、电子战、精确打击或摧毁。海湾战争就是进攻性信息战的一个例子。巡航导弹攻击指挥和控制设施（精确打击）；往伊拉克部队中投送传单（心理战）；"罗盘呼叫"飞机干扰通信系统以及"大鸦""徘徊者"飞机致盲雷达传感器（电子战）；假的两栖部队漂浮在海湾（欺骗战），作战保密防止多国部队的意图泄漏给伊拉克，而伊拉克作战保密的漏洞无疑提高了联合的效果。

进攻性的信息战就是致使敌人迷惑、致盲、无力指挥和控制其部队，以使自己以最小的伤亡达成军事目标。达到此目标的关键是扰乱敌人制定和执行决策的能力，影响其 OODA（定向、观察、决策、行动）周期。

攻击应该采取的方式将取决于已知敌人的易受攻击性。例如，一方可以通过计算机攻击敌方的数据库，以妨碍敌方定向资源的能力，精确打击和干扰能致盲敌方的传感器；没有了定向和观察，决策就成为一项很困难的任务，特别是使用欺骗手段向敌人发送假信息时。最后，电子战攻击通信网络，使敌方很难把命令传送到战场上，同时心理战可能使敌方的部队不接受其指挥。

2. 防御性信息战

在进攻性信息战耀武扬威时，美国却把不久将来的军事重心放在防御信息战方面。目前重点就直接落在作战保密上，"来自计算机空间的进攻"是无数的，难以探测，而且可以廉价试验和有效破坏。使用智能武器的缺点已经显现出来：如果没有信息或者插入错误的信息，智能武器就会失效。信息收集、处理和分析的高速度意味着作出决策只需几秒钟，而只有微秒的时间来发现是否有人正在拼凑作出决策所需的信息资源。甚至电子战系统也易受信息战的攻击。数据库可以被篡改或破坏；如果敌方发出虚假信息，雷达报警接收机停止探测敌方刚安装完的导弹装置,但其对飞行再编程是不利的。

信息战的防御是保护己方的信息系统不受敌方的攻击,以顺利地获取、传递和利用信息。海湾战争中,伊拉克与多国部队之间的信息技术水平相差悬殊,且没有充分的思想准备,伊拉克几乎没有信息战的防御,而遭惨败。

从目前世界各国计算机和网络受感染和被刺探的情况看,通过计算机对信息系统和指挥控制系统进行攻击是防不胜防的。正如五角大楼前负责通信的权威领导人唐纳德·莱瑟姆所说的那样:这不需要大量资金,少数非常聪明的人以及计算机工作和调制解调器就能危及生命,并给经济造成大破坏。因此,在未来战争中,世界各国的信息战进攻能力不会相差太大,我方可以做到的,敌方同样可以做到。

2.2.2 进攻信息战

1. 进攻信息战的定义与内容

进攻信息战可以定义为:在情报支持下,综合运用作战安全、军事欺骗、心理战、电子战和物理摧毁,以及特种信息行动,还可能包括计算机网络攻击等手段,利用、恶化或破坏敌方的信息、基于信息的过程及信息系统的各种行动。进攻信息战的具体内容简述如下:

(1)窃取、截获和利用敌方信息。通过各种侦察手段(各种有线及无线网络、侦察接收设备)窃取或截获敌方信息系统对己方有用的情报,进行处理、破译和利用,以支援己方作战。

(2)军事欺骗。采取行动,在己方作战能力、企图和行动等方面,故意错误地引导敌方决策者,以使其采取有利于己方完成任务的具体行动;向敌方各种信息系统、各种传感器以及各种传媒发出假情报、假数据、假目标、假信号等,使敌方获得错误信息,作出错误决断。

(3)进攻性心理战。利用各种传播媒体(报刊、广播、影视、网络、传单等)向敌方宣传己方政策、意图及事实真相等,影响敌方军民认识、敌方士气及敌方决策,降低敌方战斗力或迫使敌方停止抵抗等。

(4)电子战。使用电磁能干扰敌方的各种传感器(各种雷达、侦察接收系统等)及各种通信系统,使敌方丧失信息探测和信息传输能力,以削弱或丧失敌方作战能力。

(5)物理摧毁。用精确制导武器或其他武器摧毁敌方的各种信息系统或其要害部位,用强电磁能、定向能、辐射能或电子生物等破坏敌方的信息系统或其他电路;破坏敌方信息系统的电力、供应等保障系统等。

(6)计算机通信网络进攻。通过通信网络、计算机网络或无线手段,向各种信息系统的各种硬件、软件发起进攻,使敌方信息、基于信息的过程及信息系统恶化或瘫痪,使敌方丧失"耳目",丧失指挥控制能力。

(7)精心设计电子信息系统。使其具有对各种信息攻击、电子攻击与实物攻击所必需的指挥、控制、通信和情报的支持能力。

2. 信息攻击能力

信息攻击要求具有识别和确定攻击目标(目标定位)、然后攻击这些目标的能力。除了这两种能力之外,在作战模型的最高层(感知层)要求具有第三种能力:能够管理冲突的所有各方的感知,以便取得预期目的。这里,我们描述信息攻击的这三种能力,而攻击技术将在后面讨论。

(1)感知管理

为了满足与整体作战目标相一致的目标需要,传统军事作战的四个层次提供了监视和管理目标方感知的手段(见表 2-2)。在信息战作战模型中,这些规则实现了顶层感知的计划与管理,而信号直接进行传送(通过人的交谈或外交会谈)或通过模型的底层传送。应该注意的是,尽管在此处把感知管理作为信息攻击对待,但也可考虑把公共事务和民事活动作为信息防御措施来反对敌人的感知攻击。

表 2-2 感知管理涉及的学科

感知学科		目标受众	感知目的和手段
军事	公共事务	友军 媒体 友人	目的:为取得对军队和作战的信任,对精确、平衡、可信的信息提供统一的展现 手段:新闻发布、简报和广播(收音机、电视、网络)
	民事	在冲突地区的外国民事机构和人员	目的:对支持己方目的的位置和可信信息提供统一的展现 手段:民间会议、新闻发布、简报和广播(收音机、电视、网络)
军事认知管理	心理战	敌对的外军,敌对的或中立的外国人	目的:传递有选择的信息或暗示给外国人,影响他们的情感、动机、目标推理,最终诱导他们的行为,达到最终目的 手段:通过所有媒体发布真相和可信的消息
	军事欺骗	敌对的外军领导人,敌对的外军	目的:混淆或误导敌方领导作出被己方利用的举动和决策 手段:欺骗性的作战、活动或经历以隐瞒、歪曲或伪造友军意图、能力或举动,使敌军认识不清

(2)目标定位和作战损伤评估

为防御而发展起来的情报战也为信息攻击提供了支持,并要求情报具有以下四个功能:

①确定目标——选择攻击的候选目标,同时评估如果目标被攻击可能产生的影响;

②确定武器使用的数量——选择合适的武器和战术,以便取得预期的影响效果(毁坏、临时破坏或拒绝服务、降低所选择功能的置信度),该过程以脆弱性、武器效果、发射的准确性、损伤指标、杀伤率和武器可靠性为目标;

③攻击计划——计划攻击的各个方面,包括协调行动、欺骗、途径(物理的、信息基础设施的或感知的)、减轻附带损伤和应急措施;

④作战损伤评估——测量攻击所取得的效果,以判定攻击的有效性,如果必要,制订再度发起攻击的计划。

(3)直接攻击和间接攻击

信息攻击要求具有计划、武器和执行(发送)能力。武器包括为了取得作战模型的三层效果所采用的感知、信息和物理设备。表 2-3 总结了信息战攻击方案的三层结构。进攻作战通常被区分为直接的和间接的:

①间接攻击——集中于不破坏目标的信息基础设施而通过提供信息给目标来影响其感知。它包括目标的传感器将要观察到的行为:欺骗消息、电子战行为或物理攻击。提供外部信息的目的是影响感知,但是却不影响目标的结构。

②直接攻击——具体针对目标的内部信息,力求操纵、控制甚至毁坏目标的信息或基础设施。

为了取得针对目标的预期效果,信息攻击的作战方法结合了间接和直接的作战方法。攻击的有效性由安全性(秘密性)、准确性和直接或附带的效果决定。

表 2－3　信息战攻击方案的三层结构

攻击层次	措施	方法	措施举例
认识攻击	心理战	采取行动或发送信息,传送经选择的消息和暗示,以便影响人的情感、动机和目标推理	无线电、电视或公共网络广播,新闻发布
	欺骗	运用欺骗作战、活动或经隐藏、歪曲或伪造的信息	欺骗性网站、消息、电子邮件或活动物理消息(传单)
作战攻击	系统攻击	运用方法破坏信息系统的完整性	组织破坏安全破坏,以降低在作战中的可信度
	人员攻击	运用方法破坏关键人物的完整性和有效性	使系统管理员妥协降低操作人员和保障人员的效率
技术攻击	软件攻击	应用软件或信息结构效果,利用、干扰、拒绝或毁坏信息基础设施中的数据、信息或知识	软件截获"嗅探",利用截获的信息,拒绝服务潮水般的攻击,恶意的软件病原体(病毒、细菌、蠕虫代码),黑客访问和信息的破坏
	硬件攻击	运用动能、放射、电磁学、化学和生物学效果来利用、干扰、拒绝或毁坏物理信息系统、支持系统(如电力、空调、设备结构)或个人支持系统	物理(动力的)毁坏或窃取("闯入或带走"),信息的物理或电磁截获,电磁干扰(拒绝服务),电源的破坏,放射线攻击(对半导体电路),定向电磁能量攻击(对半导体或其脆弱的电路),对人员或敏感材料的化学－生物攻击

3.信息攻击的特性

信息攻击的目标包括人的感知、影响感知的信息和被感知的物理世界。作战途径有感知手段、信息手段和物理手段。

信息攻击是恶意行为,目的是满足政府授权的部门,合法的、犯罪的或恐怖主义组织,公司或个人所要达到的战略、战役或战术目标。这种做法可以是合法的,也可以是非法的;可以具有杀伤性,也可不具有杀伤性;实施者可以是被授权的个人,也可以是未经授权的个人。它可以在目标毫无察觉的情况下秘密进行,可能是入侵性的、破坏性的,甚至是毁灭性的。对信息的影响可能是置人于死地的物理结果。

信息进攻是不约而来的,不受欢迎的,未经授权的,对目标是有害的。因此我们把所有这些战法均用"攻击"这个术语来描述。

进攻性的信息攻击具有两项基本功能:捕获信息或影响信息(注意:信息可以指过程,也可以指数据、信息、知识的内容)。要达到更高层次的作战和感知的目的,这两种功能可并用。信息攻击的功能、措施、战术和技术如下:

(1)功能。两项基本功能(捕获和影响)的使用都是为了达到有效获得对目标信息资源所期望的控制程度。捕获信息,如是非法截获,那就是一种资源盗窃行为;如果手段并非非法,则是对资源的一种技术利用。捕获对象可以是竞争者的数据,也可以是敌方处理过的信息、他人的电子货币(带有一般流动性的知识层次的资源),或者是能洞悉目标感知的谈话。

影响信息,是一种入侵行为,意在造成未经授权的效果,通常对信息拥有者有害。

(2)措施。捕获和影响信息的功能过程叫做进攻措施,其目的是穿越目标信息系统的作战和防御的安全措施。

(3)战术。用于计划、排序和控制进攻的对抗措施的作战过程就是进攻战术。这些战术需要考虑一些战术因素,如进攻目标、预期达到的效果(如隐蔽性,服务的拒绝或中断,信息的毁坏、改动或盗窃)、效能等级和目标的脆弱性。

(4)技术。捕获和影响他人信息的技术手段(计算机、通信和基础设施)统称为技术。

4. 信息攻击的要素

信息攻击的要素可以表示在一个进攻矩阵图表中(见表2-4)。

表2-4　信息攻击矩阵图表

攻击类别	捕　获		影　响				
被攻击的安全性能	私密性被打破		数据完整性失效、服务有效性降低				
进攻途径	间接观察、建模、推理	直接渗透和观察	间接通过传感器或在不渗透至目标情况下对开放网络产生影响			直接渗透和影响目标基础设施	
进攻行动	捕获信息资源		欺骗	干扰拒绝	毁坏	欺骗	干扰拒绝	毁坏
攻击层次 感知层	观察公开行为、言论、文化影响和倾向,以推断决策过程和感知	通过人工情报访问,观察非公开谈话、决策和行动	心理战活动,提供能管理人们感知的信息(报文),可通过人员直接演讲发出,也可以通过信息基础设施(如广播媒介或互联网)发出			通过特工人员打入目标受众群体内部,进行情报对抗和秘密活动,散布感知主题,以管理感知,并完成更低层次的对抗(如唆使系统管理者进行访问)	
信息基础设施层	●无源截获报文传输 ●非闯入式映射网络拓扑图 ●加密分析	●网络攻击和渗透,以便确保非法访问数据 ●特洛伊木马程序 ●安装探测器	●发出欺骗电子邮件、报文 ●从事欺骗网络行为	●通过洪水攻击溢出,破坏对公共信息源的访问,拒绝网络数据收集服务 ●插入公开报文传输和数据,转移注意力和处理资源 ●插入传感器数据,破坏引导或控制过程	●插入特洛伊木马进行欺骗行动 ●用病毒改动和破坏数据	●插入破坏代码(如病毒或蠕虫),拒绝或破坏单个主机服务或者整个网络的服务
物理层	●从CRT监视器截获Van Eck辐射 ●引入电话线窃听 ●寻找公开废物箱	●获取(盗窃)设施、加密密钥、物理密钥、存储媒介电线搭接窃听	●欺骗用户,以获取有关安全性数据(社会工程)	●盗窃或获取关键部件 ●启用错误数据 ●冒充或哄骗用户以实施破坏性行动	●打入物理安全部门,获取有关安全数据	●对物理设备或支持基础设施进行物理轰炸 ●对系统部件进行电子攻击

（1）信息战模型的目标层次——感知、信息基础设施和物理层次；

（2）攻击类别——捕获和影响。

该矩阵图表又可进一步分成两条可供进攻者使用的途径：

（1）直接或内部的渗透攻击——攻击者渗透进某个通信链、计算机或数据库，获取和利用其内部的信息、修改信息（篡改、插入、取消）或安装一个虚假的破坏程序；

（2）间接或外部的传感器攻击——攻击者向系统传感器或信息源（如媒体、互联网、第三方）提供公开的现象或信息，以达到信息对抗的目的。这些攻击包括向传感器插入信息或观察传感器或连接融合节点链路的行为。

在指挥与控制战中，间接攻击针对的是"观察——定向——决策——行动"行动回路中的"观察"阶段，而直接攻击是针对"定向"阶段。当然，攻击者可以把两种方法结合成一种混合攻击，使两种行动相互支持。例如，利用间接进攻将某传感器的注意力引开，使直接进攻能成功地渗透至目标系统（间接攻击支持直接攻击），反之亦然，对网络的直接攻击行动可迫使指挥系统只能依赖于一个受到间接进攻（直接进攻支持间接进攻）欺骗的单一的传感器。

影响信息的攻击，按攻击的对象可分为如下两类：

（1）内容攻击——攻击系统中信息内容是为了中断、拒绝或欺骗其用户（决策者或决策过程）。在指挥与控制战中，攻击可能集中于改变或降低战场情报准备的数据库性能，如让它在未来的冲突中降级使用。在冲突中，内容攻击集中于实时数据以及由此而导出的信息和知识。

（2）时间攻击——以攻击信息准时性的方法影响信息过程。不论是接收数据的延迟（延时决策或使过程的同步性失调），还是插入假数据，导致欺骗性加速，都属于这类攻击。

5. 信息攻击的武器

如同前面描述的感知层攻击一样，信息战还可以应用物理层或信息层的武器，并用物理层或信息层武器系统来发动攻击。信息武器用户可通过物理层或信息层的各种手段达到所期望的"捕获或影响"的功能效果。

（1）信息武器

信息级武器在目标信息系统中执行恶意功能。恶意逻辑也称为"逻辑感染""坏码"或"信息炸弹"，可以安装在软件、固件或硬件逻辑之中，执行干扰破坏、拒绝或摧毁的功能。这些武器就像常规武器那样，是入侵性的，需要插入目标信息系统中或发送到其附近。如果目标是网络计算机，就需要把信息武器发送到其电源的支持控制系统、消防系统或设备的空调系统来影响目标。但它又不像常规武器那样具有释放能量（"爆炸"）达成目标物理损坏的一般功能。恶意逻辑的目标功能是非常依赖目标的，其效果也不能用单一的、通用的指标来衡量（如 TNT 当量吨或超压）。信息武器应当从逻辑上进行调整，以便影响信息目标。

恶意逻辑包括相对于合法程序（主程序）的独立的和依附的程序，它们包括如下基本类型（见图 2－1）。

①细菌

细菌是一种独立的、可自我复制的代理程序。它能在一台单机上生成许多自身的变种，而变种的执行要求更多的存储空间和处理时间，它的几何级数增长和资源获取性能使它能够对合法用户拒绝服务。细菌与病毒不同，它的程序并没有附加在主机程序上。

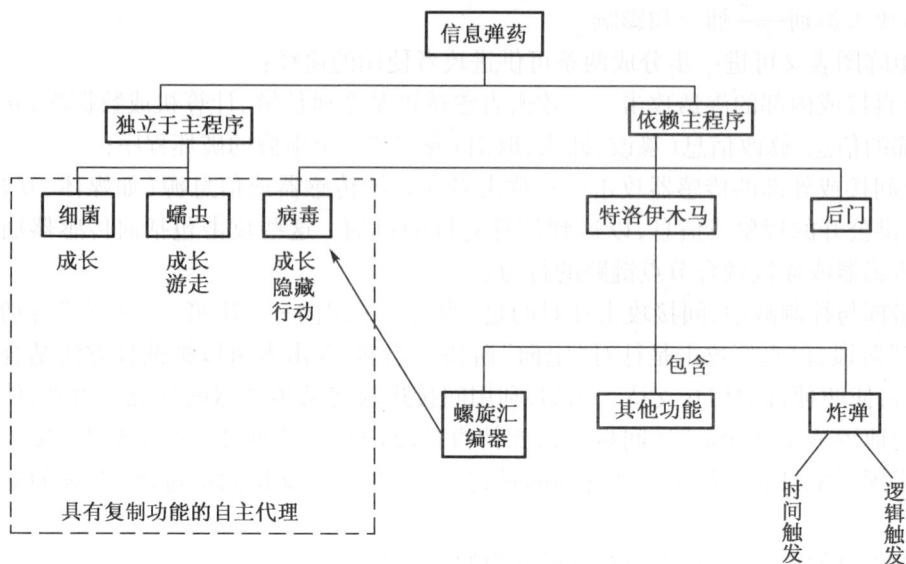

图 2 - 1　信息武器的基本类型

②蠕虫

蠕虫也是一种独立的、自我复制的代理程序。它能千方百计地在网络中从一台计算机扩散到另一台计算机而进行"爬动"。它会从开始的第一台机器起寻找其他主计算机,建立起通信联系,把蠕虫转移到其他新机器上。蠕虫像细菌一样,可以在网络中以几何级数增长,消耗资源,从而达到拒绝服务的攻击目的。

③病毒

病毒是一种非独立的、自我复制的代理程序。它需要一个赖以生存和藏身的"主"程序。当病毒程序被引入一个与主程序相连的"干净"系统后,一旦该主程序被执行,病毒就会"影响"(将自身的拷贝插入)另一个主程序。

病毒就像突防的飞机或导弹那样,必须避免被侦察到,否则还来不及完成任务就会被探测到并被清除。基本的竞争发生在病毒隐蔽性和反病毒探测之间:第一代病毒影响根程序、目录和应用程序,是比较稳定的静态病毒,可以通过探测程序开头的可执行目标代码的特征来进行对抗。而且病毒对程序的影响(如程序码长度,或程序二进制码校验和值)也能够被探测到。"扫描器"程序就是通过搜索已知的特征和非预料的程序变化来确定是否受到传染。这一措施导致了第二代病毒的出现。第二代病毒是静态加密病毒,该病毒试图通过在存储时对目标代码进行加密,然后在执行之前再解密的方法减少病毒特征。动态加密的病毒每次执行时都使用一个随机密钥,使其特性每次都发生变化。这种方式减少了整个程序的特征,但是仍保留了一个小特征,使"扫描器"还能探测出来。第三代"多形态"病毒则试图通过改变解密代码每个周期的形式,将该静态特征除掉。对这种病毒的检测是要对(相对静态的)病毒进行更复杂的分析,而不是分析目标代码的静态结构。

④特洛伊木马

就像古希腊神话中的特洛伊木马一样,特洛伊木马程序是包含隐藏敌意功能而又貌似合法的程序。这些程序可以直接插入到应用程序或那些把源代码转变成目标代码的汇编程序中。这种程序通常含有一个条件测试,用来激活恶意功能。

⑤炸弹

可以用"炸弹"逻辑去执行欺骗、干扰或摧毁功能,这种炸弹逻辑由时间或逻辑条件来触发。

⑥后门(或陷门)

这种"门"是被安装的一种逻辑,它提供了一个秘密的信息通道或进入系统的秘密入口,只有攻击者本人能用,并且不为他人所知。

那些存储和传送安全程序的"扫描者"就是特洛伊木马程序,上述对付病毒的秘密多形态机理也可以用于特洛伊木马、陷门或其他在发作之前保留在目标主程序中不易察觉的恶意代码。

所有这些级别的逻辑(程序)以及由此演变而来的许多用于特定目标的混合程序构成了纯信息级武器的基础,如果这些武器被攻击者或其授权人通过物理手段或网络手段发送出去,就会对目标造成威胁。

(2)动能武器

国外正迅猛发展且日趋成熟的动能武器代表着现代武器技术发展的两大方向之一。动能拦截器是动能武器的核心部分,它采用高级自动寻的技术,实现高精度自主探测、制导、控制和对目标直接碰撞动能毁伤,是一种高精度、高机动、高智能、光电信息高度密集的信息化武器。

曾经或正在发展的天基动能武器主要包括:天基动能拦截弹、太空电磁轨道炮和"智能卵石"等。除了反卫星动能拦截器外,美国的航天飞机、空间站、在研的国家导弹防御系统、机载动能武器系统和电磁轨道炮也具有反卫星的能力。美国为提高军用卫星的生存能力,在其第六代成像侦察卫星(先进锁眼 - 11 和长曲棍球)和第三代国防支援计划导弹预警卫星上,采取防核效应加固和防激光保护手段,增加了防碰撞探测器,同时增强了机动变轨能力。

美国陆军研制的动能反卫星拦截弹(KE - ASAT)由导弹分系统和武器控制分系统组成。导弹又由助推器、杀伤飞行器、外罩和运载系统等组成。导弹长约 9. 145 m,弹体直径 0. 61 m,发射质量 3 514 kg,动能杀伤装置重 68 kg,垂直速度 6. 8 km/s。该系统除地面控制系统外,携带动能杀伤拦截器的三级固体助推火箭从发射井发射,末制导采用可见光导引头,并运用推力矢量技术调整动能杀伤拦截器的姿态和轨道,直至将动能杀伤拦截器导向目标卫星。

电磁炮是利用电磁力代替火药爆炸力来发射炮弹的武器。美国国防部和空军联合主持的"电磁轨道系统"天基动能武器研究项目,计划利用电磁轨道炮对洲际弹道导弹和中低轨道卫星进行火力拦截。

美国空军于 2005 年 4 月发射的"实验卫星系统 - 11"微卫星,主要用于演示验证范围广泛的航天应用技术,该卫星携带微卫星动能杀伤有效载荷,任务是摧毁敌方的航天器。此外,导航防御局于 2006 年发射的"近场红外试验"卫星,也兼具动能反卫星能力。

苏联反卫星武器专家认为,环绕在地球轨道上的卫星,移动速度非常快,用于攻击它的武器不需要巨大的爆炸力,而只要以足够的精度把金属碎片抛洒在卫星前方,就可以摧毁卫星。1963 年苏联开始研制基于上述想法的共轨式反卫星武器,其中的重点是地基共轨式反卫星拦截器,并于 20 世纪 70 年代具备了攻击地球低轨道卫星等航天器的作战能力。它主要用于攻击地球低轨道的军用卫星和其他航天器。1968 年 10 月苏联开始进行非核反卫星飞行试验,于 1978 年达到了实战水平。

20 世纪 80 年代以后,苏联的卫星拦截技术有了重大发展,为配合军事演习开始进行新的反卫星实战试验。例如,1982 年 6 月 18 日进行的拦截卫星试验,就是协同苏军大规模核战争演习进行的。它严格按照苏联想定的核战争的爆发顺序进行:苏军首先发射反卫星拦截器,摧毁模拟的美国侦察卫星,同时发射了两颗军用卫星去替补假定在战争中被敌方摧毁的己方卫星。接着又发射了两枚 SS – 11 洲际核弹道导弹,一枚 SS – 20 中程核弹道导弹和一枚潜地核弹道导弹,以及两枚反弹道导弹。经过多次的试验和摸索,目前俄罗斯卫星拦截器的成功率得到了很大提高。

(3)生化武器

目标为人体的生化武器可以提供一些有选择性的影响材料性能的破坏能力,以对付信息技术系统中脆弱的元器件,如塑料和橡胶、密封材料、电器插头等。如果要在信息战中使用生化武器,可能会遇到较大的政治障碍,因为一方面世界上有禁止生物武器公约,另一方面要找到既对人体安全又能有效进行信息战的生化剂(假定它们不被列为大规模杀伤性武器)也非易事。

(4)定向能武器

定向能武器也称为束能武器,是利用激光束、粒子束、微波束、等离子束、声波束等各种束能,产生高温、电离辐射、声波等综合效应,能够实现激光、微波等电磁能或高能粒子束的定向发射、聚束和远距离传输,快速攻击并毁伤目标的武器系统。

定向能武器有能力从远处破坏敏感电子和光电元件。根据所用能量频谱,一般认为定向能武器可分为三类(考虑电子战的电子攻击武器):射频能量、激光和能量粒子。表 2 – 5 描述了以电磁能量的产生和定向为基础进行武器开发的三种主要作战概念。

表 2 – 5　概念性定向能武器

用途	使用场景	有代表性的应用
加强民用(近程)		近距离破坏汽车电子器件的高能微波武器,非杀伤性破坏光电传感器
电子攻击(中程)		对计算机、网络和通信电子器件进行电磁脉冲干扰、由空中、火炮或地面发射
军事武器(远程)		从卫星到卫星的激光或电磁脉冲定向波束,飞机对雷达和导弹的防御对抗措施,在飞机上进行对空攻击,反导弹对抗、破坏传感器和制导电子设备

根据已经报道的进展,近程应用包括:通过用脉冲射频能量干扰发动机控制电子器件,而对逃逸车辆进行非杀伤性抓捕;用激光辐射使光电传感器失灵和使之迷失方向。中程应

用包括:功率更高的非核爆炸装置,它能以炸弹的形式辐射电磁能(各方向同性辐射),从而干扰破坏半导体电子器件。远程的激光和电磁定向束在攻击和防御方面具有潜在的应用,包括以下已有报道的开发项目:对飞机对导弹的自我保护——采用超宽带电磁和红外激光发射,来对抗地对空导弹和空对空导弹;射频能量武器——适合人员携带,作为弹药或空中发送,以攻击指挥控制系统电子器件。

电子设备对该种武器的敏感性和这些武器的效果取决于许多因素(到目标的距离、频率和带宽、大气条件、目标屏蔽和电气连接装置,以及目标的物理特性等),使得这些武器的有效性成为使用中的一个复杂变量。精确制导弹药在最后阶段接近目标,而且依赖敏感的寻的头和电子器件,所以它面对定向能武器对抗措施的压制变得很脆弱。自 20 世纪 90 年代初期以来,美国的精确制导武器在设计上一直考虑激光和射频定向能武器的对抗措施。

①射频能量武器

射频能量武器辐射出定向电磁场,目的是与目标敏感电子元件内部的能量相耦合(该能量是感应电流,可转换成半导体接头和无源元件的电热能)。这种耦合的作用是摧毁性的,它通过向目标电子元件辐射或引导能量来产生不同的效果,从临时扰乱到完全破坏。耦合能在半导体接头处感应出过度的电应力,导致发热、合金化、导体化,而最终导致接头出现不可修复的故障。无源元件(电阻、电容、电感器)也易受突然断电和失效的影响。

有人还设想过用这种过度耦合进行一种更加微妙的干扰/欺骗,用射频武器从远程向一个目标系统内插入数据或恶意可执行代码。这种概念取名为远程"微波编程",该概念虽然在技术描述上天衣无缝,但目前尚无实用技术。

目前已报道了两类概念性射频武器:第一类高功率微波武器,它像高频雷达一样,发射窄带、窄波束的微波能,一般工作频率在 10 MHz 至 100 GHz,输出脉冲峰值功率 100 MW 以上。据报道,在舰载反导弹中已有能够发送兆瓦级功率的磁控管用于演示高功率微波武器。同时将速控管、陀螺控管和其他微波源也作为候选对象进行开发和评估,以便做到在千兆瓦功率或更高的功率级上提供能发送 1 μs 脉冲的高功率微波波束(该脉冲提供 $10^9 \times 10^{-6} = 1\ 000$ kJ 的能量,这是武器实际应用的阈值)。基本的高功率微波技术已经由 Benford 和 Swegle 描述,这一领域的技术进步可在《IEEE 国际脉冲能会议录》中查找到。目前,各军事大国已把高功率微波武器研制纳入其国防战略发展规划中。美军在高功率微波研究方面投资最多,每年仅花费在脉冲源上的投资就达数亿美元。2012 年,美国空军将高功率微波武器装在无人作战飞机上,用来对付防空导弹、雷达、车辆,烧坏武器关键装置的电子部件。

第二类射频武器使用电磁脉冲效应。这种效应能从闪电中自然产生,发出宽带(脉冲)能,脉冲宽度在几毫秒范围内,能量密度为 $5 \sim 10$ J/m^2。一般可以用三种方法产生效应更短但更强的电磁脉冲,见表 2-6。每种方法作为武器既面临挑战又具有潜在的应用前景。核电磁脉冲或高空电磁脉冲是对空间电子系统公认的威胁。对与长途线路互联并能够在地球表面广大地理区域感应电流的那些电子设备也是一种威胁。仅仅一个 10×10^4 t TNT 当量的核装置,如果在 300 英里①处爆炸,就能影响与美国大陆面积相仿的一片区域。核爆炸时释放的总能量,通常用 TNT 当量度量,1 kg 铀裂变释放的能量相当于 2.0×10^4 t TNT 炸药爆炸时放出的能量。当然,使用高空电磁脉冲作为武器会超过核武器的攻击等级,而且所增加的核效应已经使它变得不只是一个信息武器了。美国已经承认有一个核定向能武器计划,

---

① 1 英里 = 1 609.344 m

目的是开发具有战略防御潜力的产生大范围输出能量的核手段。电磁脉冲也可用各种非核手段产生,包括在系统中的瞬变冲击电流和将发电机组用作武器。已有报道用于脉冲能源发电的充/放电技术,包括电气转换和爆炸放电方法。炸药的高能密度给电磁脉冲"炸弹"的一次性放电提供了实用的方法。爆炸法使用易爆炸的电荷压缩磁通量,从而产生脉冲能量的放电过程,将该过程应用在一个脉冲调节器上,使脉冲宽度和原脉冲阻抗与高功率电源相匹配。实用的电磁脉冲武器可望使用小型核弹药、常规炸药或等离子技术。美国国防部为了加强电子设备抵抗电磁脉冲效应的能力,在 MIL – STD – 461D/462D 标准中规定了详细要求和试验程序。

表 2 – 6　电磁脉冲产生的分类

技术类别	高空核电磁脉冲	系统生成和转换的电磁脉冲	爆炸生成的电磁脉冲
电磁脉冲生成方法	高空(30 英里)产生核爆炸 γ 射线与大气分子相互作用,产生反冲电子,生成电磁脉冲场	系统生成的电磁脉冲,是通过把射线离子化而实现的,通过与设备相互作用产生电子。转换电磁脉冲是通过开关突变和电磁脉冲突发重复进行的电子快速突变而获得的	把被转换的脉冲压缩进行放大,然后感应存储并释放脉冲,爆炸迅速压缩磁场,将爆炸的化学能转化为电磁能,同时产生电磁脉冲和强大的脉冲电流
参数	峰值:50 kV/m 周期:10～200 ns	峰值:100 kV/m 周期:5～100 ns	峰值:30 kV/m 周期:0.1～100 ns

②高能激光武器

通常采用的激光器有化学激光器、固体激光器、CO_2 激光器等。激光器的破坏机理分为热破坏、力学破坏、辐射破坏三种。

化学激光器可以产生数百千瓦的平均功率,有潜力成为激光武器来对付远程光电传感器上的敏感光电器件(如寻的头、测距仪、目标指示器、监视器和其他光电传感器)。有些功率更高的激光,如美国空军机载激光计划中的化学氧碘激光,利用热破坏机理击毁目标。当目标受到强激光照射后,表面材料吸收热量而被加热,产生软化、熔化、气化直至电离,当目标材料深层温度高于表面温度使气化加快时,内部压力增高产生爆炸。由于化学激光器体积庞大、战场环境适应性差,其实用性受到限制;而固体激光器具有轻便、洁净、可持续发光等特点,很容易装备各种平台以用于实战,受到各国高度关注,未来主要的技术发展方向是进一步提升固体激光武器的功率和集成度。这些武器对大气传播(吸收、散射和湍流)、波束指向稳定性和目标表面特性都很敏感。

③高能粒子武器

带电粒子束和中性粒子束也被设想为武器,因为它们有可能直接向目标发射粒子(分别是电子和中性原子)来穿透目标的内部结构。能量的转换对电子和机械部件均是有效的、并具有杀伤力的。据报道,已经有一个用于概念验证、能发送 10 MeV 电子束的紧凑型带电粒子加速器被用来进行大气层内的武器应用实验。大气应用要求形成穿透大气的多脉冲隧道,而且电子束指向要精确,以使隧道始终对准目标。

（5）未来的信息攻击武器

①战术定向能武器

在尺寸、质量和组成因素方面允许电磁辐射武器在系统装置内发送或高功率微波武器能够部署在战术飞机或机动车辆上以后，战术定向能武器的战术生存能力才得以实现。

②高能化学激光

高能化学氧碘激光战术定向能武器技术与精确波束控制技术相结合，将提供致命的战术定向能武器能力，能够对付 IR/EO 传感器和脆弱的机械结构（如燃料罐、天线结构）。当高能化学氧碘激光被验证能够在可见光到 IR 波长内有 1 000 J 以上的脉冲，并且波束控制能够使瞄准维持在 1/4 μrad 以内时，这些系统的性能范围能够达到几百千米。

③半自动网络攻击和反应

计划和决策支持工具能为网络攻击及其效果建立模型，从而实施高效动态目标指示和发动有组织的攻击，人类将在环路中进行作战损伤评估和执行半自动反应。

④动态和自主恶意逻辑

自主代理技术的进步，使恶意逻辑具备隐藏和恶意破坏的自适应能力，以满足环境的需要。

⑤自动网络攻击

将半自动攻击工具与监视、仿真、基于代理的作战损伤评估支持结合起来能够提高自动化水平。智能工具将在信息战的各学科范围内对并行攻击进行自动化和综合处理。

⑥微型机电有机体

自主的数字控制的机电有机体是能够执行寻找和干扰电子系统的微型设备，具有物理传感、驱动和机动能力。这种有机体可以像化学试剂一样散开，因此可以把它们称为智能机械 - 化学武器。

⑦数字有机体

智能的完全自主的数字有机体，将执行目标明确的行动，包括搜索（网络传输）、自适应、防御、攻击和恢复。

⑧精确定向能武器

第二代战术定向能武器将进一步增加能量密度，提高转换效率和定向能的方向性。精确定向能武器将通过控制定向能实现对特定目标所期望的效果（从干扰破坏到毁灭）。

⑨计算机社会学（电脑心理战）

人员行为和影响因素（如对经济、环境和安全的感知）的复杂模型将使人们把社会行为当成群体感知的一个函数来进行仿真。这种能力将精确分析对感知管理计划的影响以及复杂多情报心理战行动的产生。这些工具可支持"新的战争方式"的概念，这种概念认为应采用非暴力手段来实现国家目标。

⑩用大数互质分解进行的量子计算

量子计算有希望对大数据进行高度并行的互质分解，并且能迅速地进行离散对数计算，这种强大的密码分析工具对当前的密码加密安全构成了极大的威胁。

6. 信息攻击技术

（1）信息级（网络）攻击技术

信息级攻击工具按照传统武器系统的典型组成划分为以下几种：

①情报和目标定位工具,用于搜集情报,以理解目标信息系统(作战、状态、薄弱环节)和制定目标定位计划的各类工具;

②武器发送工具,提供目标访问手段(报文、计算机、通信链路、数据库、设备)并发送信息武器的工具;

③信息武器工具,用于影响目标系统的具体信息(以硬件、软件或抽象数据的形式存在)的武器。

(2)物理级攻击技术

通过物理手段对物理基础设施(信息和支持要素)进行直接攻击可以造成临时拒绝、干扰破坏或长期摧毁。功能武器和定向能武器,这些入侵性手段是指挥控制战中使用的主要军事武器,但是也可像大规模杀伤性武器那样,在一定程度上用于网络战以及恐怖主义的战争形式。

(3)未来信息攻击技术

当前的信息攻击技术基本都是手工武器,需要人工地进行计划、目标定位、控制和发送。信息攻击的使能技术将帮助人类识别武器对大型网络的影响,能够初步实现对网络进行有组织攻击的半自动控制。综合使用这些技术能够模拟、计划和执行半自动攻击。信息攻击的新兴技术,将扩大攻击的范围,增加其复杂性,运用对大量用户的同步感知管理手段来提供对大型网络的控制。

信息攻击的关键技术如表2-7所示。

表2-7 信息攻击的关键技术

技术类别	信息攻击技术	含义
核心技术	强力电子攻击和精确干扰、欺骗手段和半自动网络攻击,动态恶意编码	当前最新技术
使能技术	半自动网络攻击和反应,战术电子攻击定向能武器,高能化学激光,动态和自主逻辑炸弹	采用自动精确拒绝服务、网络欺骗和网络利用、电子攻击和协调心理战的方法,有组织地攻击网络
新兴技术	自动网络攻击和反应、战术精确定向能武器、微型机电有机体、数字有机体、精确定向能武器、计算机社会学(电脑心理战)、具有大数互质分解的量子计算	自动化的和自适应的大规模(有组织的)网络攻击; 多个独立的目标网络节点,这些网络节点负责对大量用户的即时心理战感知管理

2.2.3 防御信息战

1. 防御信息战的意义

防御信息战可以定义为:集成与协调政策、程序、人员和技术,以防护信息与信息系统,通过信息确保、物理安全、作战安全、反欺骗、反心理战、反情报和特种信息行动等来实施,从而防止己方信息、基于信息的过程及信息系统被利用、恶化或破坏,确保己方信息、基于信息的过程及信息系统充分发挥效能的各种行动。

针对敌方可能的进攻信息战,己方防御信息战应包括以下内容:

(1)反情报。信息加密,应用低截获概率技术,加强情报保密的认证、批准管理,严格信息分发制度和程序,加强关键和敏感信息的保密等。

(2)防御性军事欺骗和反欺骗。部署信息系统重要部位(雷达站、通信天线及节点、指挥中心等)和武器系统的假设施——诱饵;充分掌握情报,识别敌方真实意图;采用相应技术,识别敌方的虚假信息(假情报、假数据、假目标和假信号等)。

(3)防御性心理战。采取多种方式,加强思想宣传教育工作,及时揭露敌方宣传企图,保持旺盛的战斗力,作出正确决策。

(4)电子防御。在己方实施电子战或敌方实施电子战时,己方的各种信息系统,特别是各种传感器和无线通信、导航定位等系统,必须具备抗干扰能力,以保证各种信息系统正常发挥功能。己方武器系统也必须具备抗干扰功能。

(5)防物理摧毁。对己方信息系统进行系统加固、电路加固,对己方信息系统和武器系统以及作战平台进行伪装或隐身;建造备用、机动(地面机动、空中机动)或地下信息系统;干扰敌方来袭的精确制导武器(巡航导弹、制导炸弹等);建设自主式信息系统,应急供电等供电保障设施;提高信息系统的重组能力。

(6)计算机、通信网络及软件的安全防护隔离(防火墙)、探测和清除非法入侵、提高操作系统和应用软件的抗病毒免疫力。美国的信息战安全包括信息安全、通信安全、网络安全、地址安全、计算机安全、技术安全和作战安全等,推广多级安全应用技术。

(7)系统防护。在己方军事信息系统或综合电子信息系统进行设计时,就必须考虑到信息、基于信息的过程和各种信息系统应具有较强的信息战防护和信息确保与安全能力,以防止被利用、恶化或破坏。

随着信息技术、武器系统和作战平台的迅猛发展,进攻和防御信息战的内容还将不断发展。

2. 信息防御的能力

信息防御,也称"信息保证""防御信息战"。信息防御的合理性和紧迫性在于:信息攻击对许多人(潜在对手)是有吸引力的,因为它与开发、维护和使用先进军事手段的成本相比是很便宜的,它可花费少量的资金教唆知情人、制造虚假信息、操纵信息或发出针对与全球信息基础设施相连的信息系统的恶意逻辑武器。除此之外,信息战吸引攻击者的地方还在于它可通过较少投入,获得巨大的非线性产出。

信息防御的能力包括:具有指示和预警的威胁情报,保护措施,对攻击的反应与恢复。

(1)威胁情报指示与预警

防御的基础是对可能遭遇的外部威胁和内部脆弱性的了解。它可以通过实施主动的情报战来评估潜在外部威胁和评估内部的脆弱性而得到。

①外部威胁评估

外部威胁评估主要进行下列活动:

一是确定潜在的威胁。典型的威胁分为具有不同动机和能力的国家支持的和非国家支持的个人或群体两种,如表2-8所示。在本阶段,为了了解威胁的潜能,必须对动机作出假设,分析其特征并加以验证。

表2-8 潜在信息战威胁的分类

发起者	威胁分类	动机	有代表性的威胁
非国家发起的	单个犯罪人、黑客、知情人和非授权用户	挑战,侵扰,报复	数据库的损坏和修改,信息盗窃,拒绝服务攻击
	有组织的犯罪团伙	贪欲	捕获访问数据、电子商务数据或取款机
	政治对立者和恐怖分子	意识形态,心理恐怖,引起人们的注意,影响政策	对盗窃服务的宣传广播,对可见的基础设施目标的随机攻击
国家发起的	恐怖分子	影响政策,颠覆政府	对可见的基础设施目标的随机攻击或有序攻击
	外国情报服务机构、战术部门	干扰军事安全,颠覆政府	对防御信息基础设施要素的多级攻击
	战略部门	侵略,干扰军事命令,颠覆政府	对国家的信息基础设施的许多要素进行有节奏的多级攻击

二是判定能力。使用所获得的情报源,可判定威胁的能力和结构。敌方的技术研发活动、声明(公开的和秘密的)和收集情报的行动(可能冒目标定位风险)可以提供威胁的发展情况,包括敌方的技术能力及其开发或"武器化"、作战测试状态和进行作战的准备程度。同时我们也要对威胁预测进行评估,以确定其未来能力发展的时间表。

三是确立指示和预警指标。根据对手的机动和技术能力,研究指示或预警即将来采取行动(情报收集或攻击)的特征,以提供指示和预警模板。

②内部脆弱性评估

内部脆弱性评估决定作战安全或信息安全的潜在方面。脆弱性评估可以由分析、仿真或测试来实现。工程分析和仿真方法是:在正常作战或独特条件(如在硬件错误发生部位和具体状态出现时间)下不断搜索访问路径。测试方法是:独立评估人员运用攻击工具不断扫描系统(如通信连接、计算机、数据库),以及应用大量的方法(利用、干扰、拒绝服务或破坏)攻击系统。

③风险评估和管理

有必要把外部威胁和内部脆弱性评估结合起来进行风险评估,这种评估还要考虑攻击得逞的负面影响。按此概念,风险可用下列的关系式表示:

风险 =(威胁×脆弱性/防护的对抗措施)×影响

这个关系式形成了量化真实系统风险值的基础,其中自变量和相关的比例因子可以用来提供各种风险参数,以便控制或管理一个具体系统的风险。信息访问的收益和实施威胁攻击的后果之间要进行平衡,这就要求对系统的风险等级进行管理。

风险管理(相对于风险避免)认为成功的攻击总会发生(访问、穿透信息或服务受损,甚至毁坏),但是发生的可能性和影响程度将是有限的,并应控制到一个小的统计量化值。风险避免和风险管理的差别列在表2-9中。

表2-9　风险避免和风险管理

关键要素	风险避免	风险管理
基本原则	保密性	完整性、可用性和保密性
实现方法	严格性,操作的安全性,高成本保护依赖于技术,"只是防止"的对抗措施,隔离"保密的和非保密"的结构	灵活性,操作的集成保护,逐步改进,检测—限制—恢复,量化风险,安全处理指标
解决方案	对电磁辐射的完全 TEMPEST 保护	集成的或多层的保密和非保密结构,多层 TEMPEST 保护
要求举例,有效性措施(对攻击的相对反应)	保护99% 残留的风险 <1%	保护 >80%; 检测的残留风险:检测 20%,检测并限制 19%,检测、限制、恢复 1%; 未恢复的残留风险:残留风险 <1%
备注	●阻止——阻止80%攻击的访问; ●检测——检测剩余20%没有被阻止访问的攻击的存在性,这些残留攻击包括被限制的攻击(19%)和一些未被充分限制的但可恢复的攻击(1%); ●残留——残留风险(1%)包括既没有阻止、检测、限制,也没有恢复的所有攻击,以及引起不利后果的攻击	

　　风险管理过程要求对目标系统的具体风险和发生风险的可能性进行彻底分析、决定负面影响后果,以及对减轻风险的方法效果进行分析。

　　(2)保护措施

　　根据对威胁和脆弱性的评估,必须对作战能力进行开发,以便实施拒绝、威慑、限制或控制对信息基础设施攻击的保护措施(对抗措施或被动防御)。可以综合运用所有保护措施,其中每种措施对整个基础设施的保护都起到独特的作用。信息防御作战在三个层次上采取了保护措施,归纳在表 2-10 中。

　　①战略层活动

　　试图通过禁止攻击,对进攻者施以罚款、处罚、恐吓报复行为等合法手段,达到威慑攻击的目的。

　　②作战安全活动

　　为基础设施的物理要素、人员和有关基础设施的信息(如保密的技术数据)等提供安全。

　　③信息安全活动

　　信息安全活动保护硬件、软件和无形信息(如密钥、消息、原始数据、信息、知识)。

表 2－10　防御信息战的保护措施

保护层次	措施	方法	措施示例
战略层	禁止功能、部署、测试或使用	建立禁止开发、部署、试验、使用或首次使用进攻信息战的多边协议	签订(不使用、不首次使用、不试验)条约
	法律制裁	建立管理进攻战和惩罚犯罪的国家或国际法律	颁布惩罚犯罪的法律,国际和国家组织签署联合捉拿罪犯的协议
	报复	建立对信息入侵者的报复指导原则	经济制裁; 信息封锁; 军事报复
作战安全	物理安全	建立保护个人、硬件、软件不受来自非授权访问的物理(动能、放射线、化学或生物、电磁或内部攻击)屏障	设备保护; 访问控制; 空气调节、过滤和控制; 电源保护和备份; 访问、使用、保护过程和程序
	个人安全	建立对与基础设施部件设计、试验、作战和维护有关的所有人员的控制和检查	人员筛选和检查过程,调查和定期考评,训练,正在进行的效率评估
信息安全	安全软件	建立访问的程序保护和软件/硬件保护	软件加密,防火墙,生物统计、令牌和口令
	加固硬件	设计阻止动能、放射线、电磁、化学和生物攻击的硬件	电磁保护,电源保护,射线强化保护,化学－生物学强化保护

(3)反应和恢复

检测、反应、恢复与保护,是信息防御作战的四个要素,它们为信息基础设施提供预防性和反应性保护。图2－2将信息防御作战要素连接起来,显示了各要素与被保护的基础设施之间的关系。

图中描述的实时功能可产生两方面的反应:防御反应——对攻击的检测,可以用来产生警报、提高对访问的保护限制等级、结束脆弱过程或发动减轻潜在损失的其他活动;进攻反应——当可以判定攻击来源时,检测也可以用来发动基于威慑的进攻反应。检测过程也可以支持目标定位和反应的其他备用方案。

图2－2是美国国防科学委员会和总统关键信息基础设施保护委员会的独立报告中所预想的战术警报和攻击评估的组成。战术警报和攻击评估的功能之一是确定任何时刻基础设施状态的警报级。美国国防科学委员会提出了五个概念性基础设施警报级别(见表2－11),提供了预期活动和防御反应的递进序列。报警条件遵从为战略核攻击开发的防御条件模型,包括最小必要信息基础设施的部署和作战"战时状态"的实施。

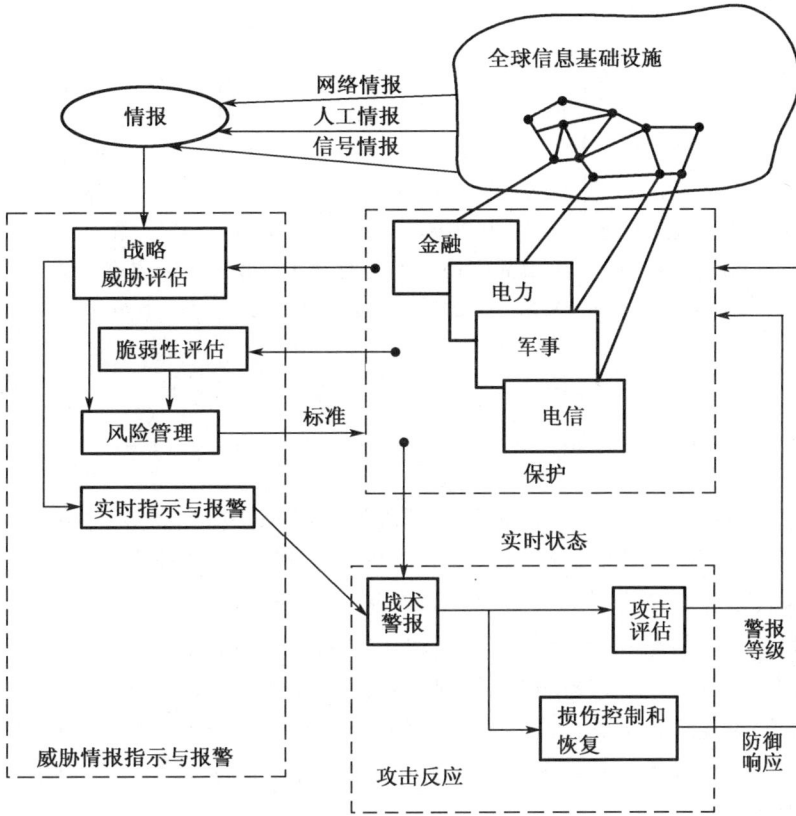

图 2-2 信息防御作战的要素

表 2-11 概念上递进的美国国家信息战预警级别、相应的威胁和反应

报警条件	I	II	III	IV	V
态势	正常活动	扰乱	加强防御	严重的	战前
攻击的级别	无组织的攻击	外科手术式的攻击	战术攻击	主要的骚扰攻击	战略攻击
典型的攻击者	业余的、有经验的黑客,内部人员,犯罪分子	有资金优势的非国家组织的黑客犯罪分子	国家组织的信息攻击部队,高度结构化的非国家组织的部队	国家组织的信息战攻击部队	国家组织的信息战攻击部队,它由内部人员支持
活动	正常的威胁尝试和事件	事故增加 10%,所有事件提高 15%	所有事故报告提高 20%,条件 II 加上具体环境	威胁国家利益的主要区域或功能事件,条件 II/III 加上具体环境	破坏国家稳定功能的广泛的事件,条件 III/IV 加上具体环境

表 2-11(续)

报警条件	I	II	III	IV	V
反应	对单个目标地点的正常反应	提高事故监测,分析大规模攻击活动的形式,预报所有的部门提高认识,对犯罪成员开始有选择地监视	断开不必要功能的连接,启动关键系统的适时审计,开始强制性地集中控制报告	实施强制性的集中控制,实施有选择的路径,限制对最小量国家的连接,开始进行入侵的法庭调查	断开关键成员与公共基础设施之间的连接,部署最小的必要的信息基础设施,实施战争状态,宣布进入紧急状态,准备反击

战术反应功能:包括监视——监视整个基础设施状态,并分析、检测和预测潜在攻击影响,产生预警状态报告并向基础设施的相关部件发出威胁活动和预期事件的警报;状态控制——对部件发布控制命令,修改保护级别,以防御初期的威胁活动,并预见攻击后期阶段的服务设施的恢复;审计和法律分析——对攻击活动进行审计,以决定攻击样式、行为和损害,以便于未来进行调查、有效性分析、进攻性目标定位或诉讼;报告——向指挥机关发布报告。这些战术反应概念在国家信息基础设施层进行描述,但是在功能上却适用于信息部件的所有层次。可以在设备层(如一个电源)、系统层(如一个地区的电网)或更高的网络层实现战术反应功能。

信息防御关键技术分析如下:

(1)网络综合入侵检测

入侵检测将综合来自整个网络内分布式传感代理的数据,并且将在个体操作和多层集合性能的基础上执行检测。保护性反应将是自适应的和半自动的,并尽量减少人为的干扰因素。

(2)整批加密隐身术

数据隐藏加密方法将实现高效和高度安全(通信安全和传输安全),这种方法允许对网络"公共访问"的数据进行整批加密。

(3)多种类型身份认证

对信息系统访问的身份认证控制将综合使用多种生物统计和密码设备来对每个人进行安全身份认证。在某人企图进入系统时,生物统计系统将实现对人类及其生理状态进行高准确度的识别。

(4)反定向能武器

定位和攻击定向能武器或支持传感器的积极对抗措施可能包括特殊定向能武器,这些定向能武器用于引发能量的早期释放,或摧毁目标定向能武器的密集能量存储机制。

(5)可置信通用包装、屏障、防火墙

可置信的面向对象的软件层将在更大范围内向通用对象资源提供高水平的安全。

(6)作为可置信代理的数字有机体

安全自主的数字代理将执行可置信的安全任务,包括入侵发现(学习)、检测、反应和恢复,并像生物免疫系统一样,这些有机体将进行联合检测和合作调度来攻击恶意逻辑,并恢复被破坏的服务。

（7）全光学网络

全光学网络和数据库将采用激光、光纤和全息技术来对抗定向能武器和物理拦截威胁。

（8）量子密码技术

粒子的量子状态通信（如光子、原子、磁矩）提供了一个可能的信息加密传输方法,并同时综合了通信安全和传输安全两种属性。如果不对信息本身进行干扰破坏,就无法对量子密文信息进行无源截获。

由于信息战技术（信息优势技术、信息攻击技术和信息防御技术）在不断地开发、集成和投入使用,信息战的作战形式、威胁和风险也将不断地发生变化。许多技术和作战实施手段还将秘密地进行开发以保持其军事价值并维护作战安全性提供的效用优势。研究和实施信息战的人们必须对这些技术有所了解,并对这些技术将来对全球、国家、团体和个人安全的影响做好准备。

2.3 信息作战的原则与战法

2.3.1 信息作战的原则

信息战是一种新的战争形态,原有的进攻与防御理论已不适用,应该有新的作战原则。美国一些军事专家曾根据海湾战争的经验总结并提出一些有关信息战的作战原则,主要有以下八项。

1. 电子斩首

对敌方各级部队的决策机构进行信息攻击,切断或破坏敌人所有的信息媒介——电话、无线电频谱、电缆和其他传输手段,甚至是第三国的卫星。不让敌方指挥与控制人员使用任何自动化或电子辅助决策手段,"迷盲"敌指挥中心、战斗信息中心等单位的数据库、数据融合系统、电子处理和显示系统,这样敌方指挥机关就会与部队脱节,使敌方部队失去活动方向和活动能力。

2. 首先摧毁传感器原则

首先使用自动寻的武器、电子干扰及一切软硬压制手段阻止敌方发射电磁波,压制敌人的被动传感器,摧毁敌人的被动探测器。

3. 战场透明原则

确保己方进行不间断的、严密的和多频谱的监视与侦察,完整地接收己方部队从远距离发来的传感数据,使信息的准确性与武器的精度相适应,并快速、全面、准确地进行战斗毁伤评估。

4. 敏捷原则

确保己方的决策周期比敌人更短、运行得更快,信息提供者应保持战备状态,确保随时提供所需要的信息,并在需要前提供。

5. 生存原则

要集中制定策略与计划,分散实施用兵计划,强调发挥部属的主动性与灵活性,避免实施过于集中的指挥与控制,而应采用多节、多系统、多路径、多频率的机制,以便提高系统的生存能力。

6. 系统通用原则

既要尽量避免指挥、控制、通信系统的标准化,又要保证各军种指挥、控制、通信系统的通用性,以保证战场上横向和纵向自由地交流信息,达到信息共享的目的。

7. 坚持打信息战原则

即使遭遇农业时代或工业时代的军队,也不打低级别的战争,而应该坚持打信息战。

8. 全力以赴原则

既然要进行战争,就必须全力以赴,这在任何时代都是一样的。信息战提供了精确打击手段,附带损伤较小,因此可全力以赴实施,不必担心会超越政治界限。

上述原则概括起来就是:使敌人面前的战争"迷雾"消散,创造一个透明的战场;确保我们的信息优势;全力以赴实施信息战。

2.3.2 信息战的战法

信息战的战法主要有以下几种。

1. 信息威慑

信息威慑是以信息战声势或威力使敌方慑服的一种信息战法,它渗透至战略、战役和战斗各个层面。现代战争对信息的依赖性越来越大,谁掌握了信息优势,谁就能获得战场上的主动权和整体上的优势。巧妙地运用这种"信息优势"实施威慑,"在敌方心理上构成一种障碍,使其由于面临无法承受的后果而不敢贸然使用战场信息,从而影响敌方的指挥与控制,达到不战而屈人之兵的目的"。实施信息威慑一般分为两步,首先依靠其密集、高效、实时的信息收集系统,取得胜敌一筹的情报优势,为信息威慑创造良好的条件;然后通过强烈的信息压制,配合以威慑性的宣传,使对方心理产生震撼、信心丧失、防线崩溃。实施信息威慑的主要方法是综合采用实体摧毁、电子战、欺骗和心理战等手段,破坏敌之信息系统,突破、瓦解敌心理防线。

2. 信息肢解

载体与能量是信息存在和流动的两个基本要素。信息肢解就是瞄准信息流程中载体与能量两个关键要素进行肢解、分割,以瓦解其系统结构的一种战法。信息肢解的主要方法:一是载体破坏法,即破坏敌信息系统的关键装备或关键部位,如敌防空体系中的预警雷达、通信枢纽的关键节点等;这些关键装备和关键部位一旦遭到破坏,整个系统的信息链就被"斩断",信息网络就被撕扯成互不关联的"碎块",整体功能也就无法发挥了,进入了被动挨打的境地。二是能量破坏法,信息网络的能量一般来源于发电站及其他供电设施,其一旦遭到破坏,信息网络必将失去活力而无法运转。

3. 信息遮断

信息的流通和作用过程可分为信息源、信息通道和信道三个环节,遮断其中任何一个环节,整个信息流程即遭破坏。信息遮断,就是通过有效的信息压制、断敌信息传播的一种方法。如美军在作战中非常重视信息遮断,强调将其放在与火力遮断相当的层次上予以考虑。在具体组织实施过程中,美军强调,必须充分发挥陆、海、空各军种拥有的信息战武器装备和平台的作用,合理配置、集中使用信息战资源,有效地压制、摧毁敌信息系统,剥夺敌信息获取能力,从而割裂其作战部署,破坏其整体威力,以便在此基础上发挥联合机动系统和联合火力系统的作用,把对手消灭在孤立无援的境地。在海湾战争中,美军"沙漠风暴"行动的第一枪,就是"诺曼底特遣队"一举摧毁伊军设在靠近边境地区的两个防空预警雷达覆盖区和在指挥控制网上打开了一个缺口,后续攻击机群中的电子战飞机又有效地干扰了缺口附近的防空雷达网,这样就遮断了伊军的信息网,使伊军的信息网络前后不能相接,左右不能相连,处于"断线"状态,从而开辟了一条通往伊拉克战地的"空中走廊"。在地面进攻作战中,美军又利用信息遮断与欺骗相结合的手段,切割了伊军地面部队上下级之间的联系,致使伊军信息中断、指挥失灵,完全丧失了主动。

4. 信息"污染"

现代战场信息量急剧膨胀。如美军在海湾地区90天的通信量比欧洲40年的通信总量还要多,在作战高峰期,一天就有70多万次电话呼叫和15.2万次的电文传递,仅使用的无线电频率就有3.5万个。信息污染技术就是针对信息的"质"而采取的一种战法。污染通常按照信息截流—信息变换—信息输出的程序实施,目的在于使敌方获得变质的信息。采取的信息污染技术通常有病毒污染和信息欺骗两种。一是病毒污染。随着C4I系统的发展,现代军队的指挥、控制、通信和情报系统正朝着以计算机为核心,以通信线路为"神经"网络的方向发展。而作为系统核心的计算机一旦染上病毒,整个信息系统就会很快受到污染并陷入瘫痪。海湾战争中美军就进行了这种尝试。据外刊报道,为了增强计算机病毒污染的攻击性,美军花巨资招标研制计算机病毒。二是信息欺骗。这是一种"通过敌方的信息系统欺骗敌方"的谋略运用,主要方式有伪装欺骗、模拟欺骗和冒充欺骗。在海湾战争中,美军为了达成地面进攻行动的突然性,一方面以演习作诱饵,同时伴以新闻媒介的大肆宣传,使伊对多国部队的主攻方向判断失误;另一方面针对伊军的电子战发送掩人耳目的无线电假信号,造成美国第7军和第18空降军仍在原地的假象,使伊军上当受骗且深信不疑。可见通过发送假情报、假信号、假消息或扰乱敌方信息的正常流动,以假乱真、以假掩真,从而诱导敌方作出错误判断,有效地保证己方行动的突然性和作战效能的充分发挥。

5. 信息封锁

这是美军实施信息防御的主要战法。美军认为"限制敌方获得己方信息与获取敌方信息同等重要"。因此,有效的信息封锁是达成作战突然性的重要手段。美军采取的措施有两个。一是信息保密。从战略级别到战术级情报,美军都有严格的保密等级与时限,如美军联合部队对欺骗情报的封锁就分为三个等级:仅指挥官接触、部分参谋人员接触和全体参谋人员接触。信息加密是美军信息保密所采取的技术措施,考虑到联合作战信息网络"一体化"的特点,美军正在采用层层加密的办法解决信息封锁问题。二是信息反击。这是为实施信息封锁而采取的主动型防御行动,即以攻为守,以攻助守。其基本方法是,以反侦察手段阻碍敌方获取信息,如严格控制己方信息传播的范围、强度、时限,分散配置、伪装设置己方信息系统及设备,干扰、迷惑乃至摧毁敌方的信息收集系统等。

参 考 文 献

[1] 戚世权. 论制信息权[M]. 北京:军事科学出版社,2001.

[2] 李显尧,周碧松. 信息战争[M]. 北京:解放军出版社,1998.

[3] 杨宁虎,刘春保,杨哲. 美国GPS系统导航战技术发展分析[J]. 国际太空,2017(12):

4 - 8.

［4］苏子舟,国伟,张博,等.美国电磁轨道发射技术概述［J］.飞航导弹,2018(2):7 - 10.

［5］郭继周,沈雪石.定向能武器技术的发展动向［J］.国防科技,2014(3):32 - 35.

［6］林聪榕,定向能武器技术现状与发展趋势［J］.国防科技,2005(12):20 - 23.

［7］朱宝明,定向能武器的发展现状［J］.外军纵览,2012(1):8 - 13.

［8］蒋盘林,张金华.高功率射频武器的发展及潜在效用研究［J］.通信对抗,2012(9):1 - 5.

［9］李阳,秦涛,朱捷,等.电磁轨道炮发展趋势及其关键控制技术［J］.现代防御技术,2019, 47(4):19 - 23.

［10］霍家枢.信息战中的作战方法(连载一)［J］.情报指挥控制系统与仿真技术,2002(7): 17 - 32.

［11］霍家枢.信息战中的作战方法(连载二)［J］.情报指挥控制系统与仿真技术,2002(8): 5 - 15.

第3章　军事信息化

实施信息化战争必须有信息化的军队、信息化装备、信息化(它包括数字化、智能化、网络化)的战场、良好的信息基础设施与信息化的指挥控制。

3.1　信息化军队

信息化军队,是指通过军事革命,实现总体转型的军队。它是一支作战理论、编制体制、武器装备、综合保障、教育训练与信息化战争要求相适应的军队,也称为"网络化军队"。

3.1.1　信息化军队的作战理论

1. 理论基础

信息化军队作战理论的基础是全维作战和联合作战理论。

(1)全维作战

全维作战定义为:"在整个战争区域实施在太空作战支援下统一的空中、地面、海上和特种作战。"这里"统一"的含义:一是全维空间的统一。信息化战争可能是局部的,参战兵力和交战规模有限,但战争的空间范围却非常广阔,呈现出高立体、大纵深、全方位的特征,形成了外空、高空、中空、低空、超低空、地面(水面)、水下等立体对抗;战场纵深随远战兵器袭击距离增程而达数千千米;超远程打击、超纵深打击、电子打击、信息打击等交战行动多方向、多角度,特别是外层空间作战参与,使整个作战空间浑然一体。全维空间统一的另一方面就是对战场结构的多种选择,即必须选择能够在战区整个地面和空间同时运用各种战斗力的战场结构——这种结构可能是线式的,也可能是非线式的,或两者兼而有之。二是全维时间的统一。信息化战争非常注重战争效率。提高战争发起的爆发力、加快作战节奏,就需要各种作战力量和作战环节等在战争准备时间"全维"性地加以统筹安排,包括动员、部署、重组、作战、换防和撤离等相关要素的时间统筹,哪怕一个不显眼的细节没有统筹进去,都会贻误战机、拖延进程和影响结局。信息化战争作战复杂,制约因素较多,若战前准备不周在作战中就很难有效地加以调整和弥补,故信息化局部战争作战准备时间大大长于作战时间,就缘于此。三是全维物质的统一。战争的过程是物质消耗的过程。信息化局部战争虽然地面战争有限,但投入的军兵种和各种武器装备却非常多。对这种十分庞大的物资筹措与及时供给,必须综合运用各种后勤支援力量和手段,还要加强同政府机构和工业部门的联系,提高文职人员与地方人员在后勤保障中的作用,以及取得有关国家的协作与援助。

(2)联合作战

联合作战是两个以上军种兵力组成的作战军团,在联合指挥机构的统一计划和指挥下,为达成统一的战役或战略目的,于一定时间和空间内,在宏观协调的基础上,所进行的一系列各军种独立作战的总和。

联合作战的指挥是关系到联合作战能否实现和能否取胜的基本问题。从美军理论和作

战实践来看,联合作战的要旨如下:

①建立高效的联合指挥机构,确保联合作战的指挥成效。针对联合作战参战军种多、组织计划复杂、要求高度集中统一的特点,必须建立责任明确、指挥层次少、具有联合性质的指挥机构。各级都要建立联合指挥机构,包括国家级、战区级和战术级。师一级的基本指挥所,也是由参战军兵种的指挥机构所组成,以联合指挥网络实现行之有效的联合作战指挥。在联合机构实施指挥工作上,减少层次,消除内耗,特别是命令与协同计划一次下达,是实现适时高效指挥的重要举措。

②实行集权与分权的协调方式,保障联合指挥的统一与主动灵活。为保障诸军兵种围绕统一的计划实施协调一致的作战行动,美军在实施联合作战中强调高度的集中统一;同时,为保障依情况变化而灵活指挥,又强调给下级指挥自主权,实行分散控制。指挥的“集权”主要体现在战区最高指挥权集于一身、集中统一制订作战计划、主要作战方向的作战行动由上级来控制三个方面。通过集权使诸军兵种作战行动形成向心力。指挥的“分权”主要体现在:联合指挥机构只统一计划,不具体指挥;上级对下级只分配任务,不规定如何完成任务;在控制措施上只协调部队间的合作,不替下级指挥部队。分权指挥有利于及时捕捉战机和充分发挥各级的主观能动性,也可避免分散上级指挥官对全局和重点指挥的注意力。军兵种间的协调也至关重要。美军除了强调凭借作战命令、计划和协同来协调各军兵种作战行动外,还采取了军种指挥机构之间互派协调控制小组和规定协调线与时间界定的办法来准确地控制协调部队作战行动。

③使用现代化(即信息化)的指挥工具,保障联合作战指挥的时效性。为适应战场信息流量大、战机稍纵即逝的特点,确保作战指挥的时效性,作战指挥手段的现代化是必不可少的。联合作战至关重要的原理是“整体大于总和”。要求联合作战指挥官熟悉每一军种的作战能力,懂得如何发挥各军种在快速作战行动中的优势,像指挥交响乐团一样协调各部队的能力,并以此达到预期的目的,这是取胜的关键。在未来的联合作战中,要避免陆上、海上和空中力量发生冲突,必须以“时间”(由空间同步卫星提供)作为所有类型部队行动的共同参考点。因此,未来部队之间的分界线可能会由时间来划分。

2. 核心思想

信息化军队作战理论的核心是夺取信息优势,进而获得决策优势、全谱优势。

(1)信息优势

信息优势是联合部队进行信息化战争的基础。信息优势具有下列属性:①在信息领域中有利于某一方的不平衡状态;②在本质上可能是一种短时间的不平衡状态;③这种不平衡状态部分是通过信息对抗而得到的;④信息对这种状态的作用不是完美无缺的——战争迷雾减少了,但并没有完全消除。

联合部队取得非对称的有利地位的能力依赖于其获得和分析所有战场空间的精确而及时的信息的能力,向太空、空中、地面和水下部队指挥官传输有用信息的能力,以及阻止对手获取这种信息的能力。网络可以使部队获得在军事行动中以前未有的程序及信息,实现信息共享这种能力已在诸如通用作战图像等信息产品中表现出来,成为未来作战战斗力增长的主要来源。

(2)决策优势

当信息优势使指挥官及部队能够作出更好的决策以及快于对手反应的速度执行决策时,信息优势就能有效地被转化为竞争优势。在非战斗情况下,信息优势转换成快速决策的能力,使部队能塑造态势或对变化作出反应,并完成其使命。这些集成的能力称为"决策优势"。决策优势是将更多的信息通过作战人员的经验、知识、训练以及判断而得到的。参谋所具有的知识及程序达到的功效增强了指挥官夺取决策优势的能力。

信息优势不会自动产生决策优势,组织和思想的改变,有关的训练和经验,以及适当的指挥控制机制和工具也是同样必要的。还必须指出,决策优势不仅仅是指挥官作出决策的能力,还是作战部队更好地作出决策的能力。

(3)全谱优势

所谓全谱优势,是指在所有军事行动中都能击败敌手并控制局势。所有军事行动包括:保持战略威慑态势;战区内的军事参与与军事存在活动;使用战略部队和大规模毁伤武器的冲突,大规模战区战争、地区冲突和小规模突发事件;介于和平与战争之间的模糊情况(如维和行动、非战斗性人道主义救援行动、对国家当局的支援行动)。这就需要信息化部队能遂行紧急、持久及协调一致的行动,能够进入陆、海、空、天和信息等领域并自由行动。能否掌握全谱优势的关键是信息优势和创新能力。

3. 作战能力

信息化部队的作战能力,可以归结为五个方面,即制敌机动、精确交战、集中后勤、全维防护和信息对抗。

(1)制敌机动

制敌机动是指联合部队在完成指定的军事任务时,以决定性的速度和压倒性的作战节奏,取得位置优势的能力。广泛分散在各地的空、陆、海、两栖、特种作战和航天联合部队在要求投入战斗或非战斗行动时具有高机动集结兵力和部队、集中分散部队火力的能力,并能通过信息、欺骗、交战、机动性以及反机动能力的运用确保在各种军事行动中获得优势。

(2)精确交战

精确交战是指联合部队在各种军事行动中对目标进行定位、监视、识别和跟踪,选择、组织和使用正确的系统,产生预期效果,评估结果,根据需要以决定性速度和压倒性节奏重新交战。

精确交战是与各种行动方式都有关的基于效果的作战。它的成功取决于深入的分析,对关键节点和目标进行识别的定位。精确交战主要的特征是传感器、运载系统以及效果之间的联系。即将传感器、指挥控制和射手有效地连接起来,能在整个战场纵深进行精确交战。

精确交战不只是用信息化弹药精确地打击一个目标,而是增强联合部队指挥官了解态势、决定预期效果、选择行动方案和执行行动的部队、精确评估该行动的效果、在需要时重新交战并减少附带损伤。

(3)集中后勤

集中后勤是指在各种军事行动中,在正确的位置、正确的时间,以正确的数量向联合部队提供正确的人员、设备和补给的能力。它是通过一个实时的、以网络为基础的信息系统得以实现的。该信息系统把所有后勤资源的可视性作为通用相关作战图像的一部分,将各军种和保障部门之间的作战人员和后勤人员有效地链接起来。通过编制和程序的变革创新,集中后勤将向联合部队作战人员提供所有后勤功能的保障。

(4)全维防护

全维防护是联合部队保护其人员及装备的能力,这些人员和装备是果断地完成指定任务所需要的。在各种军事行动中,全方位防护是通过在空、陆、海、天、电、网等多维作战空间中精心挑选和应用多层的主、被动措施,将风险控制在一个可接受的水平来实现的。

(5)信息对抗

信息对抗是指为保护己方信息和信息系统,同时设法影响敌人信息和信息系统而采取的行动。信息对抗还包含在非战斗或不确定的形势下,用以保护己方信息和信息系统所采取的行动,以及影响目标信息和信息系统所采取的行动。

信息对抗对于实现全面优势是至关重要的。联合部队必须有能力进行信息对抗。虽然进行信息对抗的活动和能力都是军队的常规职能,但由于信息环境的变化速度很快,要求我们扩大信息对抗的视野,探索范围更广的信息对抗战略和概念。

与信息对抗相关的行动范围相当广,从物质破坏到心理战到计算机网络防御,需要了解相关的变数,诸如:"信息"的多元含义——目标、武器、资源或行动范围;行动级别和期望的效果——战术、战役、战略或其组合;行动目的——提供信息、认知管理、战场主宰、指挥控制战、系统破坏或系统摧毁;形势特征——和平、危机或冲突。因此将信息对抗与联合部队其他作战行动综合在一起是一项很复杂的任务。

3.1.2 信息化军队的编制体制

信息化军队将按照"数量规模型"向"质量效能型"转变的原则优化军队结构。在编制体制上保证军队能应付多种威胁,具有高度机动和实施"全维作战"的能力,便于综合运用各种力量、作战方式和打击手段,实现由合成化向高度一体化转变。为实现这一目标,许多国家正在制订军队结构优化方案,它们具有以下共同特点:

(1)建立高度集中与高度自主相结合、横宽纵短、高度合成的指挥体制。所谓"高度集中"与"高度自主"相结合,就是继续加强最高统帅部的集中决策,赋予战区和战场指挥官更大的自主权。目的是缩短信息流程,提高反应速度,充分调动下级指挥官的主观能动性。所谓"横宽纵短",就是随着C4KISR系统大量装配部队,进一步减少指挥层次。所谓"高度合成",即是提高指挥机构的合成程序,强化对三军联合作战的指挥能力。

(2)调整军兵种结构,以适应信息化战争的需要。信息化武器装备的发展和装备部队均会增加新的成分,如天军、信息化部队、机器人部队等。由于在信息化战争中的作用和地位,各国军队在协调发展的基础上,都在向天军和战略导弹部队、海军、空军倾斜。

(3)改革部队编制,以适应多种任务需要。在改革部队编制方面瞄准的目标:一是机动灵活,能够满足遂行各种任务的需要;二是人、武器和信息达到最佳结合,最大限度地发挥作战效能;三是便于指挥、控制、协调和信息流动;四是适应性很强,适应于进行各种类型和强度的作战。

为了实现上述目标,各国普遍的做法:小型化、多样化、一体化。实行"小型化"的做法有:一是裁员;二是实行"军–旅"制。实现"多样化"的做法主要是采取多样化的编组形式,增加旅的种类,如将单一的陆军旅改为空中机动旅(分突出型、快速部署型)、高速机动旅(分轻步兵型、高机动型和突击型)和装甲旅。实现"一体化",即是使部队由兵种合成过渡到军种合成。

(4)分层次建设作战部队,适应不同战争规模。分层次建设部队,就是从宏观上把作战部队区分为战备程序、反应速度、装备状态等各不相同的几个层次。通常作战部队区分为快速反应部队、战略预备部队和预备役部队三个基本层次。尽管对三个层次的名称各国并不统一,但是在信息化战争条件下分层建设作战部队,已成为各国军队建设的一种稳定性趋势。

3.1.3 信息化军队的武器装备

许多国外军事专家认为"横向技术一体化"是装备建设的一次革命。以往,各国装备发展的主要模式是:利用最新、最先进的科学技术,从纵向研制一代比一代射程更远、精度更高、毁伤力更大的武器。这种"烟囱式"的传统的武器研制方式,时至今日,不但许多武器装备在射程、速度、杀伤等指标上都已达到或接近物理极限,而且即便研制出某种性能极为优越的武器系统也无法与其他武器配合使用。虽然过去在装备建设中也考虑武器的配套使用,但那是辅助性的、低层次的。"横向技术一体化",则要求利用现有的军用和民用技术,用共同的软件、语言、标准和规范,从横向上对现有武器系统进行现代化改造或改进,使其具有通用性、联动性,从而更便于从传感器到射手之间、各武器系统之间、各作战部队之间的信息流动,大幅度地提高所有武器装备和作战系统的整体效能。

"横向技术一体化"是一项十分复杂的系统工程。美军要求着眼于各军兵种间的横向技术一体化,使作战思想和技术装备密切结合,提高武器装备的通用性,其准备分两步实施:第一步是在主战装备之间实施"横向技术一体化";第二步是逐步实施多种"横向技术一体化"计划。

3.1.4 信息化军队的综合保障

综合保障,要做到"在正确地方、正确的时间、以正确的数量交付正确的装备、补给和人员",这就需要对信息系统进行革命性改进、编制结构创新、程序重组和运输技术进步。

先进的信息系统,应有效地连接所有的保障部门及部队。这些信息系统所有保障资源实时、可视地集成到相关作战图像中。这些信息系统还包括辅助决策保障工具。辅助决策保障工具将改进对作战部队需求的分析、计划及预测。这些信息系统还将提供与军工企业、商业部门的无缝连接,以利用适用的、先进的商业惯例和商业经济。这些能力与创新的编制结构和程序相结合,将极大地改进整个保障系统的自始至终的管理,并能实时地精确控制保障渠道,以支持联合部队指挥官的优先顺序。

先进的运输系统增加了运输的速度、容量和效率,将进一步改进部署、分发及维护工作。相互支援的关系加上协作计划,就能够与跨部门合作伙伴实现最佳合作。

3.1.5 信息化军队的教育训练

国内外的军事专家都认为:"即使世界上最先进的武器,本身也不能自动赢得战争,胜利的关键是人不是武器。"因此,各国军队普遍把提高官兵素质作为质量建设的核心内容来抓。

信息化军队本质上是知识型的部队,要熟练掌握信息化装备,善于利用信息,需要很高的素质。在提高部队素质上,发达国家主要采取以下措施。

(1)重视提高文化素质

发达国家要求入伍新兵中高中毕业文化程度者应占95%及以上;新任命军官几乎全为大学毕业生。要求军官经过系统培训,中下级军官经过高等教育。一名上尉军官需进院校3~4次,一名上校军官则需5~7次。即便如此,它们还采取多种办学方式让官兵掌握更多的现代科学知识。让具有学士学位的军官到高等院校去深造,获得硕士或博士学位。特别重视高技术人才的培养,如电脑专家。

（2）增加部队训练时间和强度

为确保裁员后部队战斗力不受影响,大多数国家加大了部队训练难度,全年训练时间延长。强调通过逼真、近似实战的模拟训练和实兵演习,提高部队作战和生存能力。

（3）走模拟训练和基地训练的路子

为节约训练经费,普遍开展了模拟训练。由于计算机和微电子技术的发展,各国普遍利用"虚拟现实技术",大力推行计算机模拟训练,从训练方式上实行改革。虚拟现实是由人控制的计算机所生成的图像系统,是电子计算机技术、人工智能技术、军事专家系统技术、多媒体技术和模拟仿真技术的发展和应用。它用带有微型电视屏幕的头盔和装有传感器的手套,在虚拟的声音和感触下,使受训人员沉浸在一种逼真的专为训练而设置的环境中,满足多种科目训练的需要,是"一种使演练者不是被动地观察人工环境,而是与之交互作用的高级计算机模拟"。与其他模拟系统相比,它具有许多独特的优势。其中最突出的是"身临其境"和"引导"两大功能。虚拟现实模拟训练与普通的模拟训练的内在区别是:它把军人训练看作对受训练者进行选择、施教和检查训练结果的一个统一的过程;把练技术和练战术、兵力兵器的对比和斗智斗勇的对抗结合起来;同时使整个仿真训练过程同论证新的军事理论、新的战法、预定作战方案、军队发展模式和检验新式武器装备紧密结合起来。各国还建立了以训练基地为核心的训练体系。

3.1.6 信息化士兵

信息化士兵不仅可装备超越传统枪支、手榴弹的步榴霰三合一武器(整合了一套智能榴弹/霰弹武器系统以及武器需要的激光测距、火控计算机),而且会随身携带体积小、质量轻的综合电子信息设备,兼有个人无线通信、GPS 类型的导航定位、个人计算机及其网络、夜视、敌我识别、告警,以及对某些信息化弹药的发射指挥功能,等等。信息化士兵穿着具有自适应温度调整、颜色调整功能的作训服装,在某些情况下还可能使用个人飞行器。信息化士兵可以接收到各种有关作战的信息,他既可接受高度集中的指挥,必要时他甚至可能直接收到师长的命令,他又可能按照上级的作战意图和自己所掌握的信息,高度自主地对敌作战。

简单概括信息化士兵的特点,就是以信息化和现代化技术给予步兵"三个优越":优越火力、优越观(观察)通(通信)、优越防护。

以 21 世纪信息化士兵为基础组成的步兵或特种部队,其战斗力比 20 世纪的士兵有质的飞跃。由这样的信息化士兵组成的军队在作战样式上、编制体制上必然与 20 世纪的军队有很大的不同。

3.2 信息化装备

3.2.1 信息化装备的概念和特征

信息化装备是运用信息和信息技术的装备,它具有下列主要特征。

（1）要素特征

信息化装备含有硬件、软件和信息等信息技术要素。硬件方面,如各种微电子、光电子器件,各种新型传感装置、通信装置、计算装置、控制装置和安全装置等;软件方面,如系统软件、工具软件、应用软件等计算机程序;信息方面,如预先存在的信息和与外界实时交换的信息。

（2）结构特征

信息化装备内部是机电一体化的结构,即把机械部分和电子部分有机结合在一起。机械部分实现物质和能量的转换和传递;电子部分实现信息的转换和传递。

（3）信号特征

信息化装备中存储、处理、传递、加密的信号通常是数字信号,与外界交互、控制对象的信号通常是模拟信号。数字信号和模拟信号又有不同的形式,彼此间需要进行适当的变换。

（4）功能特征

信息化装备具有一种以上信息功能,即具有信息获取、存储、处理、传递、控制、利用、防护等一种以上功能。而实现这些功能的过程通常又是自动化或智能化的。

（5）交互特征

信息化装备通过人－机接口与人进行信息交互,通过外部环境接口与外部设备进行信息交互。信息化装备之间通常按照一定的标准规范连接成网络(网络化),以发挥更大的作用。

（6）威胁特征

信息化装备的信息技术要素(硬件、软件和信息)具有某种脆弱性,易受各种恶劣环境的影响,尤其是电子战/信息战的威胁。

信息化装备具有体积小、质量轻、速度快、易于联网、易于升级和扩展、易于维护和管理、功能强、性能好等优点。

3.2.2 信息化装备的类型

信息化装备大致可以分为六类,即信息化装置、信息化弹药、信息化平台、信息化系统、信息化战场、信息化网络。

1. 信息化装置

它们是具有探测、处理、传送、控制等信息功能的装置,是构成信息化装备的基础。它们或单独构成装备或系统,或嵌入其他装备或系统中。

（1）探测类装置主要有军用雷达、红外遥感装置、微光夜视装置、可见光遥感装置、多光谱遥感装置、激光探测装置、电子侦察装置、声学探测装置、地面传感装置等。

（2）通信类装置主要有传输设备(有线通信传输设备、无线通信传输设备、光通信传输设备)、交换设备(电话交换机、电报交换机、数据交换机)、用户设备(电话机、电传机、传真机、数据终端机、电视摄像机、图像显示器)、保密设备(电话保密机、电报保密机、数据保密机、图像保密机和传真保密机等)。

（3）处理类装置主要有各种微处理器(数字信号处理器 DSP、单片机)、单板机、便携机、台式机、柜式机,各种系统软件、工具软件和应用软件,各种存储设备和数据库管理系统,各种显示设备和显示程序等。

（4）控制类装置主要有各种自控装置(包括传感器、伺服系统、执行机构)、遥感装置、制导装置等。

2. 信息化弹药

信息化弹药,狭义是指应用信息和信息技术的弹药,如各种制导武器、遥感武器;广义是指应用于信息化战争的武器,如电子战武器、信息战武器、新概念武器、非致命武器等。

（1）制导武器

制导武器具有以信息为核心的制导系统。制导系统能够根据捕捉到或已存入的目标信息,引导武器准确地飞向、驶向并命中目标,如弹道导弹、巡航导弹、反导导弹、制导炸弹、制导炮弹、制导鱼雷等。

（2）遥感武器

遥感武器具有信息遥感装置,能捕捉到目标来临的信息,引爆弹药或将武器的战斗部导向目标,杀伤目标,如遥感地雷、遥感水雷、遥感引信、遥感炮弹等。

（3）电子战武器

电子战武器包括侦察和反侦察武器、干扰和反干扰武器、隐身和反隐身武器、制导和反制导武器、导航与反导航武器、识别与反识别武器、摧毁与反摧毁武器等。

（4）信息战武器

信息战武器有物理层攻/防武器、感知层攻/防武器、信息层攻/防武器。如信息层进攻武器有细菌、蠕虫、病毒、特洛伊木马、逻辑炸弹和后门程序等。

（5）新概念武器

新概念武器,目前主要是指以下两类:一类是定向能武器(如射频能量武器——高功率微波武器和电磁脉冲武器、高能激光武器、高能粒子武器);另一类是动能武器(如电磁炮、超高速火箭等)。

（6）非致命武器

非致命武器是指能有效地使武器装备失灵和人员丧失工作能力,而不造成大规模人员伤亡和设施破坏,最低限度地减少附带损伤的武器。此处讲的非致命武器是指大规模、大面积、远距离、特定性、原始武器莫及的、致伤致残的新式武器系统,诸如非致命性化学战剂(金属致脆剂、超级腐蚀剂、强力润滑剂、聚合物黏结剂、改性燃烧剂、镇静剂等),非致命弹药(碳纤维弹、乙炔弹、泡沫弹、光学弹、声弹等),非致命性兵器(高强度频闪灯、激光致盲武器、微波武器、次声波武器等)。

3. 信息化平台

信息化平台主要包括三类:信息化机动平台、智能军用机器人和信息化士兵。

（1）信息化机动平台

信息化机动平台,按其机动空间可以分为陆上平台(如车辆)、水上平台(如舰艇)、空中平台(如飞机)、空间平台(如卫星和载人航天器);按其信息特性,可以分为隐身平台、多功能平台、多栖平台、自主防卫平台等。隐身平台,是指其具有隐身特性。所谓"隐身",也称"隐形""低可探测性",它是通过降低平台的信号特征,使其难以被发现、识别、跟踪和攻击的技术,如反雷达探测技术、反红外探测技术、反可见光探测技术,反电子探测技术和反声波探测技术等。多功能平台,是指其具有探测、识别、导航、通信等多种信息功能的平台。多栖平台,是指具有陆、海、空、天两个以上空间机动能力的平台。自主防卫平台,是指具有自动规避、自动干扰、自动攻击能力的平台。

（2）智能军用机器人

智能军用机器人是未来信息化部队中的一支重要力量,既可以作为"专业钢铁士兵",完成那些对人来说最危险、最艰巨的战斗任务,又可以代替人驾驶飞机、坦克和各种车辆、火炮驰骋于战场上。

（3）信息化士兵

信息化士兵是信息化网络的"触角"和"活动平台"。他装备有先进的隐身单兵作战系统。单兵作战系统通常包括单兵 C4I、武器系统、全天候侦察系统、识别系统、GPS 系统、防护系统和生存系统等。

4. 信息化系统

为了发挥系统的整体效益，将建制内或业务系统内的诸要素连接起来，实现信息交换、信息共享和协同工作，如情报、监视和侦察（ISR）系统，指挥、控制和通信（C3）系统，武器打击系统（K），综合保障系统，以及其他各种网络信息系统。

5. 信息化战场

将战场上不同建制、不同业务部门的信息系统无缝地连接起来，组成一体化的系统，以实现上下（战略、战役、战术层）、左右（不同军兵种）、武器系统之间的互联、互通、互操作，这就是所谓的 C4ISR/C4KISR 一体化系统。

6. 信息化网格

将作战网、保障网、校园网、局域网、城域网、广域网以至互联网连接起来，形成全球连接的、端到端的、互操作的、安全的"系统的系统"（System of Systems），也称为全球信息网格（GIG），它是进行网络中心战的基础。

GIG 是美军提出建设的一个大型军事信息基础设施，它被定义为："全球互联的、端到端的信息能力及相关过程和人员的集合，能够根据战斗人员、决策人员和支援人员的要求来收集、处理、存储、分发和管理信息。"它是由可以链接到全球任意两点或多点的信息传输能力、实现相关软件和对信息进行传输处理的操作人员组成的栅格化信息综合体。GIG 由各种通信卫星、通信飞机、数据传输链路、微波中继站、地面光缆、无线电台和作战地域网等通信基础设施，以及各种计算机、存储器、网格软件平台、数据库和地理信息系统等计算信息设施组成。

3.2.3　信息化装备的创新

信息技术发展突飞猛进，在其带动下，其他高新技术发展也日新月异。技术发展推动着信息化装备的不断创新。创新，是新军事革命的灵魂。信息化装备创新，主要表现在以下几个方面。

1. 概念创新

通过"多用途开发"（将其他领域的技术用于武器装备中）、"多技术复合"（将多种技术集成到一种武器装备中）、"仿生类比"（模仿生物或人的特性）等方法构造新的武器系统。

2. 要素创新

开发利用新的信息技术产品，如各种新型微电子和光电子器件；传感器、计算机、通信装置、控制装置和安全装置等硬件产品；各种新型的操作系统、编译系统、数据库管理系统、支持系统、应用系统等软件产品。通过要素创新，使信息化装备具有更强的信息功能。

3. 结构创新

信息化装备的结构创新包含两个方面：一是装备内的机电一体化创新；二是装备间的网络化创新。相同的要素，不同的结构会呈现不同的系统功能，结构优化的系统会产生"1+1≫2"的效果，结构不良的系统只能是"1+1≪2"的败笔。

4. 对抗创新

武器装备是在攻/防对抗的环境中应用的,针对敌进攻武器的防御设计和针对敌防御武器的突防设计,往往可以提高武器装备的性能,或创造新的武器装备系统。

5. 功能创新

是指武器装备杀伤功能(硬杀伤、软杀伤)、机动功能(速度、时间、空间)、信息功能(探测、处理、传递、控制)等方面的创新。功能创新有两条基本途径:一是发明具有崭新功能的武器装备,选用适当的部件和结构来实现;二是在已有武器装备中恰当地"嵌入"信息功能,使武器装备的作战效能大幅度地提高。

6. 互易创新

在信息领域,时间复杂性和空间复杂性是可以互换的,即运算速度和存储空间是可以互换的。根据这个原理,我们可以谋求最佳的时空特性。此外,还有以软代硬的创新。

7. 知识创新

利用数据挖掘和数据融合等信息处理技术,对信息进行"深加工",使数据变为信息知识,以提高信息利用水平。

信息化装备创新的速度远远超过部队装备更新的速度。面对这种情况,各国军队普遍采用"多研制、少投产、分期装备"的做法。

3.2.4 装备信息化

装备信息化,就是利用电子化、数字化、智能化、网络化、自动化、知识化的技术手段,使所有的装备成为信息化装备。

装备信息化包含两部分内容:一是使新设计的装备成为信息化装备;二是将已有的装备改造成为信息化装备。

装备信息化的前提条件之一,是透彻分析装备中的信息过程,换句话说,要深入了解装备所需的信息功能。装备信息化主要有以下几种:

(1)嵌入式(贴花式)——将信息技术器件嵌入装置中,将信息化装置装入武器(或平台)中,提高武器装备的性能和效能;

(2)集成式(联网式)——将信息化装备联网,使之组成更大的系统,以发挥信息化装备的整体效能。

使现有装备信息化,是装备的再设计过程,应像型号研制那样,严格遵循装备管理程序,以确保装备改造的质量、进度和效益。

3.3 信息化战场

3.3.1 信息化战场的概念

信息化战场,也称数字化战场,其含义是:将战场上的所有信息转换成数字信息;利用数字式获取、处理、传输系统将这些数字信息在各种作战平台和各作战单位(直至单兵)之间传输、处理、使用,达成整个作战系统的信息资源的实时传递与共享;最终实现战场指挥、控制、通信、计算机、杀伤情报、监视和侦察系统(C4KISR)一体化。

信息化战场是依托国防信息基础设施的,有时需要与国家信息基础设施,甚至与全球信息基础设施发生联系。例如:美国国防信息基础设施(DⅡ)是建立在国防信息系统网上的,国防信息系统网是由三部分组成的,即基地网、远程网和部署的区域网。各军兵种管理自己的基地网,国防信息系统局管理远程网,各军兵种和总司令管理部署的区域网。部署的区域网由联合战术部队通信、联合战术部队网络管理、作战信息系统(各种数据链)组成;基地网由情报支援设施、使命和基地支援设施组成;远程网由国防文电系统、指挥控制系统、信息处理中心、DⅡ控制中心组成。国防信息系统网的发展方向是全球信息网格(GIG)。

战场信息化包括数字化、智能化、网络化、自动化、知识化、图像信息化、战术数据链、C4KISR 一体化、全球信息网格化。

3.3.2 数字化

数字化,可谓信息化的第一化。因为信息化的各项功能(如数字存储、数字处理、数字传输、数字控制和数字加密等)都离不开电子数字计算机,电子数字计算机只能识别、处理和输出数字信息,故对要进行数字存储、数字处理、数字传输、数字控制和数字加密的一切信息和信号都必须数字化。

《军事高技术知识教材(初级本)》(田纯华,解放军出版社,1995)一书中关于数字化的定义:所谓数字化,是指利用计算机信息处理技术把声、光、电、磁等信号转换成数字信号,或把语言、文字、图像等信息转变为数字编码,用于传输与处理的过程。

按照以上数字化的概念:一是要将模拟信号变成数字信号;二是要将非数字信息变成数字信息。这里的"数字"是"0""1"两种状态(如开或关、黑和白、上或下、入或出等)。在数值计算中,一组由 0、1 组成的码可以被看作是二进制的数字,正是从这种角度,人们把上述过程称之为"数字化"。在信息处理中,0、1 是信息的最小单位,称作"比特"(bit),正是从这种角度,人们也把上述过程称之为"比特化"。

数字信号(信息)与非数字信号(信息)相比具有以下突出优点:

(1)数字信号(信息)可以利用电子数字计算机进行各种处理;

(2)可以进行压缩编码;

(3)可以进行保密编码;

(4)可以进行纠错编码;

(5)便于复用和交换;

(6)可以进行数字存储;

(7)可以进行数字显示;

(8)可以均衡再生等。

数字化的基础是数字编码。数字编码分为三大类,即信源编码、保密编码和信道编码。

1. 信源编码

信源编码,信息论中又称之为"有效编码""压缩编码",其目的在于去除信源中的冗余,以便进行有效存储和传输。信源编码的类型很多,主要有以下几种:

(1)符号编码——将非二进制编码的符号转换成二进制编码。如美国标准信息交换码(ASCII)就是一种符号编码,它是一种将英文字母、标点、略语等转换成七位二进制码的编码。又如我国 GB 2312—80《信息交换用汉字编码字符集——基本集》是根据 GB 2311—80《信息处理交换用七位编码字符集的扩充方法》制定的汉字交换码,它规定了进行一般汉字信息处理交换用的 6 763 个汉字和 682 个非汉字图形的代码。每个汉字(包括非汉字图形字符)用两个字节表示,每个字节中有七位二进制码。

(2)信号编码——是将从传感器获得的声、光、电、磁等时域连续信号(也称模拟信号)转换成数字信号,这种转换过程叫做模数(A/D)转换,与此相反的过程叫做数模(D/A)转换。模数转换包括下列五个步骤。

第一步:换能。将非电信号转换成电信号。

第二步:低通滤波。也称反混叠滤波,限制信号的带宽,以免所需采样率过高,或因采样率低而引起信号频谱的混叠。

第三步:采样。在离散时间对信号进行采样,将时域连续信号变成时域离散信号。

第四步:量化。将保持电路中的采样信号的幅度按照量化电平进行量化,使之变为幅度离散的信号。

第五步:编码。将时间上和幅度上都离散的信号样值用一组 0、1 码来代表。

这样就完成了信号编码。编码后的信号可以被看作是一个数值序列,利用计算机对其进行处理。

(3)信息编码——语音信号、图像信号等,除了要进行信号编码外,还要进行压缩。

语音编码分为两类:一类是波形编码,它的原理是去除因样值相关和不等概率引起的冗余,从而降低比特率。这种编码重建的语音信号基本上与输入语音信号波形相同;另一类是参数编码(也称声码器),它的原理是基于语音产生的模型,语音产生的模型是由激励和声道两部分级联而成的。参数编码,是通过对语音波形的分析,提取语音中时变的激励参数和声道参数,对激励参数和声道参数进行编码,而后再作传输或存储,这样做可以大大降低比特率。重建语音时只要用激励参数和声道参数去控制语音生成模型,就可以合成出原来的语音。

图像压缩,是要识别和去除三种冗余,即编码冗余、像素冗余和视觉信息冗余。编码冗余产生的原因是对出现概率相差很大的像素用相同长度的代码进行编码。消除编码冗余的方法就是根据样本出现的频率,对出现频率高的样值赋以短码,对出现频率低的样值赋以长码。Huffman 编码就是消除编码冗余的一种方法。像素冗余产生的原因是相邻像素、相邻行和相邻帧之间存在较强的相关性,即某像素的值可以根据它的相邻列、相邻行、相邻帧的像素值推测出来。消除这种冗余的方法就是去除像素间的相关性。视觉冗余产生的原因是根据视觉生理学和心理学特性,可以允许图像经过压缩编码后所得的复原图像有一定的失真,只要这种失真为一般观众难以察觉即可。消除这种冗余就是去除图像中人眼不敏感的部分。图像压缩的无失真编码有 Huffman 编码、算术编码、空域编码、轮廓编码、比特平面编码等;有失真编码有预测编码(如 DPCM 编码、调制编码、运动补偿编码等)、交换编码(如DFT 编码、DCT 编码、KLT 编码)、混合编码、其他编码(如子带编码、内插编码、子采样编码、矢量编码、分形编码等)。

2. 保密编码

保密编码,信息论中又称之为"数字加密""信息加密"。它通过对数字进行密码交换,掩盖了消息中的冗余,即把信息经过伪装,使别人无法了解其真实含义。被隐蔽的消息称为明文,加了密的消息称为密文。将明文变成密文称为加密,将密文变为明文称为解密。对明文进行加密的法则称为加密算法,对密文进行解密的法则称为解密算法。加密和窃密是一对矛盾的概念。窃密者通过各种渠道窃取密文,经过分析密码(破译),从密文中推导出明文。因此加密的主要任务就是设计出好的密码方案,使窃密者无法或一段时间内无法破译。

常用的保密编码有两类:一类是传统加密算法,又称对称加密算法,其加密和解密密钥是相同的,并且是保密的;另一类是公开密钥算法,又称非对称加密算法,其加密和解密密钥是不同的,加密密钥是公开的,解密密钥是保密的,从两个密钥中的一个推导出另一个是很困难的。

对称密码算法又分为序列密码算法和分组密码算法。

①序列密码算法,是一个在密钥序列控制下逐比特变换明文数据的一种算法。它能实时地加密明文数据。明文序列和密钥序列相结合产生密文序列。密文序列和密钥序列相结合恢复出明文序列。密钥序列通常由密钥序列发生器产生。密钥序列必须有大量有效密钥;有足够长的周期;有好的随机特性;要满足所需要的复杂性。

②分组密码算法,是在密钥控制下一次变换一个明文分组的密码算法。它把明文从明文分组空间映射到密文分组空间。若明文分组相同,则密文分组也相同。分组密码有错误扩散特性,保密程度受组长限制。分组密码有多种方式,如电子代码本方式、密码块链接方式、密码反馈方式、输出反馈方式等。

非对称密码算法是建立在单向陷门函数基础上的算法,如众所周知的 RSA 算法和椭圆曲线算法。非对称密码算法比对称密码算法速度慢,通常用于密钥分配、身份认证和数字签名等方面。

3. 信道编码

信道编码,信息论中又称为"纠错编码""抗干扰编码""可靠性编码""差错控制编码"等,旨在通过在信息码中增加人工编制的冗余,发现和纠正错误。

差错控制的基本思想有两类:一类是接收端发现传送的数据有错以后,接收端译码器自动地纠正错误;另一类是接收端发现错误以后,通过反馈信道传送一个应答信号,要求发端重传出现错误的信息,从而达到纠错的目的。差错控制的基本类型有四种:前后纠错(FEC)、检错重传(ARQ)、混合差错控制方式(HEC)、信息反馈(IRQ)。

常用的检错码有奇偶校验码、水平一致校验码、方阵码、等比码、分组码、卷积码、调制与编码相结合(TCM)的编码等。

数字编码后的信息要进行传输,还要借助于数字同步和数字调制技术,要进行存储转发和存储检索还要借助于数字存储技术。

3.3.3　智能化

智能化,是指利用信息技术实现人的智能,也称人工智能。

人工智能是计算机科学的一个新的高级发展阶段,是与工程学、数学、生理学和心理学等众多学科交叉的一门综合性学科,被称为当今世界三大尖端科学之一。人工智能技术就是让计算机来完成原来只有人的智能才能完成的任务。"人工智能"的概念早在 1947 年就被有的科学家提出,到 1956 年"人工智能技术"这一术语正式得到科学界的确认。

人工智能在技术上有两大方向:一是智能计算机;二是智能机器人。人工智能在军事领域的应用主要在三个方面:一是军用智能机器人;二是智能化武器弹药;三是智能化指挥系统。

1. 智能计算机

目前,世界上正在研制的第五代计算机就是智能计算机。它的处理方式或基本软件包括推理系统、知识库系统及智能接口系统。这种计算机可以用语音、自然语言、图形和图像进行人机对话,其概念如图 3 - 1 所示。

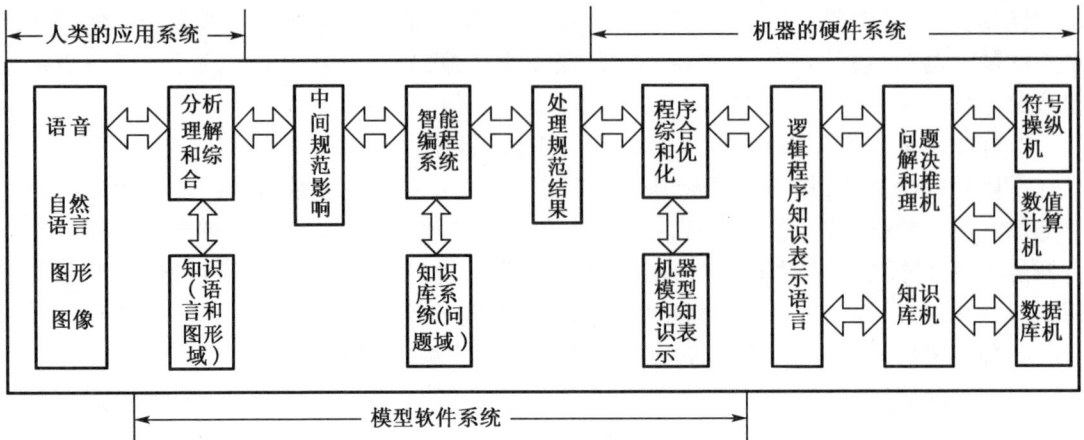

图 3 - 1 智能计算机的概念图

智能计算机以实现系统所需的程序结构为基础,其编程工作要用试探性逻辑推理的逻辑程序设计和用于问题求解的语言来实现,它是对第四代计算机程序设计过程语言的重要发展。图 3 - 1 中的模型软件系统将主要执行解决问题的推理功能,即理解问题和综合程序。在模型系统中有一个通信系统,它将作为高级知识信息处理系统来实现,并且最终将通过与用户的接口理解语音、自然语言、图形和图像。

智能计算机和智能机器人(简称"两智")的研制是一项综合性高科技,它不仅与信息技术本身发展密切相关,而且与很多基础理论,与材料科学关系很大。两智与人脑、人体的关系如图 3 - 2 所示。

智能化越高,两个集合相交的部分越大,但永远也不会完全重合。这是由于计算机、机器人和人脑、人体是两个不同范畴的对象,从原理、结构到功能实现都有很大差异。

智能计算机是分阶段实现的:

(1)第一阶段是在第四代计算机的基础上,实现各种类型的专家系统。

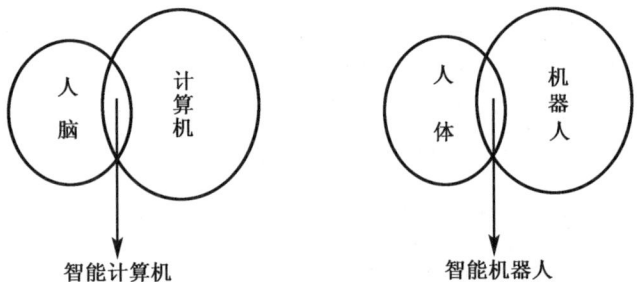

图 3 - 2 "两智"与人脑、人体的关系

(2)第二阶段是变信息型处理为知识型处理,逐步实现计算机的学习、联想和推理功能,其中推理功能是核心。为此要逐步改善现行计算机结构,其中最主要的是研制智能接口(包括听、说、看、写)和引入知识库系统,并以新型逻辑语言等为基本的机器语言,改变整个硬件、软件和系统的设计,实现以基本推理功能为基础的智能水平。

(3)第三阶段,是实现从推理功能向更高级的思维功能上的过渡。这一步是很困难的,然而,真正的思维机的特征无论在学习还是教学这两方面上都可能与人类本身思维的方式一样。在其实现的过程中,在信息技术的扩展中,计算机科学家们会把各种高级的信息处理概念融会贯通。获得这种电子思维的关键可能在于将网络方法应用于计算机科学研究之中。在人-机接口、机器识别、模糊逻辑、大规模并行计算机、混沌理论、神经网络和基本软件算法等方面的实质性飞跃将为智能计算机提供必要的动力。目前,已有少数国家正在研究生物芯片,以便制造第六代计算机。第六代计算机被称为神经网络计算机、DNA计算机、量子计算机。

2. 军用智能机器人

军用智能机器人是通过高级计算机的控制,能感知环境、自主决策和灵活动作的类似人的"思维"和"行动"的机器人。它是人工智能集约化的产物,是以"斗智"为主的一种作战兵器,其实质是赋予作战平台各种智能。智能机器人已具有人类大脑的部分功能,在战场上可以自行决策完成某些任务。国外曾有人列举了军用智能机器人在未来战争中的100多种不同的战场应用。美国国防部仅从1984—1993年就拨款6亿美元以上用于开发军用智能机器人。

军用智能机器人有以下五种"特异功能":

(1)感觉功能。它有直接接触和非直接接触式传感器,能够获得"触觉""视觉""听觉""嗅觉"等各种感觉,能仿效大脑对感觉信息进行处理、储存和传递。

(2)自制功能。它对自身的各种信息进行综合处理,从而确定自身最优行动。

(3)自动功能。它有6个以上自由度功能,在复杂的地形上能自选动作"姿态";当"肢体"某部分不正常时,能自动进行补偿,当遇"障碍"和"危险"时能自动规避。

(4)思维功能。它通过自动感受环境和对传感器数据的自动解释,自动作出决定、规划任务和控制动作。能通过专家系统来自我评价每一步"思维"的正确性,根据联想知识,达到思维推理,获得问题求解的正确答案。

(5)表达功能。它能理解人的自然语言、看懂文字、对答问题,具有语言识别、语义分析和按指定方式"发表"意见的能力。

军用智能机器人按其活动的空间可以分为地面机器人、水上机器人、水下机器人、空中机器人、空间机器人。无人驾驶飞机、俘获式卫星是空中、空间机器人的雏形。

国外科学家认为,未来军用机器人的发展趋向于采用第五代计算机,突破模式识别关,即利用计算机或其他装置对战场上物体、环境、语言、字符等信息模式进行自动识别,使其不仅能一目了然地认清目标的性质、目标之间的相互关系、目标地理上的精确位置,还能使人和机器人之间进行语言交流。通过发展各种专家系统、软件程序,机器人获得更高的智力,即分析、判断和决策能力,更加适应战场情况复杂多变的需要。

军用智能机器人必将成为21世纪作战部队的一支重要力量,一些无人驾驶的飞机、坦克和车辆、舰船……将驰骋于战场;各种专业"钢铁士兵"将涌入战场,完成那些对人来说最危险、最艰巨的战斗任务。

3. 武器弹药智能化

智能武器弹药是把人工智能技术应用于武器弹药,使武器弹药具有某些智能行为。它是在原有武器弹药的基础上采用人工智能技术来提高作战效能的。智能武器弹药与普通武器弹药的根本区别在于它增加了智能计算机和图像处理设备。这种智能武器弹药,不仅能自主寻找、判定、选定和攻击目标,而且还能发现和攻击目标的薄弱部位,且命中精度比普通武器弹药高出30倍以上,其作战效能可成百倍地增长。

智能武器弹药的"特异"功能在于它能分清敌我目标、识别何种目标、有选择地攻击目标,这是普通武器所办不到的。智能武器弹药的关键"脑细胞"是成像传感器和模仿人的分析、推理判断、决策等逻辑功能的微处理器。成像传感器必须从二维、三维发展到多维成像,而像素的增多又要求微处理器有极高的运行速度。各种智能弹药、各种智能导弹和各种智能炸弹的智能所在,是微处理器的广泛应用。"发射后不用管"的红外自寻的导弹、自寻的鱼雷以及空投的炸弹、各种火炮发射的炮弹、各种地雷,都可以赋予其智能。当今任何高技术武器弹药都离不开计算机,现代武器装备都是依赖计算机来提高其控制力、反应速度、精确度和作战效能的。例如,美国的潘兴-2式导弹就装有重达 16 kg 的微电脑,以控制导弹运行和提高命中精度。

武器弹药智能化已成为 21 世纪武器弹药发展的基调。在海湾战争中,由计算机控制的拦截"飞毛腿"导弹的"爱国者"导弹,尚需预警卫星、地面雷达和作战人员协助寻的拦截,不久的将来,神经网络计算机将成为全智能弹药的基础。基于人工智能的智能化弹药是武器弹药上的计算机将探测器获得的图像与存储在数据库中的已知目标的图像加以比较,从而判定探测到的是何种目标。比如,"黄蜂"机械反坦克导弹,在超低空远距离发射后,自动爬高到上千米,自动俯视战场,搜索、发现、识别敌坦克,然后各子弹头分散攻击不同的目标,而不会数枚导弹去攻击同一目标,并攻击其要害部位和薄弱环节。被称为"智能"炮弹的第四代炮弹(第一代为实心弹,第二代为爆炸弹,第三代为末制导导弹)已经问世。如美国的 203 mm 冲压喷气远程制导炮弹,射程达 70 km,能"透视"烟、雾、霾,抗电子干扰,全天候自动寻的予以攻击;萨达姆 227 mm 反坦克火箭炮弹,内装 6 枚子弹,当炮弹到达目标区时抛出子弹,子弹打开降落伞,以缓速滞空,并开始搜索目标,作用区域达 20 个足球场的面积,一旦锁定目标,弹头在微机提供的指令下,以每秒 2 km 的高速击穿坦克顶部装甲;瑞典的"斯特里克斯"120 mm 迫击炮弹,重 24 kg,内装红外制导部件,12 个小型推力发动机、微电脑和电池,当炮弹发射到弹道最高点时即开始自动搜索 1 950 m^2 范围内的目标,其小型发动机在电脑控制下不断修正方向,直到炮弹命中目标;俄罗斯的"基托珞夫"-2 型 122 mm 激光制导榴弹炮弹,能沿激光波束攻击目标,命中率达 90%。智能化炮弹极大地提高了炮兵的作战威力,现用 1~2 发智能化炮弹就能消灭一个运动装甲目标,相当于第二次世界大战时所用的 2 500 发普通炮弹。还有一种叫做"赫尔卡斯"的智能地雷,它能自动进行空中投送,当投到指定地域后,能长时间自动探测目标、锁定目标,然后启动火箭飞向目标,并不断修正误差,直至命中目标;如果在预定时间内没有发现目标,未能实施攻击,还能为避免"被俘"而自毁。

远战(非接触战)将是未来战争的主要方式。智能化弹药在战场中的作用将尤为突出,将来的武器发射弹药不用瞄准,发射后不用管,炸弹从烟囱中钻进室内攻击目标将不再是神话。智能弹药的对抗,其能量释放的主体是"智能",倘若不能破坏对方弹药的智能部分,那么对智能弹药的袭击就防不胜防,因为智能弹药能全天候、全时辰、全方位突袭目标。

4. 指挥智能化

智能化指挥是把人工智能技术应用于武器装备使用和兵力运用的辅助决策系统。智能指挥总体上包含两个方面:一是指挥智能化;二是作战模拟。

(1)智能化指挥是智能对抗的"龙头"。现代战争情况千变万化,信息流量大,作战行动节奏快,战场情况瞬息万变,需要指挥员在极短的时间内综合考虑,制定对策,下达任务,完全靠人的本领是会贻误战机的,必须依靠智能计算机辅助,实现指挥智能化。智能计算机可让决策人员不必费心于浩繁的数据海洋,可由计算机去完成诸如对敌方情况的信息分类、筛选和处理,作战编队和各作战部队任务与协同计划的拟制,模拟显示作战的战场运行过程,以及提供最符合实际的作战准备程序等,指挥官只需注意经过筛选的有限的关键信息。

智能化指挥的"智能"作用,可以归纳为以下四个方面:

①收集情报信息并进行处理、分析、判断,将结果数据上报指挥中心、通报有关部队、直接输入作战武器系统,或同时进行上述所有工作;

②在指挥中心进行诸项计算、模拟和预测,及时提出各种方案,并动态显示,供决策者参考,保障远程情报评估和指导决策;

③迅速、准确、可靠、保密地下达作战命令;

④进行战场管理,协调各种作战力量,监督命令执行情况,实时掌握作战进程。

(2)智能化作战模拟,即计算机作战模拟,是把对抗过程的全部结构、组成和大部分规定,事先编入计算机程序,用计算机语言描述战斗程序,并用计算机进行处理。电子计算机有极快的运行速度,可把较长时间的战斗过程浓缩到比较短的时间内模拟出来。它是智能化指挥的预演,是真正的"先算而后胜"。智能作战模拟,可以为新型武器装备研制中战术指标、技术指标以及综合作战效能的论证取得可靠的参数;对新的作战思想、作战理论加以科学的论证,通过计算各军兵种部队的攻防作战能力,优选出作战样式和作战方案、验证作战计划和后勤保障计划,以及探索新的作战方法等;还可用于军事训练,以提高指挥员的指挥、谋略、决策水平和单兵技术战术水平等。

随着计算机技术、图形工作站、网络技术和软件技术突飞猛进的发展,具有层次结构的作战模拟系统将逐步形成;战区以上的作战模拟系统将向多工作站、多大屏幕、多层次的大型系统发展,军以下作战模拟将向分布式作战系统发展。在多媒体技术支持下,作战模拟将通过图形、图像、动画、音响处理等形式进行逼真的动感显示,打造身临其境的氛围(虚拟现实),为决策者提供更好的支持与服务。

3.3.4　网络化

网络化,广义地说,就是将一切具有信息关系的客户机/服务器、传感器/决策者/发射装置、局域网/校园网/作战网/城域网/广域网等,通过网络互联设备或网络运行中心连接起来;狭义地说,就是 Internet 化。

军事网络化具体体现在物质领域、信息领域和认知领域的"网络化"。军事网络化在充分成熟时,具有以下特点:

(1)在物质领域,部队所有组成部分都已高度网络化,实现了保密、无缝的连接。

(2)在信息领域,部队有收集、共享、使用和保护信息的能力;有能力在信息领域进行协同,并能通过相关、融合和分析等处理,提高其信息态势,部队在信息领域具有相对于敌人的信息优势。

(3)在认知领域,部队有能力形成和共享高质量态势感知;有能力形成关于指挥官意图的共享知识;有能力在军事行动中实现自同步。

此外,部队必须能够在这些领域实施信息行动,以实现在每个领域的自同步效果。

军事网络化是网络中心战的先决条件,关于网络中心战,我们将在后面讨论。

信息时代,人们越来越依赖于网络。美国未来学家阿尔温·托夫勒预言:"电脑网络的建立与普及将彻底地改变人类生存及生活的模式,而控制与掌握网络的人就是人类命运的主宰。谁掌握了信息,控制了网络,谁就将拥有整个世界。"

3.3.5 自动化

自动化,是指将信息技术应用于各种信息过程,用机器代替人的重复的、繁重的、危险的、精细的劳动。自动化也可称为过程信息化。

军事领域的过程信息化范围很广。本节主要讨论作战指挥自动化、武器控制自动化、业务处理自动化(办公自动化)。

1. 作战指挥自动化

作战指挥自动化(或自动化指挥)旨在实现指挥过程自动化。

指挥过程实际是按一定顺序完成不同的活动,国外一般将其表示为六个相互关联的功能环节,即情报获取、态势评估、方案产生、方案选择、计划制订、计划执行。

(1)情报和相关信息获取——利用各种手段获取敌方兵力布置、作战能力、作战意图、威胁情况及己方相应情况;

(2)态势评估分析与比较——对情报信息进行处理和"去伪存真、去粗取精、由此及彼、由表及里"的归纳分析;

(3)作战方案的产生——根据战场态势制订多个方案,并给出预期战果,送交指挥员选择;

(4)作战方案的选择(也称决策)——是从多种方案中选出一个最好的要执行的方案;

(5)制订作战计划——对作战目标、任务指派、资源分配、相互协同、行动步骤等作出计划;

(6)计划执行——以命令的形式将作战行动计划下达给部属并上报上一级指挥员,监控部属执行情况。

指挥自动化就是将上述指挥过程变成:以电子计算机为核心的技术装备与指挥人员相结合,对部队和武器实施指挥与控制的"人－机"系统。国外称其为 C3I(指挥、控制、通信与情报),C4I(指挥、控制、通信、计算机与情报),C4ISR(指挥、控制、通信、计算机、情报、监视与侦察),C4ISREW(指挥、控制、通信、计算机、情报、监视、侦察和电子战),或军事指挥信息系统。

指挥自动化系统通常由三部分组成:

(1)物理设备(硬件)。主要包括计算机及其外部设备、通信设备、探测设备和显示设备。

(2)各种软件。主要包括系统软件(如操作系统、数据库管理系统、语言编译程序、标准程序及设备控制、检查、诊断程序等)、应用软件(如情报分析、处理、检索软件,图形处理软件,通信软件,辅助决策专家系统,通用机关业务处理软件,军用加密软件及有关标准、规范、军训、装备、动员、后勤等软件)。

(3)各类人员。包括指挥人员、操作人员和技术人员。

指挥自动化系统可以按照层次分为:战略级、战役级和战术级的系统;可以按照军兵种分为陆军、海军、空军和火箭兵的系统。各级各类指挥自动化系统内部不仅存在物理上的联系,也存在逻辑上的联系,系统内存在三种信息流:态势信息流(流向指挥主体的信息)、指令信息流(流向指挥客体的信息)和关系信息流(与上级和友邻交互的信息),它们是系统的本质所在。为了有效集成各作战要素,发挥作战系统的整体效能,为了联合作战,在体系对抗中获得优势,必须实现 C4ISR 系统一体化。

2. 武器控制自动化

武器控制自动化系统,是军队作战系统的重要组成部分。它不仅能控制单个武器发射,而且能控制包括警戒、目标分配、引导设备在内的整个武器系统。从了解敌情到摧毁目标的各个阶段都实现了自动化。武器控制自动化系统(战术的/战略的),除了武器本身之外,主要包括以下几个部分。

(1)专用电子计算机

它是整个系统协同动作的枢纽,主要用来处理信息、计算发射数据、分配目标、产生发射指令并控制武器发射。

(2)显示与控制设备

供指控人员观察目标情况,修改方案和下达命令。

(3)信息传递设备

作用是将自动化武器系统的各组成部分连成一个整体,保障情报、命令、数据快速而可靠地传递。

武器控制自动化系统的组成如图3-3所示。

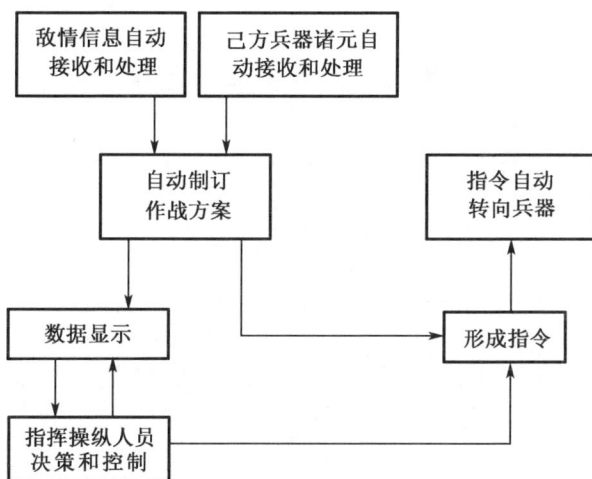

图3-3 武器控制自动化系统的组成

以防空导弹为例,警戒雷达发现目标后,目标位置便在显示器上显示出来,这时操作手利用像瞄准具一样的小光环套住目标信号,电子计算机便能保持对目标的自动跟踪。每当发现新的目标,只要操作手第一次用光环将目标套住,以后便都由计算机去录取、跟踪并以数据的形式上报指挥中心。指挥中心按预先规定的程序去处理这些情报,由各发射兵器分配目标,计算发射数据,发射导弹,并引导导弹飞向目标。

在战术武器控制系统中,电子计算机根据目标运动数据,选择兵器(导弹或火炮)的射击方案,指挥员可以对射击程序进行修改,下达指令与控制发射是自动进行的。采用电子计算机,大大提高了武器的反应速度,能够击中高速飞行的目标。洲际导弹的射程为10 000多千米,命中精度已达到几十米的范围,而一般常规武器由计算机控制火控系统,加上智能引信,可以达到点命中。

3.3.6 国家信息化

国家信息化的定义是:在国家的统一规划和组织下,在农业、工业、科学技术、国家和社会生活的各个方面应用现代信息技术,深入开发、广泛利用信息资源,加速实现国家现代化的进程。

国家信息化体系有六个要素,即信息化人才、信息资源、信息技术应用、信息网络、信息技术和产业、信息化政策法规和标准规范,其相互关系如图 3 - 4 所示。

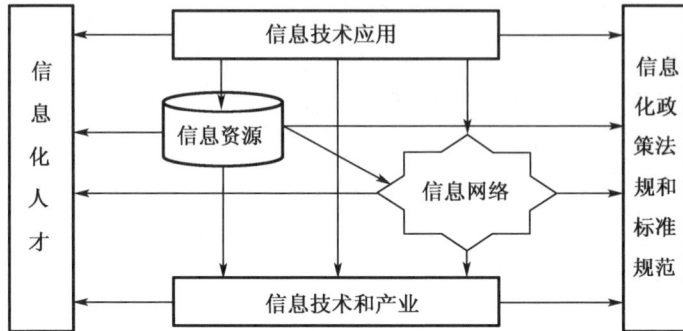

图 3 - 4　国家信息化体系六要素之间的关系

当前,我国国家信息化的分类如图 3 - 5 所示。

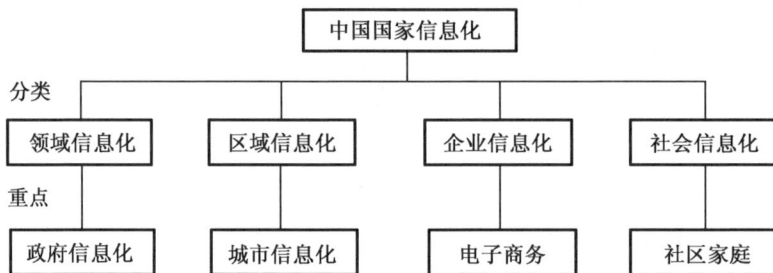

图 3 - 5　中国国家信息化分类

中国国家信息化分为四个方面,即领域信息化、区域信息化、企业信息化和社会信息化。

(1)领域信息化包括政治、经济、文化及军事各个领域的信息化,当前以政府为重点,紧紧围绕国民经济发展的重点和热点问题,带动其他领域信息化的发展;

(2)区域信息化包括城市和农村、各个地区的信息化,当前以城市信息化为重点,在国家信息化规划指导下,因地制宜搞好区域信息化建设;

(3)企业信息化包括产品信息化、过程信息化、管理信息化、决策信息化和市场信息化(电子商务),当前以电子商务为重点,结合两个转变和企业结构调整,讲求实效,带动整个企业信息化;

(4)社会信息化包括社区、家庭和个人信息化等,当前的重点是突出服务,提高全民的生活质量和水平。

参 考 文 献

[1] 张翔. 新军事革命——信息化、信息战、信息化战争[M]. 北京:海潮出版社,2007.

[2] 童志鹏. 综合电子信息系统——信息化战争中的中流砥柱[M].2 版. 北京:国防工业出版社,2008.

[3] 蓝胜,郑卫刚. 漫谈军用机器人起源及发展趋势[J]. 智能机器人,2018(6):43 – 47.

[4] 刘卫争. 信息化战场的制高点. http://www. mod. gov. cn/jmsd/2018 – 04/03/content_ 4808536. htm.

[5] 高立英 陈洪佳. 科技是核心战斗力 | 这五年,与习主席"同框"的明星兵器,国防部网.// http://www. mod. gov. cn/photos/2018 – 03/06/content_4806033_2. htm. 2018 – 03 – 06.

[6] CRD Executive Agent. Global Information Grid Capastong Requirements Document[R]. Washington:DoD Policy and Projects Division,2014:5 – 6.

[7] DoD Informs Officer. Guidance and Policy Memorandum No. 4 – 8460:Department of Defense Global Information Grid Networks[R]. Washington:Dod,2003:5 – 9.

[8] 李光. 美军 GIG 技术发展现状及对我军的启示[J]. 信息化研究,2016(4):5 – 8.

[9] 克里斯托弗·保罗. 信息战理论与实践[M]. 董宝良,蔡磊,杨诚,等译. 北京:电子工业出版社,2015.

[10] 程立,童忠诚,柳旺季. 国外激光武器发展现状与趋势[J]. 舰船电子对抗,2019(4):56 – 58,84.

[11] 阎吉祥. 激光武器[M]. 北京:国防工业出版社,2016.

[12] 聂光戎,刘敏,聂宜伟,等. 机载激光武器跟踪瞄准精度、误差源及控制分析[J]. 电光与控制,2014,1:73 – 77.

第4章 信息化战争模型

4.1 信息基础知识

4.1.1 信息定义

信息是一种抽象的概念。《信息论》的奠基人仙农认为:"信息是用来消除不确定性的东西。"《控制论》的创始人维纳认为:"信息是人与外部世界互相交换的内容的名称。"我国《辞海》解释:"信息是对消息接收者来说预先不知道的报道"。北京邮电大学钟义信教授称:"信息就是事物存在的方式或运动的状态以及这种方式、状态的直接或间接的表达。"美国 FM100 – 6《信息作战》条令定义:"信息是从环境中收集并处理为一种可用形式的数据。"

综合上述定义,信息有三方面的含义:一是信息来源(简称信源),即信息来自客观事物的特征和变化,如果一个事物与其他事物相比没有区别,此一时刻相对另一时刻没有变化,则该事物就不会产生信息;二是信息媒介,即信息变换是通过某种媒介来实现的;三是信息归宿(简称信宿),即信息的接收者,可以是人,也可以是物。

4.1.2 信息属性

信息是一种特殊的资源。它不同于物质和能量,具有下列基本特性。

1. 表达性

信息可以表达物质世界的特征,称为表征性,如物体的物理特性(质地、颜色、质量、速度等)、化学特征(分子结构、化合分解等)、数学特征(形状、大小、位置、关系、数量等)。

信息也可以表达精神世界的意思,称为表意生,如人们的思想、认识、意志、情绪、策划、方法等。

总之,信息是客观事物的一种抽象、映像或表达。表达信息的方法很多,如语言、文字、符号、数字、图像、动作、表情等,或其中数种方法并用。信息可以直接表达,也可以间接表达。间接表达的信息一般是被动的,或通过中间环节获取的。

2. 存储性

信息不能独立存在,而是借助于各种载体(纸张、磁盘、光盘)将其记录和储存起来。基于这种性质,信息可以复制和重视。信息不同于其他资源,在正常使用中是不会被消耗的。物质和能量是可以消耗的,粮食吃完了就没有了,汽油也是越烧越少。但信息可以存储起来反复使用,长期使用。

信息存储性的技术意义在于现代信息获取、处理和传递都离不开信息存储。例如,信息获取中的多信源数据融合需要信息存储;又如,现代电子计算机都是冯·诺伊曼型的,本质上都是"存储程序计算机",先将程序和数据存储起来,然后一步一步地执行;再如,数字交换中的"存储转发"也离不开信息存储。

信息存储的历史意义在于:它可以记录和保留人类实践的踪迹和经验。例如,新闻看上去好像过眼烟云,事过境迁,但作为历史仍有查看保留的价值。我们现在之所以能够了解历史,要归功于先人将历史的信息存储了下来,成为宝贵的历史文化遗产。

信息的存储性说明,信息的存在(理论上说)在时间上可以是无限的。

3. 传递性

信息的价值必须在传递中才能实现。信息自身不能运动,必须以信号的形式从信源传到信宿。信息没有形状、大小和质量,可以比物质、能量传递更方便、更快捷。其传输速度与介质有关,若以电磁波形式传递,可以达到光速(瞬时可达);其传输距离,不仅与介质有关,还与信号形式及强度有关,理论上允许传递到地球上的任何地点(全球可达)。信息的传递性表明,信息的存在可以是空间上无限的。

4. 可控性

目前,信息正以惊人的速度增长,真可谓"信息爆炸"。面对这种情况,人们为了节省存储空间和传输信道,需要对其进行压缩,以设法去掉冗余的信息。此外,人们为了各种各样的目的,要对所获得的信息进行处理,如增删、修改、变换、预测、识别、过滤、融合、挖掘、剪辑、虚构、重构等。信息的可控性既可增加信息的可用性,也可增加信息的复杂性,还可使信息对抗变得丰富多彩。

5. 共享性

信息的共享性表现为以下三个方面:

(1)同一信息多种用途。例如,关于一台无线电发信机准确位置和频率的信息,既可以用于接收,也可以用于选择性干扰通信,还可以用于精确瞄准和破坏该发信机。

(2)同一信息多人使用。例如,网络数据库中的信息,上网的授权用户人人都可以访问。

(3)同一信息多人同时使用。例如,电视、广播,人们可以同时收看、收听。

信息的共享性是提高系统整体效益的根本依据,共享的范围越大,层次越高,系统的整体效能越好。

信息的共享性给人们获取和利用信息创造了平等的机会,也给专用的、保密的信息安全构成了威胁。故专用信息和保密信息的拥有者常常采取措施对其加以保护,使未被授权者不得共享此类信息。

6. 非线性

信息与效用之间的关系是复杂的和非线性的。信息的效用或价值不仅仅是它的量或幅度的一个简单函数,而且是现实世界中数据潜力、信息内容和知识影响的一个复杂函数。它对于信息技术的每一个应用都是不同的。

信息的效用可以归为三个方面:一是"物化作用",即信息在一定条件下可以转化为物质和能量;二是"配制作用",即信息可用于合理调配与精确控制物质和能量;三是"增效作用",即信息可以在良好的集成系统中产生"$1+1 \gg 2$"的效果。因此,属性的数学表达式是非线性的,故称此属性为信息的非线性。

4.1.3 信息评价

信息时代,人们处于信息的汪洋大海之中,要使自己不被信息淹没,能驾驭信息,不做信息的奴隶,而要做信息的主人就必须对信息及其来源有一个正确的、全面的认识。

信息在人们的实践中可以发挥截然不同的作用。它既可以是资源(甚至比物质、能量还重要),也可能是垃圾;既可以是生产力(战斗力),也可以是破坏力;既可以是"倍增器",也可以是"削减器"。在信息战条件下,信息种类繁多、数量巨大,真假难辨,异同信息混杂,新旧信息并存,在信息使用前必须对其进行评价。

目前,信息评价的标准有以下六条:

(1)准确性,即信息要真实、可靠,正确反映客观事物;

(2)相关性,即信息要适应现实任务和活动的需要;

(3)及时性,即信息要新,能适时在信息活动中发挥作用;

(4)适用性,即信息表达要规范、标准,易于理解和吸收;

(5)完整性,即信息要素安全,包括信息活动所需的全部内容;

(6)详细性,即信息要达到信息活动所需的精确程度。

以上六条标准中,最重要的是准确性和相关性;其次要及时和适用;最后,要尽可能的完整和详细。按照人们的实践经验,不完整、不详细的信息比一点没有好;不及时、不适用的信息同没有一样;不准确、不相关的信息比没有还要糟糕。准确性、相关性,在信息战条件下尤为重要;及时性、适用性,只有在信息化条件下才能做到;完整性、详细性,隐含着对各种信源的需求。

在信息战、网络中心战中,人们常常把信息评价的前三条,即准确性、相关性、及时性作为衡量"信息优势"的标准,或判断"新类型的信息有利地位"。制信息权的最高上限是使信息的准确性、相关性、及时性均达到100%。

信息攻击的理想效果是驱使敌方信息"体积"的一个或多个分量超于零;而信息防御的理想效果是阻止己方信息"体积"被压缩。信息体积如图4-1所示。

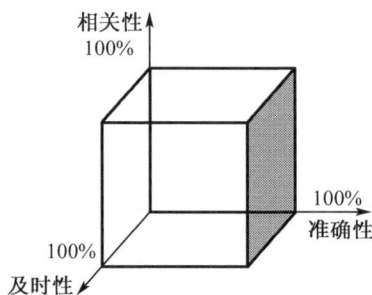

图4-1　信息"体积"(信息优势态势图)

4.1.4　信息作用

1. 信息在人的认知过程中的作用

信息在人的认知过程中表现为以下五种形态:

①数据(data)。独立观察、测量的原始数据形成了最底层的数据源,人类通信、文本消息、电子查询或者能够感知现象的科学仪器等,是获取数据的常用手段。

②信息(information)。有组织的数据集合称为信息。组织过程可能包括排序、分类、把数据元素放置在相关的上、下文环境里所建立的数据索引和链接,以便后来搜索和分析。

③情报(intelligence)。通过对有关信息进行搜集、处理、综合、分析、评估和判断而得出的情况。

④知识(knowledge)。是事实的、规律的、系统的信息,即"知识=事实+规则+系统"。

⑤智慧(wisdom)。是"知识加上正确的判断",是"辨析判断、发明创造",是知识的运用。

信息影响人的认识和行为,影响程度取决于以下三个因素:

①信息的形态。如数据不易被人理解和吸收,知识易于被人理解和吸收。

②信息的质量。符合六条标准的信息将产生积极的影响,背离六条标准的信息将产生

消极的影响。

③接收者的知识背景和信息需求,如接收者的阅历、经历、对信息的渴求、识别能力和敏感程度等。

如果一则消息对接收者来说,完全是意料之中的,那么这则消息未给消息接收者带来任何信息;如果一则消息对接收者来说,完全是出乎意料的,那么这则消息给接收者带来了惊人的信息;如果一则消息使接收者增强了对某一事物的了解,那么这则消息就给接收者带来了一定量的信息。由此可见,同一消息对不同的人会产生不同的效果。

人们通常把情报和知识合并为一个层次,建立数据、信息、知识和智慧四个抽象级别的认知模型,如图4-2所示。

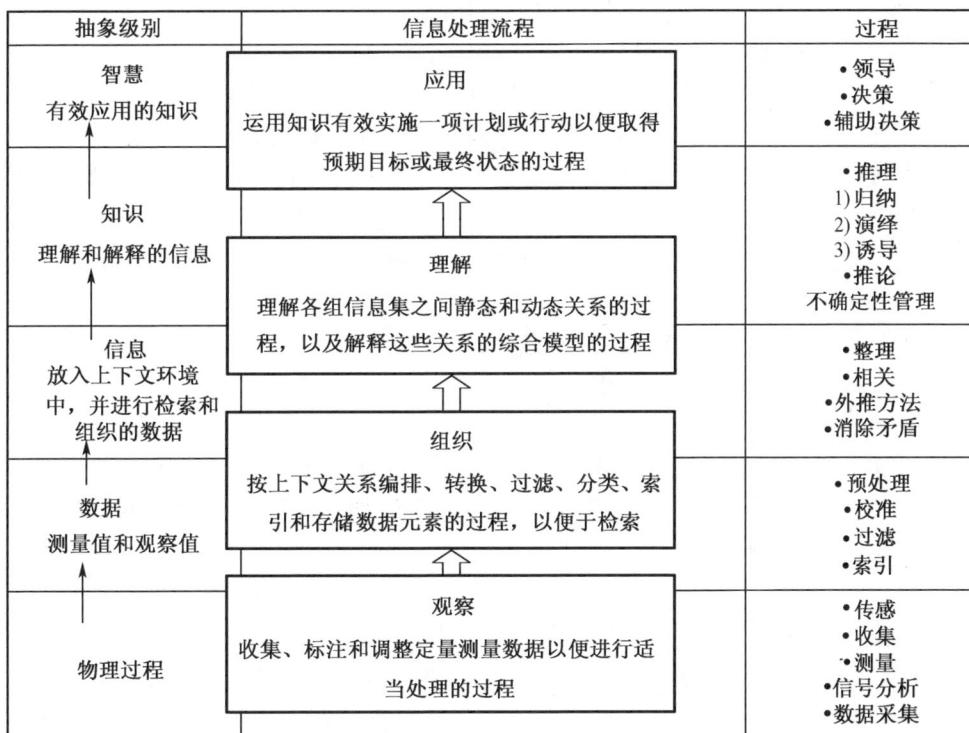

图4-2 认知模型

图4-2说明从数据(最不抽象的或者最详细的或最具体的)到知识(最一般的或者抽象的或者概念的)的四个层次的认知:

①观察过程,通过对所观察变量进行测度和量化,采集一些关于物理过程(如战场上的作战部队、犯罪团伙、化学工厂、工业市场)的数据。通过对观察的数据进行格式化处理,形成诸如有观测时间、地点、搜集源和度量的报告,以及一些描绘度量可信级的统计数据。

②组织过程,把数据转换成信息,在信息数据库里建立索引,并将之组织在相关的环境里,以便后来的检索和分析。

③理解过程,通过了解信息中的各种关系,对所观测数据进行检测,建立模型,甚至用所获得的数据预测所观测过程的未来行为,将信息变为知识。

④应用过程,在最高级(人类),智慧是有效地利用知识实现计划的能力或者达到理想

目标或结果的行为。

有时,人们为了叙述的方便,通常把数据、信息和知识统称为信息。

2. 信息在系统控制中的作用

实践表明,无论是自动机器,还是神经系统、生命系统,以至经济系统、社会系统,撇开各自的质态特点,都可以看作是一个自动控制系统。在这类系统中有专门的调节控制装置来控制系统的运转,维持自身的稳定和系统的目的

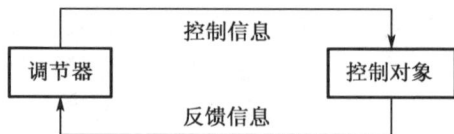

图4-3 自动控制系统

功能,控制机构发出指令,作为控制信息传递到系统的各个部分(即控制对象)中去,由它们按指令执行之后再把执行的情况作为反馈信息输送回来,并作为决定下一步调整控制的依据。这个控制系统如图4-3所示。

从图4-3中我们可以看到,整个控制过程就是一个信息流通的过程,控制就是通过信息的传输、变换、加工、处理来实现的。反馈对系统的控制和稳定起着决定性的作用,无论是生物体保持自身的动态平衡(如温度、血压的稳定),或是机器自身保持自身功能的稳定,都是通过反馈机制来实现的。反馈是控制理论的核心问题,控制论就是研究如何利用控制器,通过信息的变换和反馈作用,使系统能自动按照人们预定的程序进行,最终达到最优目标的理论。

信息在控制系统中可以起精确定位、定时,精确控制物质消耗和能量释放的作用。

3. 信息在网络信息系统中的作用

信息系统是"收集、处理、储存、传输、显示、传播,以及对信息起作用的整个基础设施、组织、人员和构件"。建立网络信息系统的目的在于信息交换、信息共享(态势共享)、协调工作,发挥系统的整体效益。信息在网络信息系统中起"黏合剂""倍增器"的作用。

4. 信息在战争中的作用

信息的重要性以及它在战争中所起的核心作用并不是什么新鲜事,公元10世纪的著作就指出,当时既担任军队指挥官又是国王的所罗门就很强调知识(军事情报)、指挥(战略和作战计划)和幕僚(目标分析家)对赢得战争胜利的重要性:"一个聪明的人有强大的力量,一个有知识的人能增加力量;对于发动战争,你需要指导,而要获得胜利,你需要众多的幕僚。"

在公元前6世纪,中国古代军事家孙武在《孙子兵法》一书中就详细阐述了信息的重要性。以其提出的关于信息的四个主张为例:

(1)信息对于侦察、态势评估、战略制定以及作战方案和决策风险的评估等过程是非常关键的。孙武写道:"兵法:一曰度,二曰量,三曰数,四曰称,五曰胜。"

(2)情报形式的信息和能够预测将来可能发生结果的能力是区分一个信息是否优秀的标志。"故明君贤将,所以动而胜人,成功出众者,先知也。"

(3)通过欺骗(引诱和突袭)和否定(秘密行动)手段控制一些信息流向对手,有助于暂时欺骗敌人。"兵者,诡道也",以及"微乎微乎,至于无形,神乎神乎,至于无声,故能为敌之司命"。

(4)战争的最高形式是影响敌人的认知,征服敌人的意志,而不是使用武力手段。"凡用兵之法,全国为上……是故百战百胜,非善之善者也;不战而屈人之兵,善之善者也。"

上述原则至今并没有改变,只是获取、处理和分发信息的手段发生了变化,即信息获取

和管理方式的电子化已经取代了早期的技术、信使以及手写通信。这种渐增的对于电子方式管理大量信息的依赖以及信息价值的逐渐增大已经使得信息本身成为一个有利可图的目标和一个非常有价值的战争武器。上述这些变化正使信息的角色和战争的实施发生革命性的变化。

这里需要指出的是:信息的军事价值通常是用其对战斗力的关键属性(如生存力、杀伤力、速度、时效性及反应速度)的贡献来衡量的。

4.2 信息战与信息作战模型

4.2.1 信息战模型

在介绍应用于大规模战争的广义的信息概念之前,从基本功能层上理解信息在冲突中的作用非常重要。为了说明信息在战争中的作用,让我们考虑一个基本的单向冲突模型(在本章以后,我们将要把它扩展为一个使用该基本元素的两个战士的双向闭环冲突模型)。这个模型应用于冲突中的两个人,或者交战的两个国家。

进攻方 A,与防御方 B 进行交战,B 方必须决定采取何种措施或者反应进行应对。A 方的目的就是影响和强迫 B 方以一种有利于 A 方目的的方式作出反应。这是任何战争集团的最终目的——使对方按照自己所希望的方式进行反应:投降、犯错误或失败、撤军、停止敌对行为,等等。进攻一方必须利用武力或者其他可用的影响来达到自己的目的。防御一方可能作出已知有利于进攻一方的决策(例如,承认失败和投降)或者沦为诱获欺骗的牺牲品而作出不明智的有利于 A 方的决策。

对于 A 方的进攻,主要有三个因素影响着 B 方所采取的决策以及相应的动作(或者反应)。

(1)B 方采取行动的能力。B 方的反应能力是一个物理因素,由指挥能力和军队的强大程度来度量。消耗战作战基于这样一个前提,即 B 方军队作战能力的下降将最终迫使它屈服于进攻方。能力不是由单一尺度来衡量的,相应地,它由许多要素组成,包括"引力中心"——战略特点、能力或者军队为局部利益而采取行动的自由度、体力或斗志。

(2)B 方采取行动的意志。意志是人的因素,是 B 方决策者下定决心或者在众多作战方案中倾向某一个的度量,这个元素要让进攻一方去权衡、模型化或者直接施加影响是最为困难的。采取措施达到既定目标或目的的意志力可能超越"目标"决策准则。面对某一军事或者经济打击,不论风险有多大,决策者的意志都可能强加于之上,作出一些失去理性的反应(根据军事方面或经济方面的术语)。

(3)B 方的感知力。从 B 方的角度理解,态势是一个抽象的信息因素,用诸如精确度、完整性、信心或不确定性,以及准时性等因素来衡量。B 方决策的出台由 B 方对形势(A 方进攻 B 方)的感知力以及 B 方对自己采取行动能力的了解程度所决定。基于这些了解,要认识到各种作战方案可能产生的后果以及人类决策的意志力所能使 B 方作出的相应的反应。

那么 A 方怎样迫使 B 方作出反应以有利于自己的目标? 基于上面这些因素,进攻方有几种方法能够影响 B 方的行动:进攻一方可以直接攻击 B 方的作战能力,这样就减少了 B 方所能利用的手段,从而间接地影响了 B 方的意志;进攻一方也可以影响 B 方对态势的了解(对能力进行攻击确实有直接的影响,而攻击传感器和通信则能间接地达到更大的目的);影响 B 方对作战行动约束条件的了解;或者影响 B 方对作战行动可能产生的后果的了解。尽管进攻一方不能直接攻击或者控制 B 方的意志,但是能力攻击和感知能力攻击两者都是能够影响敌人意志的手段。

现在我们可以进一步阐述这一冲突模型,说明 A 方通过何种方式来影响 B 方的作战能力以及 B 方如何了解冲突态势的信息流向。模型(图 4-4)提供了信息从进攻方 A,穿过四个领域,最后到达 B 方决策和作战行动的流向。这个模型可以让我们探究 A 方影响 B 方对态势作出判断的其他方式。

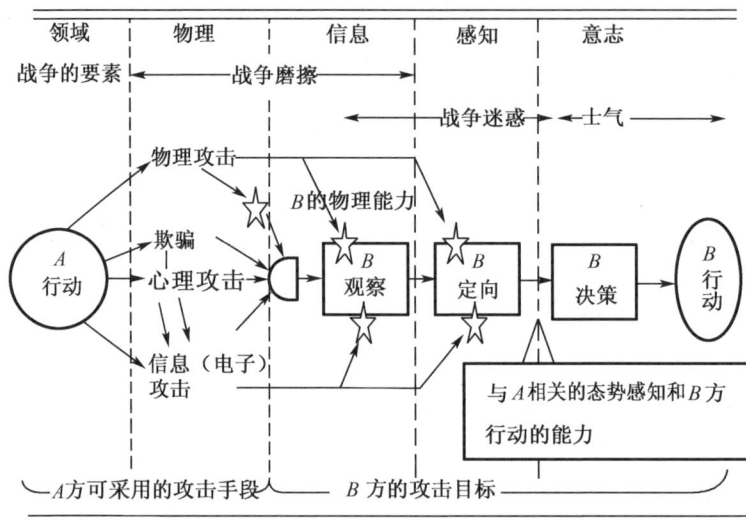

图 4-4　冲突中进攻方 A 与防御方 B 信息处理的基本模型

首先,物理领域是 B 方作战能力之所在。人员、生产过程、资源库存、能量生成、武器平台、通信线路,以及指挥控制能力都属于这一领域。第二个领域是信息领域,是 B 方观察世界、监控 A 方进攻、估量己方部队作战状态以及交流有关环境报告的电子领域。下一个领域是感知领域,是 B 方用于整理、分析所有观测数据以了解或掌握所处态势的领域。这个"定向"过程对 A 方的目的、意志以及能力进行评估。该过程也根据 B 方自己的能力对采取相应行动所导致的一些切实可行的后果进行比较,能力由部队报告他们所处态势的观测过程而提供。在这个领域里,尽管有电子处理手段与可视化手段的支持,但是人的大脑是一个核心的要素。对各种态势以及那些观点可信度的理解构成了对下一个领域的主要影响。最后,是意志领域。在该领域里,B 方作出有关作战行动或反应的决策。这些决策是基于所观测态势、可用作战行动方案以及每个作战方案的结果。决策者把经验和意志都应用于该判决过程。正如人脑是感知领域的核心要素一样,决策者(决心、决定和人的意志)的"心"也是如此。

该模型说明了可用于 A 方进攻 B 方、尽力迫使其作出决策的四个基本选项。

(1)物理攻击。注意到在图 4-4 中物理进攻首先在物理领域中开展,是指进攻 B 方的物理反应(军事武器、军队、基地、工业产生能力、桥梁以及其他资源)能力。用作热能、爆炸和粉碎方式的物理力量是基本的压制工具和传统方式的消耗战。攻击被设计成破坏 B 方或者使 B 方的观测、定向、指挥或者武力反应能力在功能上失效。对观测(传感器、通信)或者定向过程(指挥节点)目标展开的物理攻击能剥夺有价值的信息,要不然就破坏决策者的判断力。

(2)欺骗。进攻一方可以通过减少 B 方在防范和防御方面的有效性来增强自己其他攻击手段的有效性。达到突然袭击效果并且诱使 B 方采用效率低下的易于遭受攻击行动的欺骗行动是欺骗的根本要素。

(3)心理攻击。对人观测的攻击设法操纵(或至少影响)B 方关于冲突情况的感知。尽管欺骗行动会诱发一些特定的行为,但心理战针对的是整体感知能力——使 B 方如已意料般迷失方向而不能正确定位。

(4)信息攻击。电子攻击手段针对的也是那些对 B 方决策者提供观测和定向的信息基础设施(传感器、通信链路和处理系统网络)的电子处理过程和内容。这些攻击有着直接影响 B 方观察冲突情形的能力和效率的潜力。与心理战和欺骗战不一样,后者必须透过传感器来进行,信息攻击可能直接攻击电子观测和定向处理过程。它们具有插入欺骗消息或心理消息、中断或者破坏这些处理过程的潜力(信息攻击也确实会对物理领域产生一些影响,对计算机或控制物理过程链路的攻击,诸如发电厂、管道和机械设备,能引起物理领域内的破坏。因此,我们仅仅关注于影响 B 方行为的手段,而不检查模型中领域之间所有的因果关系)。

还要注意到这个模型是串行的,时间是关系决策者表现的一个因素。观测是一个用于定向信息的适时性函数。上述所有的攻击可能影响到这一流程的适时性,此外,还可能影响流经模型的信息内容。

在海湾战争中,多国联合部队应用了上述所有攻击手段去征服伊拉克领导人的意志,使他们按照多国联合部队的目标去做——撤出已经侵入科威特的部队。众所周知的战略包括了我们简单模型中提到的每一个攻击手段。战略性的空中打击达到了消耗伊拉克军事能力的目的,包括防空、军事生产、指挥和控制节点以及地面部队和他们的武器系统。消耗战为多国部队赢得了越来越多的空中力量优势、信息领域优势,并最终赢得了地面部队的优势。随后的地面战争继续消耗着伊拉克军队。贯穿整个战争,知觉攻击包括对传感器和数据链的物理和电子打击、破坏和摧毁伊拉克的指挥能力、保护多国联合部队的作战顺畅、保护己方部队的部署情况和所处状态。无论是通过广播形式还是传单形式等物理手段传播到伊拉克部队的消息都使他们在心理上(确切地)感觉到联合部队保持了压倒一切的军事情报和武力优势。他们还使伊方相信,对准确识别的伊拉克地面部队进行打击的警告不可避免地跟随着一场致命的作战行动。用暴露两栖作战准备活动来掩盖进行大规模地面作战行动的假象也影响了伊拉克对联军地面战略的(不正确)理解。其他政治行动也影响了伊拉克对自己采取行动所产生后果的理解。例如,美国政府声明,若伊方胆敢使用生化武器,美国则会采取以牙还牙的办法,采用大规模杀伤武器作为回敬,这影响了伊方的决策。伊方的意志最终被物理和非物理军事行动的结合所征服。

现在讨论的信息战的中心问题已经变成了致力于解决信息战思想有什么新内容的问题。

对应用电子信息技术进行"观测"和"定向"过程的逐渐依赖成了一个新的因素,它对信息攻击在信息和观测领域里的有效性给出了一个可信度。这些领域越来越依赖电子系统去估量复杂的态势、传递有组织的信息以辅助人们理解和操纵战斗。因为信息战作战思想在信息领域、感知领域和物理领域里影响能力和感知的潜力(或者威胁)越来越大,所以信息战作战思想是全新的东西。信息作战也是新的,这是因为该领域不需要使用物理力量就很容易遭受攻击。信息技术还没有改变战争中的人的因素,然而,它已经成为最有效的手段,借助于它,军队和政治决策者就能够感知这个世界,建立对冲突情况的信任以及指挥他们的部队等。

信息战的第二个新方面是战场的扩展超过了传统的军事领域。信息目标和武器可以包括一个国家的整个民用和商用基础设施。军队用武器攻击传统的军事目标,在信息战中引进了新的思想,即国家的全部信息源及其过程都是潜在的武器和目标。在以后的章节里,我们将要讨论军事行动怎样应付扩展战场的作战方面。

信息作战在战争中的作用以及潜在的有效性的主题并不是没有争议。有人预测信息攻击影响人类大脑感知(个人和团体)的潜力如此之久,以至于只要付出少量的物理力量就可以使敌人的意志屈服。该观点尝试运用信息作战以取得中国古代军事家孙武所追求的"不战而屈人之兵"的最高境界。Col. Richard Szafranski 已经清楚地表达了这个观点。在这个观点中,对手认识论(知识和信仰系统)是主要的战略目标,物理力量是仅次于理解力的第二力。

然而,其他人将信息级和知觉级的进攻看作是常规战争的一种互补和补充——一个强有力的、不可替代的、能够征服人意志的伙伴。讨论一下这个立场,YoLin Whitehead 陈述道:很显然,尽管信息可以被当作武器使用,但是战略家必须小心、谨慎并依据一般常识,它不是一个银弹武器。反之,军事家应该计划把信息武器与传统武器结合起来使用,并且把它作为一个首要的武器使用,使敌人在发动常规战争前就像个瞎子一样。

哪一个是正确的? 我们将会看到战争的形势是多种多样的,每一个都需要恰当的、致命的物理上部队和非致命的信息力量的混合才能达到既定的目标。在全球网络上发动的经济战和心理战也许单靠信息作战就能达到目的。另一方面,大规模的常规战争必定需要更多的物理上部队的配合。信息军事行动的作用和效率由冲突的所在环境所决定。

战争是一种事件,但是战争行动描绘了体现在事件里的冲突方式。本书里我们把事件和军事行动区分开来。在下面的两部分,我们将要介绍战争进程在历史上的各种变化形式,以及其他各种形式的信息战。在以后的章节里,我们将解释战争实施的各种技术操作。信息优势是信息作战行动的结束(目的)(与空中优势是空中作战的目的同属一个含义),而军事行动是实施的手段(在战术空中优势只是一种冲突工具的意义上)。

在以后的章节里,我们还要对这个简单的模型加以改进,以区分所介绍的每一个领域或"层"里信息战过程与信息战行动的不同,三个层次分别为:物理层、信息结构层和感知层。这将作为全书对进攻和防御军事行动进行讨论的结构模型。

4.2.2 信息战的作战模型

信息战是在通过影响一个目标(影响的对象)而取得的预期目的(或最终状态)的战略环境中实现的。在本节中提出了一个简单的功能模型以便形成将来讨论所采用的作战方法和技术的基础。

美国陆军将信息战定义为:为了取得军事作战整个范围内的优势,在启动、增强和保护友军收集、处理和执行信息的能力的军事信息环境(MIE)下的连续军事作战。信息战包括与全球信息环境相结合和利用或消除敌方的信息和决策能力。

该模型是基本冲突模型的扩展,包括摘录于 Johnson 文章中的概念,Johnson 认为信息作战活动有三个概念性领域。该模型认为目标存在于物理空间、计算机空间和人的思想中。

信息作战的最高层次是决策者、政策制定者、军事指挥员,甚至全体民众的人类感知。最终的目标和作战目的是通过影响他们的感知来影响他们的决策和行动。

该模型(图4-5)针对攻击者和目标方区分为三级或三层功能。各层是具有分层结构的,向下对攻击方产生影响,向上对目标产生影响。攻击者的目的是通过在各层所产生的作用在感知上影响目标。三层遵从第1章前面部分引入的感知模型,在最高层处理知识;在中间层处理信息;而在最下层处理数据。

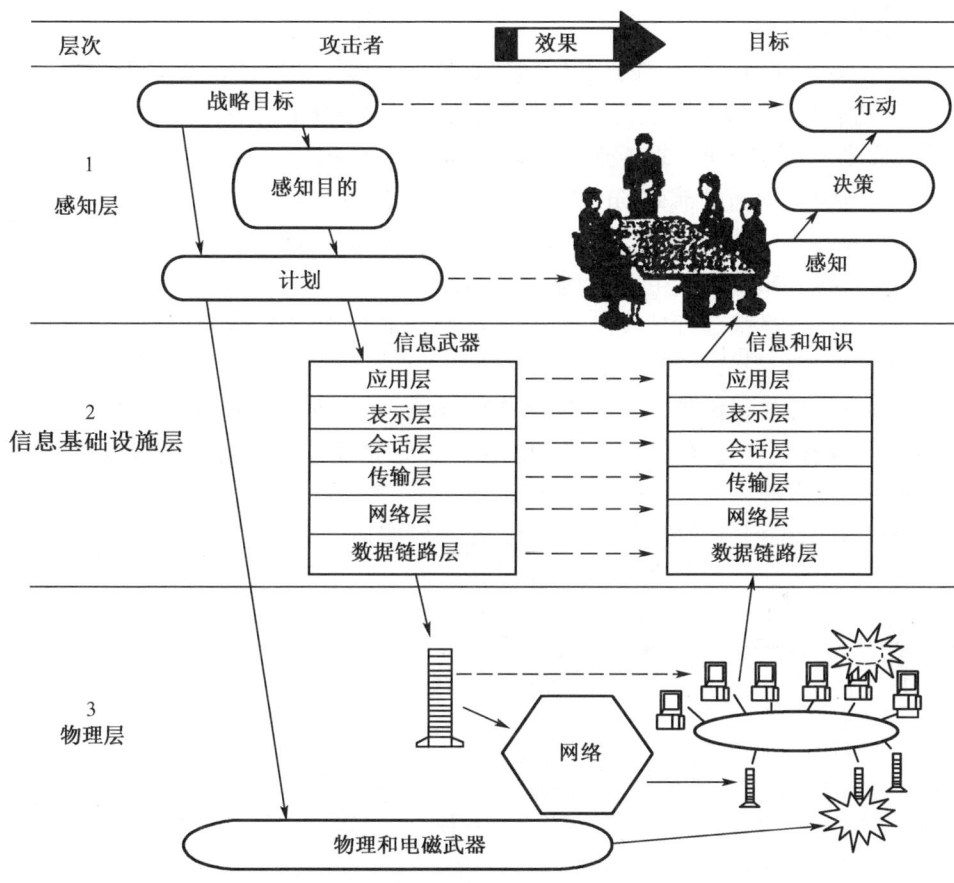

图4-5 信息战的作战模型

第一层是感知层或心理层,它在本质上是抽象的并且目的是管理目标人员的认识。在该层,战略目的定义了目标的预期行为和最可能引起这些行为的认识。例如,如果预期目的是结束侵略行为,对敌方领导人的有目的的感化可能是"绝大部分控制权的丧失、混乱和失去平民的支持"。如果预期目的是不再进行军事作战,则对敌方军事指挥员的主观感知可能是"失去维持作战的后勤支持"。这些感知目的可通过各种物理或抽象(信息)手段取得,但最终目标和目的是在纯抽象的感知层,且其效果影响着作战行为。影响可引起错误决策、延误决策或在具体的决策中产生一定的偏差。

下一层是信息基础设施层,包括接收、处理、管理和存储信息的抽象信息基础设施。该图采用信息层的开放系统互联体系模型(OSI)以说明在顶层模型的三层内的子层上进攻如何发生,这一层最常认为是"计算机空间"维,在此病毒软件和基础设施(黑客)攻击经常发生。该层的结果影响着系统的功能行为,而该层的组成包括数据、信息、知识处理和结构。注意到在该模型中应用层发布信息和知识以影响人的感知,同时它也控制着物理领域的目标(如计算机、通信、工业过程)。对本中间层的攻击可对感知层和物理层产生具体的或级联的效应。

第三层,同时也就是最底层,是物理层。它包括计算机、物理网络、电信和实现信息系统的支持构件(如电力、设备和环境控制)。同时系统管理员也在该层,他对系统的实际影响是最高的。该层的影响在本质上是技术性的,它影响着系统的技术性能。对该层的攻击本质上也是物理性质的。

攻击可直接发生在感知层(如在领导间的直接见面中人的交流可用来影响对目标的感知,或用来收集情报),攻击也可以针对较低层,目的是对其他层产生因果影响。图4-5说明了由攻击战略开始逐步向下发展到多层攻击,它们组合在一起对目标的感知层产生作战影响。让我们考虑以下选自 Johnson 文章的三个有代表性的例子。

● 通信阻塞的目标是物理层,它可以造成信号阻塞的技术性效果、信息丢失的功能性效果和由于缺少情报对决策所产生的不利的作战效果。

● 网络蠕虫以信息基础设施层为目标,不产生技术效果,却造成网络性能下降的功能性效果,从而造成决策延误的作战效果。

● 军事欺骗作战的目标是决策过程,可能没有技术性或功能性效果(欺骗通过各层表现,但是这些层没有受到有害影响)。欺骗的预期效果是在作战方面,造成目标的军事指挥部门决策失误。

表4-1对这三层的特性进行了比较并说明了每层对安全的不同作用。

表4-1 信息战作战模型的特性

模型层 (抽象的层次)	特征和组成	攻击者的操作	防御者的操作	预期的效果
1 感知(知识)	人的决策空间中的知识和理解 ●感知 ●信念 ●推理	心理战 外交 民用和公共事务	心理的 安全 有目的资助	认识的——影响决策和行为
2 基础设施 (信息)	存在于计算机空间的信息 ●数据结构的 ●进程 ●协议 ●数据内容	网络攻击、支持措施 电力攻击	INFOSEC 信息安全	功能的——影响支持认识和控制物理过程的信息功能效率和性能
3 物理 (物理形式的数据)	在物理空间管理的数据 ●计算机 ●存储 ●网络 ●电力	物理的 电子攻击 入侵 偷窃 窃听 毁坏	OPSEC 物理的安全	技术的——影响物理系统的技术性能和功能

第一层——情报应包括对目标的当前认识、不确定性、关注点、关键决策、决策过程和机

构以及决策时间界限的估计。要对感知到的目标的行为过程和决策限制有充分的了解。

第二层——情报必须描述信息的基础设施:信息结构、协议、通信和计算网络结构、交换和融合节点、决策点、电网、安全特性等,对它们的脆弱性应作出评估。

第三层——最后,情报必须详细说明系统、计算机、电信、电力、设备、人员和目标物理系统的安全保护屏障的物理特性。

三层信息战模型的攻击过程在表4-2中进行说明。纯粹为了感知管理目的或心理战目的的物理和信息层的运用在图4-5的顶端进行了说明。指挥与控制战的攻击发生在三个层次中,在图4-5的底端进行了描述。考虑到现实世界中冲突、攻击总是在各个层次上、按照不同程度发生,这些区分只是有代表性的情况。例如,大规模的网络战可以小规模支持但是必须有对基础设施或人员的决定性的物理攻击才能完成。

表4-2 三种作战形式的攻击过程

作战形式	特征	信息战模型的攻击过程
网络战 ● 纯粹的心理战 ● 政治战	所有的影响都是以目标对象的感知为突破口,物理层和信息层只是提供了进行认识管理的通道。这些层可以被利用,但是不能被攻击	1 感知 2 信息 3 物理
网络战 ● 心理战 ● 经济战 ● 拒绝服务	所有的影响都是以目标对象的认识为突破口——包括为访问目标对象对信息基础设施的攻击。其中有一些信息基础设施的成员是可以利用的,有一些是可以攻击的,而另外一些可用来传送感知主题	1 感知 2 信息 3 物理
指挥与控制战	信息基础设施的所有三层都可以被利用和攻击,并可以用于传送感知主题。目标是军队和国家领导人(决策者)	1 感知 2 信息 3 物理

4.3 信息化战争模型

4.3.1 指挥控制战模型

长期以来,知识一直是主要生产手段,随着21世纪科技的飞速发展,知识将走向前线而成为一种重要破坏手段。1991年海湾战争迅速取得成功的关键是知识,尽管盟军也有不完全了解的情况,但盟军知识仍优于伊拉克的知识。美国拥有过多的信息,而伊拉克几乎没有什么信息。

尽管战争中的信息一直存在,这里将研究真正信息战的可能性。传统主义者反对信息战这种提法,声称"信息战争"这一叫法使所谓叫做"战争"的那些杂乱无章而又组织混乱的人类活动琐碎化了,正如"信息战"这一名称使传统战事看起来琐碎和过时一样。但是,克劳塞维茨和他的思想已经过时。用以色列历史学家马丁·范·丁克里夫德的话说,战争正在发生变化,既不是18世纪的战争,并且很快就不再是20世纪的战争了。

原来的战争形式在21世纪相当一段时间内还将继续存在。工业战争的战术和科学已是众所周知。原来的战争形式在"沙漠风暴"中发展到了其极点,"沙漠风暴"是最后一场工业时代的战争。信息战是一种新的战争形式,正如俄罗斯评论家们所说的那样,它是基于"新的物理原理"的战争,信息战最好应理解为认识论上的战争或对对手的知识和信仰体系的敌对行动。提出信息战就是"知识战"需要探索一些新模型。

但现有模型又是什么呢?难道指挥控制战不是解释信息战所需要的一切吗?在本书中我们已经指出,"指挥控制战五个要素"的模型对于理解某些手段或方法是有帮助的,这些手段或方法可以用来将指挥官与控制其部队的手段分开。切断指挥官与其部队的相互联系并不是战斗的目的,而且事实上这可能会产生一些不希望的后果。例如,如果失去指挥的敌部队根据它接到的最后命令而坚持战斗,那么要战胜这支部队可能会需要进行更多的战斗,或者发生诸如第二次世界大战期间马尼拉事件那样的暴行。

指挥控制战可能导致敌人同时被剥夺控制和信息,使它不能正确地判断前线或战区战争的进行情况。有些评论家认为海湾战争中就发生了这种情况,如果萨达姆·侯赛因能与遭受狂轰滥炸的部队保持通信联络的话,也许他会早一点投降。指挥控制战在信息战中有其一席之地,但它不是信息战的中心,指挥控制战战斗本身就构成了一个基础,但这一基础太机械、太局限于支持信息优势这一全面战略。

因此,尽管在某些情况下指挥控制战是有用的,但对于提出信息战理论或探讨信息战如何生效方面,指挥控制战并不适宜。没有信息战理论,就不能有效地综合技术力量,也不可能将前面讨论的技术发展的能力集中于产生对国家安全和未来竞争最有用的工具。

信息战最终是"比试胆略",是"新大脑皮层战"。美军在巴拿马采取的"正义行动"中的两个例子足以说明这一点。当战斗还在进行之中、美国联合地面部队包围了科曼登西亚时,战地照片发现陆军士兵向陷入困境的敌人开火时,他们的枪支都上了刺刀。后来有人向一位年轻陆军指挥官问"为什么要上刺刀"时,他只是简短地说:"这就是比试胆略。"如果在枪支上上了刺刀,参战的部队在思想上更好地做好了杀敌和牺牲的准备,刺刀是一种象征,是危险活动的"酶醚"。刺刀传递着死亡风险和战斗的后果,下令"上刺刀"就是命令部队开始进行一场使自己和敌人都感到害怕的战斗。从更广义的角度说,信息战的目标不仅仅是敌人的意志。

第二个例子也说明了这一点。当诺列加藏在教皇公使馆时,他昼夜都处在各种噪声的包围中。尽管广播分队可能是心理战部队,并且很可能认为他们在进行心理战,实际上他们是在利用声波武器在参与针对敌人意志的战争,这就是"比试胆略"。声音和噪声是一种非杀伤性声波武器,还仅仅是一种旨在分散敌人注意力的另一种无意识的活动。随意的炮击是为了追求更好的效果,还是仅仅只是随意射击而已?应该有某些模型来说明"这些东西如何生效"。尽管在这些例子中所进行的活动看上去是信息战,并根据以前所用的定义都可以这样理解,但采用另一种方法也许会更好。

信息战思想正在经历类似于空中力量思想初级阶段的情况:认识到可能有某种新东西,它们有很大的前途,然后就是一系列艰难的工作来猜想如何能更好地综合这些技术。下面叙述三种信息战模型。

第一个模型是从工程学以及约翰·博伊德上校的观察—判断—决策—行动环路中推出

的;第二个模型提议将"酶醚"作为分析单元;第三个模型是从生物科学和群居昆虫的行为研究中提出的。我们将逐个研究这三种模型,从工程模型开始,最后以"九条最高定律"结束。在讨论这些模型时,也许能发现某些想法,它们能告诉我们一些不断发展的新知识以及在21世纪如何使用信息战。

4.3.2 信息工程模型

第一种模型假设存在"信息工程"这样的东西,这种模型是美国空军工程师罗伯特·伍德上校提出的,1996年在空军学院布置的一次课堂论文中,他描述了这种模型。他把世界分为客观世界和各种活动,可以在不同程度上成功地观察、测量、定义、相关和预测这些活动,并且最终操纵这些活动。伍德的著作理论性很强,并且很符合确定主义者的传统。

在伍德提出的模型中,信息可被理解为一个"数据包"或大脑中一系列可测量的电子化学能量。伍德将大家所谓的"思想"叫做"信息包"。这些信息包首先通过声音、光子等进入大脑,它们刺激电子化学活动,这些电子化学活动反过来又对信息进行分类过滤,并将它们存储在大脑中某一预先确定的位置。根据伍德的理论,"思想"是"新产生的信息包",它代表以决策过程结果的形式出现的"结论"。需要作出的决策是判断这些新近接收到的现象认识与"判断数据库"中业已存在的电子化学脉冲是否一致。如果一致则接收这一信息,并进而按已有类别对其进行分类,并将它加到已存在的信息中;如果不一致,则产生一个新类别或将它作为"虚假"而排除。因此,新的观察和认识不一定就能产生新的思想。

伍德上校认为:记忆是"将思想分解为各个组成部分并将它们存储以供后来恢复的一个过程。"在其论文中,他认为通过引入新的和相冲突的思想,有可能改变大脑中的记忆内容,这些思想将迫使大脑形成一个有利于新思想的冲突决心,从而替代已存在于"判断数据库"中的思想,这样主观就被改变了。21世纪信息战的关键是理解这些思想是如何受波形机制控制的。伍德认为:利用傅里叶分析和其他数学工具,有可能放大某些思想或主动将另一些思想取消。

伍德上校利用了约翰·博伊德的观察—判断—决策—行动模型,将信息战定义为控制敌人行动的一种手段,它通过利用对敌人意图的了解或过滤机制来迫使敌人的决策产生一组"已知或预期的逻辑路径",同时试图控制敌人的观察和认识。伍德认为,发生在信息战中的"控制"与"编造"和"宣传"等没有什么差别,差别只是在控制的目的上。伍德认为,由于公众文化信息"资源库"的力量,操纵大众头脑比操纵个人相对容易。

在伍德上校看来,这些信息资源库包括类似"集体无意识"的某些情况和与特定文化相关的"集体意识"。当很少一部分放大或取消刺激能对很多人有较大的作用时(这就是伍德所谓的"通用、共享信息包的新大脑皮层网络"),波形机制影响技术的应用就比将波形针对某一特定目标时容易。因此,煽动大众的歇斯底里情绪就比煽动那些不易受到可轻易获取的信息包影响的人们的歇斯底里情绪要容易。这些信息包一直被用于并且显然被用于那些利用和放大文化资源库中的公共共享信息的人们的行为。操纵大众比精确地操纵不处于大众之中的个人容易。随着世界人口向大城市集中,并且城区成为影响力日益强大的政治和商业要素,能够利用相对较少的工作来影响大量群众,这一可能性在未来的信息战中具有很大的潜能。用于实现"精确效果"的"信息子弹"或信息包,可能会将目标对准具有可预测结果的人群或"邻居"。

另一方面,人类大脑中有1 000亿个神经细胞,它们的组合数量看来是无限的。"逻辑通路"怎样才能是"已知或预期"的呢？根据伍德上校的看法,答案可以从感觉输入调制的各种组合来获得,利用先进统计技术(如马尔可夫链)来决定可能的行为分类结果的范围,并利用对敌人"判断"的了解来确定各种动作发生的概率。回忆一下约翰·博伊德在其观察—判断—决策—行动环路中将判断称作"大O",而一个普通人的判断的组成部分是他或她的遗传继承、文化传统、尚未显露的事件和先验经验等。伍德十分自信地认为,随着时间的推移,终究能了解并控制敌人的判断。那时,信息战可看作是根据敌人独有的基于生物学的认识论模型,来左右或控制敌人的行为。

伍德的结论包括以下内容:

①信息战的战略目标是敌人的判断;

②战役目标是观察、战术发射和接收媒体,即链路和节点;

③指挥控制战的效果在本质上是战术性的,对敌、对社会或"判断"没有什么效果;

④由不精确信息子弹产生的宣传警告敌人参战;

⑤只有已知和可检验"判断"的单一文化可能比具有大量信息资源的多元文化更容易受到信息战攻击;

⑥如果没有敌人马尔可夫链的决策模型,是不可能得到精确信息攻击的可预测结果的。

在下面的讨论中,我们将看到信息工程模型和酶醚学理论使用了不同的词语来描述同一认识领域,其中一个使用"信息包",另一个使用了"酶醚"。

4.3.3 酶醚战模型

从理解"酶醚"(Meme)和被有些人称为"酶醚学"(Memetics)的一门新科学,可以得出21世纪信息战的第二种模型。酶醚这一名词是在理查德·道金斯教授1976年的著作《自私的基因》出版后开始普及的,根据道金斯的定义:酶醚是文化模仿的基本单位,它是社会复制其自身的一种手段。1996年理查德·布罗迪在其著作《思想的病毒》中,无意识地提出了酶醚学与信息战的可能关系。布罗迪认为:利用善意的知识可以做出坏事,如果布罗迪意识到了信息战的潜能的话,他可能会说信息战的坏酶醚能成为被用来感染人类合作和进步的好酶醚。

布罗迪认为,解释文化的一种方法是理解酶醚。布罗迪赞同道金斯在其1982年的著作《广泛的显型生物》中对酶醚的定义:它是"思想中的一个信息单位,它的存在将影响很多事件,结果在其他思想中产生更多的拷贝。"酶醚是文化、思想和行为的单子(哲学中的实在的、非物质的基本单位)或组成单位。

在基因和酶醚上,存在就是生存和繁殖,保存生物体以便复制和分布其基因。当通过淘汰和繁殖,具有最适合在给定环境中生存的特点的那些生物体将战胜那些具有不太适合给定环境特性的生物体,这时就将发生物理和社会进化。生存下来的健壮的生物体将复制自身。至少在遗传学上,它们将把这些适应的特点遗传下去。复制能力最强的就是病毒,因此布罗迪认为:酶醚可看作只存在于具有意识和交流的生物体中的一种文化病毒,在生物学上它与基因一样。

另一方面,作为理解信息战的一种方法,酶醚的比喻很有启发性。通过这一类比,信息战是利用信息优势来创造并部署我们的酶醚来影响或控制敌人的酶醚。布罗迪认为:最有力的酶醚是与生存和繁殖有关的酶醚,如危险、性、食物、危机和机遇等。机遇是人类所独有的,机遇要求有预测未来事件(这是在人类想象以外不能存在的事情)的能力。除了这一差别以外,最重要的机会看来最终都与危险或如何避免危险有关,以及如何在危机中避免令人不满意的结果。

根据布罗迪的观点,酶醚分为三种类型:个性酶醚、联合酶醚和战略酶醚。个性酶醚使人们能够区别和分类;联合酶醚形成酶醚与其他实体之间比较和相互关系的标准和基础;最后,战略酶醚是被证实的样式,它组成适者生存的基础。生物病毒和精神上的这些酶醚病毒之间的一个重要差别是:意识和交流允许人们通过选择某一种酶醚或一组酶醚而不是另一些酶醚,从而来选择进化的方向。人类看来能制造精神的"设计师病毒",但大自然却不能做到这一点。但即便如此,生物病毒和精神病毒的进化都包括复制(完全一致的拷贝)和创造(不完全一致的拷贝)。

因为人类通过各种感觉的交流是使用这些精神病毒的方式,因此可能有比复制更可恶的创新。人类根据自己的逻辑改变、组合和放大这些精神病毒的特性。酶醚的起源事件看来是危机、使命、问题、危险和机会。

信息战活动将使用这些"触发事件"之一来给敌人的头脑中插入新的酶醚。但是,如果这样做以后,在每一个被影响的敌人头脑中增加或改变所部署的病毒时,精神病毒将立即开始进化。酶醚信息战的效果可能是不可预测的,因为新插入的酶醚与敌人头脑中业已存在的酶醚相互作用,并受其影响。如果遗传比喻适用的话,所有酶醚最终都关于生存和繁殖。如果说所有语言都是从其进化发展而来,某种"原始语言"、某种"巴比伦语言"(指全体通用语言),或者在所谓"集体无意识"中存在某种真正的人类跨文化"酶醚原型",那么人类的文字语言或非文字语言将提供一种机会,以创造和联合酶醚来满足特定目的。

在基于酶醚的信息战中,可以产生公开的、潜意识的消息来在不同层面上交流酶醚,其目的是通过伍德上校所谓的不同"渠道"来传递消息。在定期向敌人散发煽动敌人沮丧和投降的那些劝降传单中还应该包括两方面内容:我们的士兵强于你们,你们一旦投降就将有充足的食物和阳光;并且还提供一条通向光辉彼岸的金桥。如果宣传单没有使用多种渠道,他们将无法理解正确的酶醚传播的概率。

《科学》杂志上发表了心理学家安东尼·格林沃尔德研究潜意识消息的文章,文中报道说,单个字的潜意识消息对人类的思维有短暂的影响。如果这一报道真实的话,这对指挥控制战将具有重要意义。利用酶醚来影响思维的一个先决条件是需要知道如何成功地在敌人头脑中插入新的酶醚。一种巧妙而又有效的插入方法是在单一酶醚或在已被接受的酶醚中嵌入新酶醚。布罗迪将此描述为"特洛伊木马"策略,在这种策略中,在集合或数据包的后面插入了"有疑问的"酶醚,来抵消防御性"怀疑主义酶醚"的影响。因此,为了给敌人的头脑中灌输"投降还是战死"的消息,酶醚数据包可能包括一串酶醚,如危险—性—食物—危机—机会—投降—生存等。商业广告或政治"信息"利用了酶醚数据包在产品和过去的专有或共享文化酶醚之间建立联系。

基于酶醚的信息战的另一种形式可能包括神经语言编程中所采用的某种技术,如模式分类、强化和重复等。模式分类可建立新联系。在神经语言编程中,模式分类和定调是一种"模仿"。要主宰敌人的认知并降低其对新酶醚的抵抗,宣传广播或信息攻击插入需模仿敌人讲话方式的节奏和韵律,采用该文化独有的辩论方式,或者做其他所要求的任何事情,使得让敌人看来,攻击群体与他们自己很相像。即使在其基础已经不存在以后,"第一印象"经常还存在。正如过去的铁路情报员都有自己独有的按键风格一样,海军的电子战训练可能与空军的电子战训练有很大差别。如果对此仔细研究,那么敌人可能模仿海军或空军所熟悉的风格。个人、机关甚至可能包括国家都将形成一种无意识的电子特征,它能提供酶醚入口的"假标志"。

4.3.4 生物模型

信息战的很多重点是通信、通信设备和基于信息的决策辅助(它在决策者和外界现实之间进行调停)。因为如果没有某种形式的通信,就不可能有信息战,因此在本书中,信息基础设施占据了相当篇幅。信息战在很大程度上(但并不是完全)通过联网通信方式进行。增加对信息工程和酶醚战模型的研究了解,我们能够了解在这些技术奇迹的节点与链路的起点和终点所发生的情况。另一方面,节点或计算机网中的"安全岛"通常是人类,并且正是由这些人来作出选择:战斗或停止战斗。如果能提出信息战的生物模型,那将出现什么情况呢?

现实情况是,科学家可能认为,有关"信息"的问题已经有了答案,并且从这一观点出发,据此认为电信的发展只是工程人员的问题。非专业人员杂志《自然》和《科学》进行的调查表明:生物学——尤其当它与物理和信息科学有关时——现已成为当前大家最感兴趣的"科学问答"问题之一。其中的一个例子是研究使用 DNA(脱氧核糖核酸)来完成某些计算。如果用计算机进行类似的计算可能需要自动数据融合。微生物、遗传工程的进展以及用于生物战的潜能的日益加大,有关信息战的讨论就将非常普通。

从"生物学"观点看,如果是基于凯文·凯利所谓的"九条最高定律",那么作战概念组织形式和信息战条令将如何发展、进化呢? 1994 年凯利在其著作《失去控制:新生物文明》中提出的九条定律是:分布存在;从最基本处进行控制;寻求增加回报;从点滴入手;充分利用边缘;从自己的错误中学习;不要追求最佳,而要追求多个目标;寻求持久的不平衡;改变变数本身。

按照凯利的观点,大型分布式系统具有科学思想家的所谓"突发性质",即整体大于其各部分之和,也就是对一个系统分得越细,从那些看似不起眼的东西中所创造的东西就越多。大型分布式系统的"存在"或"本体论"远远大于该系统的各组成部分。因此,互联通信方式体系比链路节点和服务器提供其物理实体网络中的存在更大、更丰富,并且有很大不同。

在信息战中与这一定律类似的定律就是:"利用各种手段和方法来部署好的、合适的酶醚。"换言之,如果支持信息优势的链路、节点和信息技术被综合并协调在一个更大的目标中,如"说服敌人停止战斗"的目标中,那么分立单元的综合或实际效果将比指挥控制战中各元素独立作用时所能产生的影响更大、更有力。

第二条定律"从最基本处进行控制"描绘了生物学的实际情况。通常情况下,通过遵循一些简单的规律以及能够适应本地环境,这些相互协调作用的最小元素产生了很大效果。网络的一个特点是,以平坦、非分层形式工作的网络看似优于以金字塔形式工作的网络。以分级形式组织的军事情报,看来不是用于获取敌人信息的一种适当方式,而更适合于收集和产生"阻止军事情报"。完成后一种工作要求将它组织成能为军队金字塔中最基层的指挥官服务的一种网络。

这一定律也同样适用于作战。一旦某个黑客受命攻击某个系统,设想在黑客行为开始后试图将该黑客置于严密控制之下,难以想象仅仅为了保证严密控制却要牺牲对作战使命的快速适应潜能。

很多信息技术的未来看来存在于系统之中,如前面介绍的用于分布协作计划的系统,这些系统具有自适应和学习能力。与这条定律对应的信息战法则是"为征服原子而攻击电子"。通过将它们分解为一系列小问题而解决了大难题,击败所有的排、旅、军成为了无意义的多此一举。或者换言之,如果未加保护的国内信息基础设施对军事行动非常重要的话,那么计算机攻击的目标就显而易见了。

第三条定律"寻求增加回报"意味着在信息战中,每一项商业和技术进步都有其军事应用的潜能,并且每一种军事活动都可由某种形式的信息技术来支持。用于选择运输货物最快空中路线的软件,也同样能用来选择最有利的行军路线或最能出乎敌人意料的路线。汽车雷达和激光检测器并不是起源于地面公路,可以预计现代战斗机上的平视显示器也将用于商用卡车上。

"寻求增加回报"也意味着范·莫尔特的观点是正确的,即战略主要是一种方法,它描述了军事天才利用战术成功的方法。

好的信息战建议是"不做任何无战略效果的事情"。信息优势可扩大大量小成功的效果,并快速地改变或控制敌人的成功。可以迅速利用一次小胜利使之成为一次重大胜利。通过多样化和快速投资,可以实现信息优势的增加回报。

第四条定律"从点滴入手"意味着微观组成部分正确是较大系统正确的前提条件。信息战中的复杂结果将是优势功能的简明结果。美国海军陆战队将其新兵的所有基本训练都用在建立整个军种赖以存在的最小单位上,海军陆战队是比海军更大的一种编制,在陆战队中包括了海军的成分。由于创造了这一组成部分,海军将一切都转换成了班、排操练,行军是训练,就餐是训练,着装是训练,杀伤敌人是训练。"杀伤"和信息战都比较复杂,凯利提醒说,"复杂性"是由于一次组合简单、有效模块而产生的。

第五条定律"充分利用边缘"暗示单一文化比多元化文化更容易受到伤害(诸如利用酶醚的信息战)。森林边缘或港湾的生命种类和数量远远多于单一的松树林或深海区。在电子方面也存在同样的情况,非标准化的发射或接收单元能提高其中某些单元逃避物理摧毁而生存的可能性。工作于一个波段的跟踪雷达当然不如能灵活地从一种跟踪技术转到另一种跟踪技术、甚至从一个波段跳到另一波段的跟踪系统。

在信息时代,综合利用各种国家资源的国家信息优势战略,结合武装部队机动作战,能对国家安全目标提供更大的支持。能利用商业通信基础设施比仅仅只利用专用、保密军用系统有更强的适应能力。为什么一个大国不能有四支空军呢?因为这可能对特定挑战有更强的适应性。

第六条定律"从自己的错误中学习",在信息战中意味着在某一方面的错误或缺陷很可能是另一方面的新发现或真相。在一种情况下看似错误的东西可能是对一种新的、更大的环境的正确适应。必须重视所犯的错误,因为从广义上讲,人们并不知道今天所犯的错误中有哪个将成为明天非常珍贵的真理。有些错误也并不是偶然错误,在击剑比赛中,采用的"战术错误"掩盖了在看似准备弃剑认输的表象下等待机会进行反击的真相。一场猛烈的佯攻和快速撤退可能会将敌方引诱到伏击圈中。

回想孙子的名言"不可胜在己,可胜在敌。故善战者,能为不可胜,不能使敌必可胜。"在信息战情况下,重视错误也许意味着:对方的责任是将其目的和动机归结于所观察到的情况。在准备行动的同时,制造一个基于信息的错误让敌人来加以利用,这就是孙子的至理名言:"兵者,诡道也……利而诱之,乱而取之……"

第七条定律"不要追求最佳,而要追求多个目标。"这可以理解为"通过顺序或并行采取多种行动来利用信息优势达到目的,从而提高成功的概率。"采取的每一个行动,不论是心理战、电子战或其他行动,都有各自的目标。通过追求一些较小的、相互支持的目标的成功来实现真正的目标。一个例子是,有人认为:在第二次世界大战期间,在太平洋岛屿上进行的逐岛争夺战争,由双方海军舰队进行的看似具有决定性作用的海空战争,对日本的最后崩溃的作用,远远不如攻击日本的海上运输、使日本占领岛屿没有生存维持手段的那些"秘密军种"所做的工作。正是这些很多平行和同时行动的累积效果导致了日本失败。

第八和第九条定律"寻求持久的不平衡"和"改变变数本身",这可能是凯利的信息战定律中最重要的部分,尤其是当与前面的酶醚战思想相联系在一起时更是如此。基于自由市场、自由言论和个人动机的多元民主文化的强大力量就是它并不是固定不变的。正是基于信息的自由社会具有能遵循前面讨论的"定律"的能力,使它能成功地适应变革,其关键看来在于不断创新。

4.4　知　识　战

伊拉克战争在不到一个月的时间内就结束了,比人们预想的时间提前了很多。美军的作战行动与前几次战争相差甚远,让人们难以理解,而伊拉克方面的抵抗更让世人大跌眼镜。然而一个无可争议的事实是,美军最终以人们意想不到的快捷方式取得了战争的胜利。双方兵力的巨大悬殊是战争结局的主要原因,但是,从另一个角度看,或许这更应该归结为美军新的作战概念的胜利,这个新的作战概念就是知识战。

4.4.1　知识战的概念

伊拉克战争是知识战的试验场,但知识战的出现却已经有一段时间了。早在20世纪末,美国的一个战略研究机构就提出了知识战的思想。知识战以作战空间感知信息优势为基础,通过先进的计算机与分析工具,形成可供决策的信息,使指战员结合自身的经验与判断,把信息置于作战空间内涵中,比敌方更好、更快和更精确地运用战斗力,取得点穴式的效应与结果,以达到作战意图和战略利益。知识战不同于线性战场的兵力消耗战——即对敌方目标进行物质摧毁,代之以向作战空间内外的效应和后果进行非线性聚焦,以取得慑止一场大规模冲突的效果,从而形成一个可与热核相比拟的常规威慑手段。知识战基于知识系统形成的预应式安全环境可以在21世纪形成如冷战时期核保护伞那样的知识保护伞,在防止冲突、保持稳定中发挥作用。

(1)与信息战相比,知识战也要获取信息,并且获取的信息更全面、更完整。但是知识战更看中对信息的运用,其结果是将信息转换为可供决策的知识。

(2)知识战的目的是慑止战争,而不是打赢战争。"不战而屈人之兵"是知识战的最高境界,也是知识战可以实现的境界。即便开始未能慑止一场战争,那么在战争开始之后,战争的目的仍然是通过一场小规模的战争来慑止一场更大规模的战争。

(3)为了实现慑止战争的目的,知识战对战斗力的运用不是对敌方目标进行物质摧毁,更重要的是通过对敌军的核心人物进行精神摧毁,以取得点穴式的效果,通过选择特定打击目标来达到威吓效果,从而慑止大规模冲突的发生。

4.4.2 知识战的特征

知识战是一种作战概念,其出发点是基于作战的,但由于其强大的威力又可以起到慑止战争的目的。基于作战是因为:通过全面获取战场信息并将其转化为可供决策的知识,在战争爆发时,可以依据这样的知识通过实际作战达到作战目的,则战可胜。正由于战可胜的原则,敌军在经过短期的接触之后,可能因为感到战争前途无望而放弃战争,这又可以达到慑止战争的目的。因此,知识战通过更快和更精确地运用战斗力,取得点穴式的效应与结果,以达到作战意图和战略利益。为达到这样的效果,知识战具有以下几个特征。

1. 知识战的基础——信息战

知识战之所以能够实现,必须依赖于信息战。因此知识战的基础是信息战。这一论断包含两层含义:

首先,信息战为知识战提供基础信息。知识战要求指挥员在决策之前获得对于战场敌情、我情、社情等方面的信息。这些信息的获取与信息战提供的信息基础息息相关。如果没有信息战提供的及时、全面、准确的战场信息,就不可能产生知识战所需的战场知识。信息战的信息是产生知识战知识的基础。

其次,知识战是信息战发展的最高境界。信息战的发展是一个渐进的过程。信息收集、信息传输和信息处理能力也是逐步提高的。当信息战发展到非常成熟的时候,信息收集和信息传输已经得心应手,信息处理能力也因为有了更多高新技术群的参与而得到极大提高,信息转化为知识的进程越来越短,信息战也就越来越接近知识战。

因此,在知识战中,战场已经是透明的(或者是单向透明的),信息战给知识战提供战场信息已经能够充分满足指挥员的需求,双方较量的重点是如何尽快地将战场信息转化为战场知识。

2. 知识战的目的——心理战

战可胜是知识战的基本原则,但"不战而屈人之兵"才是知识战的不懈追求。要想慑止一场战争,知识战不能不重视心理战。因此,如果知识战在开始之初没有能够慑止战争,那么,战争打响之后,心理战就成了作战的主要目的了。当然,心理战的目的仍然是慑止战争,使敌方在战争的某个时候自动放弃战争。伊拉克战争是最好的例子。

战争开始之前,美国就通过向海湾增兵、发最后通牒、允许萨达姆流亡等形式威胁萨达姆,以威慑萨达姆,迫使萨达姆放弃抵抗。当这一切都不能使萨达姆屈服的时候,2003年3月20日,美军以"斩首"行动开始了伊拉克战争。"斩首"这一名词本身就具有极大的威慑力。大规模的空袭行动都是针对萨达姆本人的,这一切都是为了摧毁萨达姆的意志。为了取得点穴式的效果,美军并没有将巴格达轰个稀巴烂之后才出动地面部队攻占巴格达,而是在空袭行动几天后就开始了地面战。地面部队快速前进,直逼巴格达。这一方面使人们知道美军的攻击对象是萨达姆政权,另一方面也给萨达姆施加压力,迫使萨达姆就范。因此当联军离巴格达很近时,萨达姆政府突然"蒸发"了,此后再也没有出现大规模的抵抗行动。

战时,人们对美军的作战行动不太理解。美军为什么不像1991年的海湾战争那样对伊拉克进行地毯式轰炸,美军为什么那么早就开始了地面作战,甚至有孤军深入之嫌。美军对巴格达的轰炸为什么遮遮掩掩、拖泥带水,等等。现在想一想,美军的这些作战行动都是为作战目的服务,都是为了摧毁萨达姆的心理防线,进而早点结束战争。最终伊拉克战争比人们的预期提前结束了很长时间,伊拉克的抵抗让人们大跌眼镜。美军知识战成功地慑止了一场更大规模的战争,虽然它没能避免一场小规模的战争。

3. 知识战的手段——精确制导战

要想取得点穴式的效果,给敌军心理造成压力,必须依赖于精确制导武器的使用,精确制导战是实现知识战目的的最佳手段。当前,各种精确制导武器纷纷登上战争舞台,为知识战目的的实现提供了可能。使用精确制导战的原因如下:

(1)现代社会,全球范围的合作已经开始,因此各个国家利益交错,战场上除了有敌对国的利益外,还有其他国家的利益所在,甚至也有本国的利益所在,因此,作战时应尽可能减少非敌对国的损失,以赢取道义上的支持。所以作战时大量使用精确制导武器就显得理所应当了。精确制导武器可以把非敌对国、民用设施的损失减至最低。

(2)对作战目标也是有效的心理威吓。由于使用的是精确制导武器,作战目标只要现身就有被毁灭的危险,这使其心理上遭受严重的压力,迫使其放弃抵抗,或者无法组织有效的抵抗。

(3)精确制导武器可以减少常规武器的使用量,从而降低战争费用。

(4)精确制导武器的作战效果可以得到保障。通过精确制导战消灭对我威胁较大的目标,使得后续的地面战人员所受威胁减至最低点,因而对我作战部队减少损失极为有利,使我伤亡降到最低水平,最终实现"零伤亡"。

4. 知识战的指挥——网络中心战

"网络中心战"是指将军队的所有侦察探测系统、通信联络系统、指挥控制系统和武器系统,组成一个以计算机为中心的信息网络体系,各级作战人员利用该网络体系了解战场态势、交流作战信息、指挥与实施作战行动的作战样式。该网络体系由"无缝隙"连接的三个网络组成,即探测网络、交战网络和通信网络。把所有战略、战役和战术级探测器材联为一体的探测网络,能迅速提供"战场空间态势图";交战网络又称打击网络,连接各主要武器系统;通信网络对前两者起支撑作用,是它们的神经中枢。通过战场各作战单元的网络化,可加速信息的快速流动和使用,使各分散配置的部队共享战场信息,把信息优势变为作战行动优势,从而协调行动,最大限度地发挥作战效能。

参 考 文 献

[1] 张翔. 新军事革命——信息化、信息战、信息化战争[M]. 北京:海潮出版社,2001.

[2] 韩道文. 电子战新概念新理论新技术:第十一届学术年会论文集[C]. 北京:中国电子协会,2003:219 – 222.

[3] 郑连清. 信息对抗原理与方法[M]. 北京:北京交通大学出版社,2005.

第5章 计算机战

计算机战的范围很广,几乎渗透到信息战的各个方面。信息战有人称之为"以计算机为基础的战争","计算机控制的战争"。实际上任何信息系统和信息武器系统都离不开计算机,军事领域的各个方面以及所有先进的武器和武器平台都离不开计算机。国家信息基础设施和国民经济的各个重要领域也都离不开计算机,由此不难想象计算机战在信息化战争中所处的地位了。

计算机机战包括黑客战、病毒战、网络战和硬摧毁战。

5.1 黑 客 战

5.1.1 概述

黑客是与信息战一起诞生的,黑客的威胁是令各国非常头疼的问题。黑客的活动近年来尤为频繁,1998 年 2 月 26 日美国国防部所在的五角大楼被黑客"光顾",4 个海军系统和 7 个空军系统的电脑网页遭侵入,更令人吃惊的是,在美国国防部已经发现的情况下,黑客连续进行了整整一周的骚扰,而这个黑客组织的主谋竟是以色列 18 岁的青年泰纳尼姆。以"分析家"自居的泰纳尼姆,组织了一个叫"力量"的黑帮,在入侵机密网页时,这个"因特网地下党"集体协作:一个人进入系统,一个人写 HTML 文本语言,两个人负责在网上"冲浪"搜寻网址,另外一个人负责安全工作,消灭经过的痕迹。在美国联邦调查局破获此案不久,1998 年 4 月 22 日据美国新闻媒体报道,追踪计算机黑客已有 5 年历史的计算机专家弗拉内舍维奇,最近通过因特网与黑客团伙再次进行了接触,一个黑客团伙自称在"袭击"五角大楼情报网系统时已窃走控制军事卫星系统的情报,并威胁要将情报卖给恐怖主义组织。据了解,可能被窃走的这些软件用于协调与十多枚卫星相联系的军事全球定位系统,而这一系统是海湾战争以来美国军方发展的一项重要军事技术,专门用于导弹精确地打击目标和确定军人自己所处的地理位置。

据 1998 年 4 月 16 日美国《华盛顿时报》报道,美军进行了一次代号为"合格接收者"的演习,国家安全局的一批官员利用轻易从因特网上获得的软件进行模拟发现,这些软件可以在几天之内破坏美国的电脑网络,可使美国太平洋司令部的指挥和控制系统陷于瘫痪。参与这项演习的一名防务官员说:"演习实际上持续了两周,结果令人不寒而栗。这项演习是由一些采用因特网一般技术的人进行的"。演习由假扮的黑客组成的"红色小分队"实施攻击,结果表明,其他国家可以轻而易举地利用电脑、调制解调器和通过因特网普遍能够获得的软件技术来破坏电子中枢。

从以上事例可见,因特网是黑客攻击的温床。实施攻击通常采用的方法是攻击者在电子邮件中安装恶性代码,并将其送入联网的计算机,破译或窃取口令,利用分组交换嗅探软件。计算机网络尽管采取了多种安全防御措施,但黑客现象表现得愈演愈烈,仅 1998 年 3

月美国就有11个计算机军事系统被黑客突破。如何预防黑客攻击,是当前研究的一个重点问题。

5.1.2 电脑黑客与黑客现象

电脑黑客是指一切对计算机网络构成威胁的非法用户,包括伺机入侵网络的非注册用户和越权使用的网上用户。

黑客行为、黑客现象是指作为非法用户的黑客通过一定的侦察、分析手段获得进入计算机网络所需的各种参数后,假借合法用户的身份对目标网络进行的破坏活动,包括对网上资料、文件的检索、浏览、窃取、修改、删除等。军用网上的情报被窃取、通过银行网络非法转账侵吞资产等都是同类现象。

5.1.3 黑客战的举例

1. 乔扮黑客偷袭美国军舰

1995年9月18日在美国马萨诸塞州斯科姆空军基地电子系统中心,进行了一场旨在"篡夺美国大西洋舰队指挥权",代号为"勇士"的联合特殊演习,其目的是检验美国国防系统的安全性。这次演习在不知不觉中黑客顺利地打开了所有关口,进入军事目标区,舰队的指挥权悄然落入他人之手。演习结束后,一位参加演习的高级官员不无感慨地说:"这说明保护信息系统方面我们还要作很大的努力"。

2. 电脑黑客侵入美国司法部

1996年8月17日,电脑黑客侵入美国司法部的计算机网络,用一些乱七八糟的东西篡改了计算机程序,其中包括希特勒纳粹党的党旗、色情图画等政府禁止输入的色情材料,计算机网络因此受到了连珠炮似的攻击。

3. 黑客闯入土伦法国海军造船厂

1995年9月20日,路透社报道,1995年7月一个不知名的黑客闯入了土伦法国海军造船厂的一个计算机系统,偷取了数百个法国和盟国舰只的声信号特征数据。据推测,可能的"嫌疑犯"包括俄罗斯,甚至包括试图测试法国计算机安全的美国信息战专家。

4. 美空军黑客闯入美舰船控制系统

1995年10月,*Defence*杂志报道,一名美国空军上尉使用一台个人计算机和调制解调器闯入了在大西洋上运行的美国海军舰船的指挥和控制系统。美国空军技术员使用标准的计算机和调制解调器通过电话线访问了Internet网,随后通过一台舰只上联网的计算机的电子邮件链路与舰船联系起来。主管指挥、控制、通信和计算机的参谋长约翰·费尔菲尔特德中将接到报告说,美国空军操作员能够访问舰船的指挥控制系统,并能产生假的控制命令。侵入舰只计算机系统所使用的确切方法的详细情况是保密的,但很可能是美国空军黑客通过美国军队保密的SIPRNET网上的一个终端发起的攻击,而不是通过商业电话线路。

5. 黑客组织干扰美国大选

有研究显示,黑客组织干涉他国选举的情况一直存在。据统计,从1946年到2000年,美国、苏联(俄罗斯)合在一起介入了117次国家层面的外国选举。2016年黑客对美国民主国家委员会的网络攻击,获取了许多高级官员的电子邮件账户,希拉里·克林顿的首席执行官John Podesta的邮件账户也在其中。这些被黑客获取的数据,有近2万封邮件被维基解密披露。许多人认为这对克林顿团队造成了重大打击,并在2016年美国总统选举中,给唐纳德·特朗普获选产生了巨大的推动作用。2017 年 6 月初,俄罗斯总统普京表示,有"爱国思想"的黑客可能在去年发动了网络攻击以干涉美国大选。黑客利用网络手段干涉 2016 年的美国大选是规模最大、影响最深远的一次。

6. 黑客"闯入"美国中央情报局

2017 年 3 月,美国中央情报局数千份"最高机密"文档泄露,不仅暴露了全球窃听计划,还包括一个可入侵全球网络节点和智能设备的庞大黑客工具库。

4 月,黑客组织 Shadow Brokers 公布了其盗取的 NSA 的机密文件,其中包括可以远程攻破全球约 70% Windows 机器的漏洞利用工具。

5.1.4　黑客战——攻击计算机和计算机网

大规模的计算机黑客开始于 30 多年前普及调制解调器时代。当时,尽管是反面报道,但黑客没有什么危害。虽然美国电话系统几个大的故障被认为是黑客引起的,但后续的调查却表明是软件故障。唯一令人震惊的事件是 1988 年 12 月 2 日,Internet 网被康奈尔大学的学生罗波特·莫里斯编制的"蠕虫"程序感染。即使在这种情况下,问题也是因为编制能检测计算机安全的温和"蠕虫"程序而引起的,出发点并不是进行破坏。

其实,黑客所造成的军事影响可能是有限的。大多数黑客攻击特定类型的计算机系统是有效的,因为它是针对特定系统安全结构中已知弱点进行的。大多数军用计算机系统比相应的民用系统安全。处理保密信息时,军用系统有详细管理的安全特性和处理故障的冗余度,且可能与非安全系统隔离。

黑客攻击既可能瞄准军事目标而形成部分指挥控制战,也可能瞄准不太保密的民用目标。为测试美国国防部计算机系统的易受攻击性,国防信息系统局在两年内对其 8 932 个系统进行了模拟攻击,模拟中很可能使用了业余黑客所用的技术和工具。入侵者访问了 7 860 个系统,但只有 390 次攻击(不足 5%)被这些系统的合法用户检测到,且只有 19 次报告到官方。

一次很优秀且成功的黑客攻击在具体操作上可能只是短期的,它也许会使电话和银行服务停业数天,甚至使工业控制系统、电力网和空中交通管制系统陷入混乱。但从 2016 年黑客攻击对美国大选的干预后果可见,黑客攻击、数据泄露和媒体宣传的结合甚至能对一国政治生态产生颠覆性的影响,即使传统主流媒体也难以力挽狂澜。安全政策在信息时代面临巨大的挑战。

5.2　计算机病毒战

5.2.1　概述

计算机病毒战是利用计算机病毒对敌方指挥控制系统的计算机及各种信号处理器进行攻击,使敌方的指挥控制系统失灵或瘫痪。

随着科学技术的发展,计算机在军用电子系统中的应用越来越广泛。从舰船、飞机、导弹、火炮等武器装备的控制到电子侦察、电子干扰、通信、指挥控制、后勤保障等无一离得开计算机。一旦这些装备中的计算机系统受到干扰和破坏,后果将不堪设想。因此产生了一种新型的信息化战争形式——计算机病毒战。

1. 计算机病毒的起源

计算机病毒的罪魁祸首到底是谁？到目前为止依然是众说纷纭。但一致的意见认为计算机病毒的发源地在美国。计算机病毒的起源说大致有以下几种：

科学幻想起源说——1977 年夏天出版了一本名为 *The Adolescence OFP－1* 的科幻小说，小说的作者幻想出了世界上第一个计算机病毒。

恶作剧者起源说——一些恶作剧者出于开玩笑或报复目的，制造出了计算机病毒。

软件制造商软件保护起源说——有人说病毒起源于软件制造商为了保护其软件不被非法复制而采取的手段。

其他起源说——包括 AT & T 公司游戏起源说和美国软件俱乐部计算机病毒起源说。

有人说 1984 年，美国计算机专家 Fredcohen 在美国国家计算机安全会议上演示过病毒的实验，所以世界上第一个计算机病毒是他制造的。但实际上，计算机病毒的广泛传染始于 1987 年，1988 年开始得到人们的重视，因此计算机病毒起源这一复杂的历史问题是难以考证的。

总之，计算机病毒的产生是一个历史问题，是计算机科学高度发展与计算机文明迟迟得不到完善这样一种不平衡发展的结果。

利用病毒程序侵入敌方电子系统中，重点破坏其计算机和各种信号处理器，特别是 C4I 系统这类高自动化核心机构和先进的武器系统。因为武器越先进，自动化程度越高，就越依赖于计算机。因此，计算机病毒作为计算机战中的一种新型武器，已引起了计算机战领域越来越多人士的关注。有专家断言：在科学发达的社会里，计算机网络已成为国家的命脉，用计算机病毒进行战争比用核武器进行战争更为有效。

海湾战争中，美军首次将计算机病毒作为武器使用，使伊拉克军事指挥中心的主计算机失灵，造成伊军指挥混乱、被动挨打的局面。可见，利用计算机病毒攻击敌方不但可行，而且能给敌方以致命的打击。据《红星报》报道，美国国防部很早就开始研究计算机病毒的军事应用，并专门成立了一个秘密的"计算机病毒设计组织"，研制具有大规模破坏作用的恶性计算机病毒，并要求新的病毒能通过无线电波潜入敌方雷达、导弹、卫星和指挥中心的计算机系统，直接打击敌方核心部门。随着计算机在军事领域的普遍使用，对计算机病毒的防范应引起高度的重视。

计算机病毒是以敌方计算机为攻击目标的新型信息战武器，它通过某种途径把病毒程序侵入到敌方电子系统中，重点是破坏其计算机和各种处理器，特别是 C4I 或 C4ISR 这类高自动化结构和先进武器系统。

在 1998 年以前全世界已发现了 5 000 多种计算机病毒，而腾讯电脑管家统计数据显示，2017 年 PC 端总计已拦截病毒近 30 亿次。保加利亚计算机专家迈克·埃文杰制造出病毒"变换器"，利用这种"变换器"可以设计出新的更难发现和消除的"多形性"病毒。这种病毒具有类似神经网络细胞式的自我变异功能，在一定的条件下，病毒程序可以无限制地衍生出各种变种病毒。因此，计算机技术的发展、现代战争对计算机系统和网络依赖程度的增加，为计算机病毒战提供了可能性。如果病毒破坏了作为军队中枢神经的 C4I 系统和作战武器系统，将造成军队的全面瘫痪，而且这种办法比用精确制导武器的核爆炸的办法更理想，更具威胁力。计算机病毒武器已经成为一种信息时代的新型武器装备。

由于计算机病毒的传染性、潜伏性和巨大的破坏性，计算机病毒作为一种新型的电子战武器已越来越受到世界各国军方的重视。美国是计算机病毒研究较早的国家,并拨出专款研究比现在所有病毒更有效的军用计算机病毒。该病毒能通过无线、有线注入敌方计算机系统,破坏敌方指挥、控制、通信能力,摧毁敌方的武器系统。美军已研究试验了直接注入、间接注入和数据链(前门)、电气(后门)耦合技术,可以在远距离上利用无线方式,把计算机病毒注入敌方飞机、军舰、武器系统和C4I系统中去,在关键时刻激活病毒,迫使敌方计算机设备、系统及网络瘫痪、损坏或性能降低。其他一些国家也相继开展了这方面的研究,初步具备了进行计算机病毒战的技术和能力。澳大利亚于1989年成功地进行了病毒战演习。所有这些事实都说明,计算机病毒战已经从想象进入了现实。计算机病毒战已成为现代信息战的一个全新的、重要的手段。

2. 计算机病毒战背景

1988年11月,美国国防高级研究规划局的计算机网络遭受了一次严重的计算机病毒攻击。该网上有6 000多台计算机,病毒首先出现在该局网络的两个控制节点上,随后通过电子邮件系统迅速扩散至整个网络,也扩展到另一个非保密的名为军用网(MILNET)的网络,使某些军事基地、核武器实验室和国家宇航局等要害部门的计算机瘫痪达24小时之久,造成大量数据丢失和1亿多美元的经济损失。

同年,法国的有关人员通过数据网,获取了美国航空航天局有关“航天飞机研制合同”等重要军事情报,这已是美国航空航天局两年来受到的第二次打击。早在1987年,几名德国人就将一种程序引入美国航空航天局的200台大型计算机中,使该局多年来积累的资料全部销毁。

1994年发生一起重大事件,英国的一个16岁男孩自己设计了一套被称为“探测器”的软件,通过国际计算机网络对与之相连的五角大楼计算机系统中的数百个用户名称、账号进行监测。在1994年朝鲜核危机期间,他通过其“探测器”取得了美国特工人员有关检查朝鲜核设施问题的通信内容,并将其传送到计算机网络的目录上。他还将“触角”伸到五角大楼计算机系统的弹道武器研究、战斗机研制计划、工资单、物资采办、人事档案、电子邮件等绝密材料上,并把详情也送到计算机网络目录上。这使五角大楼的活动和绝密材料长时间暴露于大庭广众之下。

3. 计算机病毒武器的重要性

计算机病毒是一种可毁灭整个系统的软件和数据的特殊计算机程序,运用于军事即信息化战争或电子战中,可成为对信息系统或武器系统的“杀手锏”。

(1)发展计算机病毒武器是信息作战武器装备建设的必然要求

我军信息化建设本质上是对机械化军事体系的信息化变革,包括信息系统建设、武器装备信息化建设和信息战建设。江泽民关于“信息战主要采取电子战和计算机网络战这两种形式”的科学论断,深刻揭示了信息战的本质特征和核心内容,为我军信息战建设和发展找到了突破口和着力点。信息战的两种作战形式表明,要打赢未来的信息化战争,首要的任务是实现武器装备信息化。信息化武器装备是指信息技术含量高,信息技术对军事装备性能的提高及对其使用、操纵、指挥起主导作用,具有信息探测、传输、处理、控制、制导、对抗等功能的作战装备和保障装备,是打赢未来信息化战争的重要保障。研制与发展计算机病毒武器最根本的目的就是为了适应这一作战要求,夺取制信息权,掌握战场主动权。作为信息化武器装备,高度模块化、智能化的计算机病毒武器已经成为进行信息作战的必然要求。

在信息化战争中,计算机病毒武器具备了战争需要的强大潜在优势。首先是隐蔽性能好。我们知道,病毒可以无声无息地感染计算机系统而不被察觉,待发现时,往往已达目的并造成严重后果。2001 年全年计算机病毒中的首患就是以病毒与黑客程序相结合的新型蠕虫病毒,这种病毒利用"缓存溢出"对其他网络服务器进行传播,并重写了有关现代蠕虫病毒机理的规则,使得其传播变得难以遏制,造成严重的损失。其次是繁殖能力强。计算机病毒和生物病毒一样,只要满足一定的条件,其繁殖能力可以为无限,并可产生很多变种,以增加防治和免疫的难度。第三是传染途径广。病毒可以从系统中防御最为薄弱的环节侵入,通过软盘、有线与无线网络、硬件设备等多种渠道自动侵入计算机中。第四是潜伏期长。病毒可以长期潜伏于计算机系统而不发作,根据预置时间、条件或命令对敌方的军事电子信息系统连续发起攻击,从而增加了攻击敌人的突然性。计算机病毒的这一特性,为用病毒武器达成战略目的提供了可能。第五是高效费比。研究病毒武器的费用低、周期短、形成作战能力快,用病毒攻击敌人比用任何其他方式所付出的代价都小,而所得到的军事效益和经济效益往往很高。

如果说核武器把硬摧毁发挥到了极致,那么计算机病毒武器则是把对信息系统的软毁伤发挥到了极致。可以看出,以信息战为基础的计算机病毒武器,在信息化战场环境中,必将驰骋疆场,发挥其最大效能,担负起信息化战场网络勇士冲锋陷阵、所向披靡的神圣使命。

(2) 发展计算机病毒武器是网络战对软件武器的现实需要

计算机网络战的本质是在计算机和计算机网络上发展起来的攻防手段(如计算机病毒攻击技术、黑客技术和信息安全认证技术等),以及运用这些手段进行作战的方式和方法。实施计算机病毒攻击,是将计算机恶性病毒通过多种途径,注入敌方信息网络,在关键时刻发作,并不断传播、感染、扩散、侵害信息网络,达到截取、篡改、控制和破坏敌方信息,使敌方信息系统瘫痪或摧毁的目的。计算机病毒的出现,顺应了计算机网络战对软件武器的根本需要,凸显和跃升了网络战的地位和作用,成为实施计算机病毒攻击的主要武器。只有充分占有这一武器的主动权,才能更好地对敌实施网络战,以达到制网络权的最终目的。

计算机病毒武器在网络中首次登场可追溯到海湾战争。在"沙漠盾牌"行动中,美军上千台 PC 机感染了"犹太人""大麻"等病毒,并已影响作战指挥的正常进行,美国从国内迅速派出了计算机专家小组,及时消除了病毒,才避免了灾难性的后果。而在战争开始之前,美国通过第三方把一批打印机卖给了伊拉克,并且在战争中通过无线电遥控激活了事先已隐蔽在打印机芯片中的计算机病毒,破坏了伊拉克的计算机系统。1999 年的科索沃战争,计算机病毒武器得到进一步的发展。美军计算机黑客多次对南联盟军队和政府的指挥控制网络实施攻击,企图瘫痪其指挥控制系统,并多次同南联盟军队进行"网络对抗",将大量病毒和欺骗性信息输入南联盟计算机互联网络和通信系统,以阻塞南联盟信息传播渠道。南联盟计算机专家及电脑爱好者也不甘示弱,他们通过向北约国家及军队的信息系统倾泻大量伪信息、制造"信息洪流",阻塞、挤占其信息传输信道,最终导致对方网络瘫痪。这些均显示了计算机病毒武器的强大攻击能力及潜在的巨大威胁能力。

计算机病毒武器是信息技术优势在军事中的具体体现,从登上网络战舞台的那一刻起,就发挥着主要作用。信息化网络作战平台高度依赖计算机和信息系统,一旦计算机病毒武器袭击得手,将导致战场产生极大变数。只有充分估计及认识到它的重要性,才能更好地驾驭信息化战争,准确定位交战切入点,精确对敌实施计算机病毒攻击,发挥其战场先导作用,以最大限度地改变战争态势,达到"不战而屈人之兵"的目的。美军事专家对于计算机病毒武器的作用作了这样的展望:下一次战争,美国将不立即派遣大批军队或大量军舰实施攻击,而是将一连串来源于鼠标、电脑荧光屏和键盘的完全现代化的作战方式降临到敌方头上。首先,把计算机病毒插入侵略者的电话交换台,造成电话系统的普遍故障。其次,在预先确定的时间开始激活计算机逻辑炸弹,摧毁控制铁路和军队护送的电子道岔,从而造成交通阻塞。与此同时,敌方指挥官服从他们从无线电广播中接到的命令,却不知道指挥部是假的。不管预言正确与否,随着信息技术的不断提高,我们正在向着这一目标迈进。在跨越式发展战略的指导下,注重研究计算机病毒武器在网络战中所具有的重要地位和作用,不断完善与创新计算机病毒武器自身的攻防能力,已成为当前面临的迫切任务。

(3)发展计算机病毒武器是进行非对称作战的"杀手锏"

随着人类社会逐步进入信息时代,整个国家机器的运行和社会生活的各个方面都高度依赖信息技术和信息系统。军事领域和战争机器的运转更是以信息、信息系统、信息化武器装备为主导,这就使得直接对计算机信息系统进行釜底抽薪式的攻击的计算机病毒武器具有了"杀手锏"作用。面对以信息技术为基础的新军事革命,我军未来面临的新军事斗争将是在强敌介入且对手武器装备先进的情况下进行的,可以预想,未来与敌交锋将是一场非对称作战。对于非对称作战,美国学者有较详细和直接的阐述:非对称作战是"以出其不意的技术或创新的方法,利用敌人的弱点,采用料想不到的或非传统的手段智胜或破坏敌人的强点"。加紧研制自己的"杀手锏"武器,就可采用各种非正规、非对称的作战行动,攻击敌人的弱点,迫使其改变既定的作战方针和政治图谋。有了"杀手锏"武器,就可对敌构成战略战役上的重大威胁,对时局的发展起到积极的推动作用。

利用计算机病毒武器"杀手锏"的作用,可以对敌方社会经济领域造成巨大破坏。从近期局部战争中使用计算机病毒武器的破坏程度看,其攻击效果虽然难以精确估计,但给社会经济利益带来的后果却是非常严重的。据不完全统计,美国近年来计算机病毒所造成的经济损失每年都有100多亿美元:1999年为121亿美元,2000年为171亿美元,2001年则超过180亿美元。早在2000年,美国"信息周研究社"发表的研究报告称,全球电脑病毒造成的损失高达150 000亿美元。2017年5月名为"WannaCry"的蠕虫勒索软件袭击全球网络,通过加密电脑文档向用户勒索比特币。这被认为是迄今为止最巨大的勒索病毒事件,至少150个国家、30万名用户中招,造成直接损失达80亿美元。中国部分 Windows 操作系统用户遭受感染,某些大型企业的应用系统和数据库文件被加密勒索,影响巨大。由此可见,在敌国内经济严重依赖计算机系统的情况下,充分利用信息战"先行军"的特点,发挥计算机病毒武器这把坚利之剑,可扼制敌方实现信息"抗登陆"和抢占网络战"制高点"的梦想,一举瘫痪其经济命脉。

利用计算机病毒武器"杀手锏"的作用,攻击敌弱点,可构成全局威胁。有资料显示,美国国防信息系统局利用各种技术对国防部的近1万个信息系统进行3.8万次模拟入侵,结果入侵的成功率为65%,而被攻击机构只检测出988次,发现概率仅为4%,对已发现的入侵能及时通报的只有27%,能作出积极防护反应的还不到1%。计算机病毒武器的每一次成功攻击,不仅为获取情报、掌握对信息系统及其武器系统的指挥控制权提供便利,而且也为投放致命的计算机病毒武器大开方便之门。从网络技术的弱点出发,积极研究计算机病毒武器,一旦在技术上掌握了绝对优势,就如同当年我国第一颗原子弹成功爆炸一样,具有强大的威慑作用。

（4）电脑黑客与计算机病毒对抗的关系

电脑黑客和病毒对抗有联系，也有区别。病毒对抗是以计算机病毒为武器，而电脑黑客的非法行为是指利用病毒之外的手段进行的各种破坏活动，而且它是病毒对抗的前提。

电脑黑客是进入目标网络进行计算机战、实施病毒对抗的先决条件，欲进行病毒对抗必须首先使己方成为欲攻击目标网的黑客。

病毒对抗比电脑黑客的非法行为具有更高的灵活性、隐蔽性。因为病毒具有传染性、繁殖性，激活后的病毒可以对一切可能的目标造成破坏；而若想黑客的非法行为继续有效，电脑黑客的"手工劳动"，即黑客与网络之间的人机交互就不能停止，这样就有可能被发现，因而隐蔽性差；但具有主观能动性的电脑黑客的直接介入，使得由此产生的非法行为具有更高的针对性、选择性、智能化和破坏性。

5.2.2 计算机病毒战

1. 计算机病毒

（1）计算机病毒的定义

计算机病毒是这样定义的：它是一种效率很高的程序代码，通常只有100多个字节，能够通过修改可执行文件，把自身的复制品传染给其他程序文件，伺机发作，从而扰乱或破坏计算机的正常工作。

（2）计算机病毒的工作原理

计算机病毒的工作一般没有统一的模式，就目前发现的病毒而言，它们的工作流程如图5-1所示。

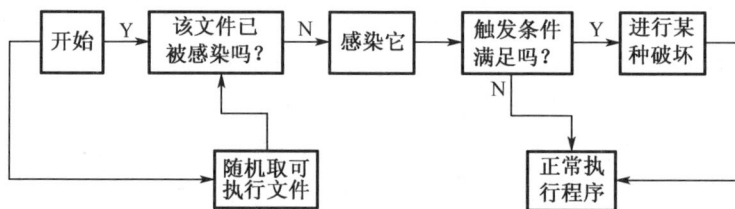

图5-1 计算机病毒的工作流程图

计算机病毒一般由四部分组成：初始引导部分、触发部分、传播部分和表现部分。其中初始引导部分完成病毒的装入和初始化参数等工作；触发部分由触发条件构成；传播部分将病毒自身复制，传染到健康的文件上，这里的文件包括存储介质（软盘、硬盘、内存）、数据文件、程序文件等；表现部分干扰主机的正常工作、破坏系统等。

（3）病毒的模型

计算机病毒可以用以下模型表示：

$$V = V_0 + V_1^{*P_0} + V_2 + V_3^{*P_1} + V_4^{*V_3} \tag{5.1}$$

式中　V_0——驻留机制模块；

V_1——传染机制模块；

V_2——触发设置模块；

V_3——触发检验模块；

V_4——发作表现模块；

P_0, P_1——被病毒 V 利用的两个系统调用或系统的过程，如键盘中断、读写磁盘中断、时钟中断等，一个病毒可具有模型中的全部或部分模块；P_0, P_1 可以各自是一个或多个，也可以是 $P_0 = P_1$；

"X^{*Y}"——模块 X 要靠 Y 来触发。

2. 病毒的种类

（1）文件性病毒

文件性病毒是恶毒软件，它可以破坏计算机正常运行，构成计算机系统的巨大威胁。计算机病毒就是恶毒软件的一种。

恶毒软件包含木马、逻辑炸弹和蠕虫。

①木马：一种文本编码程序，当用户完成时，此程序会将已完成的文件内容拷贝到未批准的用户账单上。

木马全称特洛伊木马，英文为 Trojan Horse，名称来源于古希腊神话。计算机界把伪装成其他良性程序的程序形象地称之为木马。

作为一种独立入侵的方式，木马与"基于认证的入侵"和"基于漏洞的入侵"不同，木马有它自己特定的入侵方式和入侵条件。

②逻辑炸弹

它是这样一种软件，即当它受到合适的激发因素（作为一触发事件）激发时，它就会企图对一个计算机系统执行某种预编程序的功能。这个触发事件可以是纯粹执行一条特定命令或一个预编程序的内部钟信号，由它们去触发破坏性的病毒。逻辑炸弹的这种预编程序的行为也许是对计算机系统的存储器重新格式化，从而破坏所有有用的文件。

③蠕虫

蠕虫是一种有害的软件，它通过计算机网络蠕动爬行，蠕虫需频繁改变其位置，以免被发现。一旦它寄生于某一系统，就能对该系统采取任意次的破坏行动。某些蠕虫是难以捉摸的。例如，蠕虫可以预编程序，稍稍改变数字数据库（例如对数字四舍五入，移动小数点位置或偶尔也随意替换数字）。一条狡猾的蠕虫程序有可能是一种非常危险的恶毒软件。因为它可以在几个月内不被人们发现，并感染大量的用户软件，蠕虫有可能毁灭成千上万个小时的工作成果。

（2）引导性病毒

引导性病毒通常由一组不依赖于操作系统的低级程序组成，由系统的引导程序将其装入内存执行。这种病毒将传染系统磁盘的引导区，由于系统本身的自举引导过程是类似的，因此系统引导型病毒也大同小异，只是在具体隐蔽自身程序的方法上有所不同。对网络工作站来说，引导型病毒感染的机会很少，因为其系统外壳不使用低级系统调用。

（3）两栖性病毒

这种病毒既具有引导型病毒的特征，又具有文件型病毒的特征，其生命力极强，非常顽固。网络上的病毒多属于这种病毒。

3. 计算机病毒的特性

与传统的电子战武器相比，计算机病毒战有很大的优越性，这是因为计算机病毒有很多突出的特性。

（1）有很强的隐蔽性

计算机病毒不像其他电子对抗武器那样看得见、摸得着。计算机病毒的寄生、传染、触发都在幕后完成，一般在系统受到破坏后才被发现，且不用专门的工具很难查出。即使反病毒软件对新出现的病毒也无能为力。

（2）很强的扩散性（传染性）

计算机病毒的繁殖能力很强，传播速度很快。计算机软件系统有许多弱点，加之计算机系统的兼容性，使计算机病毒广泛传播。一旦病毒开始起作用，就会席卷整个网络甚至整个指挥控制系统，短时间内很难消除。计算机病毒可以从一个程序传染到另一个程序，从一台计算机传染到另一台计算机，从一个计算机网络传染到另一个计算机网络或在网络内各系统上传染、蔓延，同时使传染的计算机程序、计算机、计算机网络成为计算机病毒的生存环境和新的传染源。

（3）潜伏性

计算机病毒一旦侵入，便能长期潜伏和发挥作用。

（4）极大的破坏性

一个简单的计算机病毒就可能使敌方武器系统或指挥控制系统失灵，或误报信息，造成混乱。

（5）合法性

计算机病毒是一段可执行的程序，它与合法程序的地位一样，可直接或间接地运行。

（6）攻击的主动性

病毒设计者的目的在于对计算机系统进行攻击，所以所有病毒对系统的攻击都是主动的，不以人们的意志为转移。任何计算机系统都不可能没有漏洞，因此计算机病毒的攻击也就不可避免，保护措施只是一种预防手段。

（7）衍生性

由于病毒本身是一种程序，它可以被病毒的制造者和掌握它原理的人任意改动，形成新的变种，达到它衍生的目的。

（8）针对性

到目前为止，计算机病毒都是因一定的计算机系统而来的，不同的系统采用不同形式的病毒。一种计算机病毒只能影响一类计算机程序、计算机系统、计算机网络，并不能传染所有的计算机程序或系统。病毒的针对性决定了它的传染范围，针对 DOS 操作系统的病毒，不能传染 UNIX 系统。

（9）成本低

研制一种新型计算机病毒的成本比研制一种新型电子对抗武器的成本要低若干倍。

（10）寄生性

计算机病毒必须寄生在一个合法程序之上，在条件成熟前，长期潜伏，不影响系统的正常运行。

（11）传播可控

病毒的传播是可以控制的，以免攻击自己的网络。

4. 计算机病毒宿主

病毒的宿主是指被病毒感染的计算机程序或系统，它能继续传染其他程序和系统，成为病毒的二次传染源，病毒的自我复制能力、病毒的传染性即体现于此。

5. 计算机病毒状态

病毒状态有两种:静态和动态。

(1)静态

指病毒或病毒宿主程序未经首次运行,只是以普通文件或数据的形式存在于磁盘、磁带或内存中。

(2)动态

指病毒的宿主程序已被计算机系统成功地运行,病毒取得了系统的部分控制权。只有处于动态的病毒才有可能传染、触发和发作,才能发挥病毒的破坏作用。

(3)激活

将病毒从静态变为动态的动作、过程就称为激活。

6. 计算机病毒战

(1)计算机病毒战的可能性

《军事评论》杂志所载《战争正向第四代发展》一文指出:"机器人技术、遥控车辆、高技术通信以及人工智能技术的出现,为改变传统战争模式提供了巨大可能性,但越来越依赖这些技术,又反过来使它们易遭受计算机病毒的攻击"。现代战争对计算机的依赖性增大,为进行计算机病毒战提供了可能。

由于计算机的高速、高效和智能作用,其在军事上的应用日益扩大。计算机已经成为现代指挥、控制、通信和情报系统及各类自动化武器系统的"中枢神经"。然而计算机的软件往往是迎合硬件的发展而开发的,操作系统的设计常因偏重于提高信息处理能力和效率而在计算机系统安全防御方面出现许多问题,使计算机系统极易受到侵害。目前计算机病毒的种类之多,传播速度之快,破坏性之大,令人防不胜防。分布式总线结构为计算机病毒提供了良好的传播媒介;网络化的通信技术为计算机病毒的传染和繁殖创造了有利条件;军用计算机硬/软件的标准化,亦有利于计算机病毒程序的标准化;标准的信息格式为计算机病毒的设计简化提供了可能性。

(2)计算机病毒战的主要内容

①病毒作为进攻性武器被注入敌方计算机系统进行攻击;

②对敌方来袭病毒进行防护;

③研究、研制传染面广、潜伏期长、隐蔽性好、破坏性强、不易被消除的病毒。

(3)病毒进攻

计算机病毒作为电子战的一种软武器,它可以用来袭击敌方电子系统处理器,造成敌方系统灾难性的破坏,从而使我方赢得战争的胜利。

病毒进攻的方式大致可有以下几种:

①将"密码"病毒固化在出口集成电路中。将专门研究的"密码"病毒固化在出口的集成电路中,一旦战争爆发,便可遥控触发"密码"病毒,使其迅速感染传播,造成敌方指挥系统堵塞、失灵、瘫痪。

②新一代计算机病毒——激光制导软件。它是一种智能软件,能通过激光制导对预定目标产生特定作用。

③电子通信。通过无线电发射,把病毒注入敌方系统的最薄弱环节——无保护的链路之中。计算机病毒通过感染传播到下一个节点——有保护的链路之中。计算机病毒最终到达预定目标——敌方指挥中心计算机,在特定的时间或用特定事件激发,对敌方系统造成灾

难性的破坏。

(4)计算机病毒进入敌方系统的主要途径

①计算机病毒的无线注入

无线注入即空间无线耦合技术,将含有计算机病毒程序的电磁波向敌方无线通信、接收机、武器系统指令、信号系统辐射,通过敌方的有用信道或链路耦合直接把病毒送进计算机系统。

②计算机病毒的网络有线注入技术

对敌方有线联网的计算机网络,可以通过"搭线""开口"的方式,将病毒注入敌方计算机系统、网络中去。像对 C4I 系统,病毒可以通过数据链路和控制链路直接进入目标计算机,然后蔓延扩散开来。

③计算机病毒的"预埋"技术

把含有计算机病毒的芯片、软件、外设或系统,配置到敌方计算机设备、系统或网络中去。这样一来,计算机病毒也就同时被"预埋"到敌方的计算机之中,这是一种最容易实施的进攻技术。如在海湾战争中美国特工(黑客)利用带有一种名为 AF/91 病毒的计算机芯片,取代了伊拉克控制和协调大部分防空炮兵部队的大型计算机系统中的原装芯片,给伊方造成了重大损失。还可以用"固化病毒"芯片以商品的形式进入敌对国家的计算机系统,一旦需要就激活,从而达到制信息权的目的。

(5)计算机病毒的激活技术

与计算机病毒注入技术一样,计算机病毒的激活可以用无线、有线和"预埋"技术,将已注入并潜伏在敌方计算机系统、网络系统和武器系统中的计算机病毒激活去进行干扰或破坏活动。

(6)计算机病毒的制作技术

军用病毒除了满足一般病毒的所有特性之外,还必须具有以下战术特点:

①持久性,一旦病毒侵入系统,就会长期持续起作用。

②间接性,又称转移性。在选定干扰目标后,由于种种原因无法实施直接干扰或直接干扰有困难时,病毒应先去干扰敌防御中最薄弱环节(间接目标),然后通过计算机的信息交换再转移到要干扰的真正目标实施干扰。

③目的性,军用计算机病毒应有准确地对特定目标实现其效果的能力。病毒一旦找到欲干扰的目标就偃旗息鼓、不再传播繁殖,潜伏等待激发条件实施干扰或破坏。

④多样性,病毒的功能多样化,不同的病毒有不同的功能,一种病毒也具有多种功能。

⑤高效性,军用病毒应具有敌目标干扰一次即成的效果与能力。

(7)病毒进攻的方法

①"特洛伊木马"式

病毒打入目标后,不马上对目标进行破坏而是潜伏下来,等待激活后,再进行破坏。

②强迫隔离式(干扰)

病毒侵入敌方系统,经过一段时间传染后,立即充分表现自己,进行破坏,迫使敌方各系统与控制中心隔离,造成混乱。

③负荷过载式(阻塞干扰)

病毒入侵敌方系统后,抢占第一控制权,无休止地自我复制,或进入死循环,占用系统资源(CPU、内存、外存、通道、网络等),造成系统过载而崩溃。

④刺杀式

把刺杀病毒侵入敌方计算机网络系统,用来破坏一个特殊文件系统或其他实体,一旦找到具体目标就进行破坏,完成任务后,便将自身作最后的消除,不留任何痕迹。

⑤试探方式

试探病毒先寻找指定的数据块,然后再将自身发送到存储单元中,为进一步破坏更高级目标作好准备。

⑥假信息注入(欺骗干扰)

用病毒修改敌方计算机系统中的信息,或写入新的信息,达到欺骗的目的。

⑦"预埋"技术

将"固化病毒"芯片(如密码)装到敌方的计算机或网络系统,侍机发作(即满足激活条件)。

⑧制造新一代计算机病毒

新一代计算机病毒——激光制导软件,是一种智能软件,能通过激光制导对预定目标产生传递作用。

(8)计算机病毒的防御技术

为了防御病毒,首先加强计算机系统各个薄弱环节的安全,针对计算机病毒注入、激活、传播、繁殖和破坏的特点采取相应的隔离和预防技术措施。

面对计算机病毒这种新型电子战武器的挑战,应及早采取相应的对策,制定行之有效的防范措施,以提高电子系统对计算机病毒的免疫能力。一般而言,当前对计算机病毒的预防方法分为以下两类。

一是从管理手段上预防,主要有以下七种措施:

①对外来的计算机系统必须经过严格的检查方可启用;

②限制计算机网络上可执行代码的交换;

③除原始的系统盘外,绝对不用软盘去引导硬盘,谨慎使用公用软件;

④禁止使用网络公共板上的程序,绝不执行不知来源的程序;

⑤对所有系统盘和文件进行写保护,系统中的数据要定期进行拷贝;

⑥绝不把用户数据或程序写到系统盘上;

⑦保护网络中的所有接口和通信线路。

二是从技术手段上预防,主要有以下三种措施:

①研制能有效抵御计算机病毒侵袭的计算机硬件和软件,提高计算机的"抗毒"能力;

②研制开发具有搜索和消灭病毒功能的反病毒软件,提高计算机的"解毒"能力;

③改善网络数据的共享结构,提高系统的"识毒、排毒"能力。

综上所述,计算机病毒作为电子战的新型软杀伤武器已用于战争,一些军事大国正在加紧发展和不断完善这一新型武器。计算机病毒这一新型武器将在电子战领域中得到迅速、广泛的应用,使第四维战场的斗争达到白热化。

未来计算机病毒武器将注重智能可控性,出现所谓的智能病毒。同时将发展卫星辐射、计算机病毒炮等远距无线病毒注入方式。美国、俄罗斯等已经率先掌握了其中一些技术,对其他使用信息化装备的军队形成潜在的优势,构成严重威胁。

5.3 网　络　战

随着信息技术和信息战的进一步发展,网络战必然显示出它极高的军事地位和作用,可以说现代战争"无网不胜"。

5.3.1　网络战的基本概念和分类

随着计算机的普及和计算机及其网络技术的发展,计算机网络开始向全球的各个角落辐射,其触角伸向了社会的各个领域,正成为当今和未来信息社会的纽带。军事领域也不例外,以计算机为核心的信息网络已经成为现代军队的神经中枢,一旦信息网络遭到攻击并被摧毁,整个军队的战斗力亦会大幅度降低甚至完全丧失,国家军事机器就会处于瘫痪状态,国家安全将会受到严重威胁。正是因为信息网络的这种重要性,决定了信息网络必将成为未来战争中的重点攻击对象,全新的以计算机系统和网络为主要对象的网络攻击,也随之出现并不断发展。这种以计算机及其网络为主要目标,以先进的信息技术为基本手段,在整个网络空间所进行的各类信息进攻和防御作战,就是网络战。具体地说网络战是指敌对双方采用计算机网络技术和手段、通过计算机网络进行的旨在维护己方计算机系统及网络安全,影响和破坏敌方计算机系统和网络的斗争。它将成为信息战的主要作战形式,并在现代战争中发挥越来越重要的作用。

从战争的角度看,根据作战的领域和空间,网络战可分为全球网络战和战场网络战两种类型。

1. 全球网络战

全球网络战是指运用计算机网络技术通过国际计算机网络在全球范围内,在政治、经济、文化、科技、军事等各个领域进行的斗争。全球网络战是广义的网络战,从表层上看,它是一场科技战、商业战,从深层次的意义上讲,它更是一场文化战,一场政治的较量,是一场不见硝烟的争夺战。它不分平时与战时,规模可大可小,没有固定的战场,作战方向和目标可随时改变,作战手段十分隐蔽。它既可以是集政治、经济、文化、科技、军事为一体的总体战,也可以是仅针对某一特定领域或某一特定目标的游击战。

2. 战场网络战

战场网络战也可称狭义网络战,是指在战争过程中交战双方运用军事网络系统在作战指挥、武器控制、作战保障等方面进行的对抗。

军事网络系统是指利用网络技术把上至高级指挥所下至单个士兵以及各种武器系统的所有军用计算机联结成一个整体,能实现军队作战信息共享,以满足军队作战要求的军队局域网。军事网络系统是相对独立的封闭网络,一般不与其他民用网络相连,其运用的体制与格式也与因特网有较大的差别。只有攻破对手的军事网络系统,才能对敌方的军用信息系统构成威胁,才能对作战产生影响,因此争夺网络控制权的斗争异常激烈。而战场网络战是围绕争取网络控制权展开的,作战的一方通过各种软硬手段破坏对方用于支援作战的网络系统,并保持己方网络的正常运转。战场网络的作战目标十分明确,就是夺取制网络权,其行动也十分坚决,并贯穿作战过程的始终。

5.3.2　网络战

1.网络战是计算机网络上进行的战争

网络战的概念是美国 Land 公司的作家阿奎拉和罗恩菲尔特于 1993 年在《赛博战来临了》一书中提出的。他们根据全球信息基础设施的发展,把信息战分为四种基本形式:网络战、政治战、经济战和 C2 战,其中对网络战的解释是:"以 Internet(互联网)为基础的、在最高意识形态层次上对付其他国家和社会的冲突形式,其目的是干扰、破坏或改变目标民众对自己及其周围世界的认识。当网络战的目标是一个国家时,攻击者不一定是一个国家。尽管攻击者的武力与其攻击目标的武力相比可能是不对称的,但他们能够在网络王国里对目标进行有效的攻击。网络战手段包括在 Internet 上实施的外交、宣传和心理战役、政治和文化颠覆、欺骗或媒体干扰、计算机数据库渗透,以及促进反对派活动等手段。"不难看出,这种网络战是战略意义上的计算机网络战,因此常常被称为计算机网络战、战略网络战或国家级网络战。

网络战的上述解释强调了网络战的进攻,其实防御也是网络战的一个主要方面。

2.网络战扩大了作战时间和空间

目前的网络战是在 Internet 上进行的,因此许多人把网络战描写成正在 Internet 上发生的信息进攻、信息利用和信息防御行动,并且其强度会从非结构化日常进攻(没有组织的、非系统化的攻击)转向高强度的集中网络冲突,直至军方开始 C2 战。这意味着网络的作战时间和空间都超越了传统战争的范畴。

在当前 Internet 到达世界各个角落和全民上网的局势下,网络战的作战在时间上是连续的,或者说是一天 24 小时不间断的;作战空间是遍布全球的计算机网络空间;参战人员包括军队的和地方的各式各样的"黑客"。

从作战角度来看,网络战可用于作战行动的所有阶段(竞争、冲突、战争),它扩大了信息作战空间,如图 5-2 所示。在早期战略阶段(竞争)中,作战空间情报准备便开始进行:监测网络拓扑结构,识别战斗信息序列,为信息基础设施(政治的、经济的、物理的和军事的)建模,并在 GⅡ(全球信息基础设施)上全面运用政治、经济和心理力量。随着战争时间线的推进(竞争升级到冲突),战术 C2 战首先攻击和防护军事基础设施,然后攻击对方的进攻性作战力量,并把作战行动维持到冲突结束。

3.网络战与通信对抗的区别与联系

要了解网络战与通信对抗的区别与联系,首先要了解通信网络(系统)和计算机网络的区别与联系。

从拓扑结构来看,通信网络是由链路和节点组成的,其中链路是传输信息的信道,节点是发送和接收信息的设备,如电话机和微波转发器等。计算机网络是建立在通信网络基础之上的,它与通信网络的主要区别是采用了计算机化的节点。计算机化的节点以处理器(CPU)为核心,能够运行程序,具有"智能"处理和控制功能。从发展历史来看,计算机网络是在通信网络基础上发展起来的;从组成结构来看,二者都是由链路和节点组成的;从工作机制来看,二者都是以某种网络协议为标准的;从发展趋势来看,通信网络正在计算机化,电话网络、电视网络和计算机网络等将合而为———信息网络。

与通信对抗相比,网络战是一新概念,其实质内容是在计算机和计算机网络上发展起来的攻防手段和方法等,如"黑客"技术和防火墙等。通信对抗和网络战的区别是:从攻防目

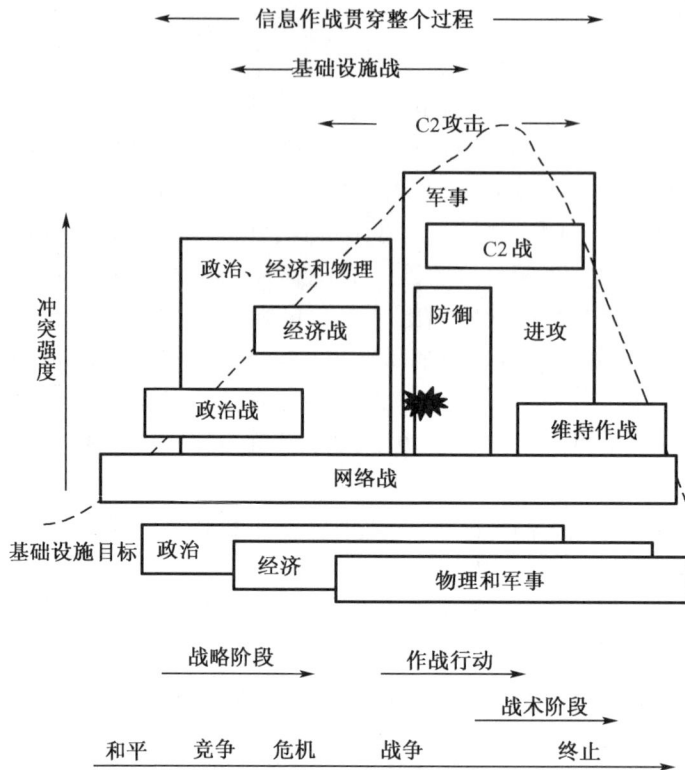

图 5－2　网络战活动从竞争扩展到冲突和战争

标上讲,通信对抗的直接目标是信道,计算机网络对抗的直接目标是计算机(或网络节点);在技术内容上,通信对抗技术属于通信范畴,网络战技术属于计算机或计算机和通信相结合的范畴;从发展历史来看,通信对抗的起源可以追溯到第一次世界大战时期,目前技术与战术已比较成熟,而网络战是在近些年内随着计算机技术发展起来的,其技术与战术还不够成熟,但它比通信对抗更"阴毒"。

4.网络战与计算机对抗的区别

网络战是在计算机对抗基础上发展而来的。在当前的"后 PC 时代",计算机在向网络化方向发展,不联网或没有联网功能的计算机将逐渐失去其作用(尤其是在军事战场上);计算机对抗也向网络化方向发展,如计算机病毒由磁盘传播转向通过网络传播,并逐渐被网络战或计算机网络对抗这一新概念代替。

5.网络提供了新的软杀伤方式

网络战的攻击方法几乎都属于软杀伤攻击,如病毒攻击、拒绝服务攻击和口令攻击等。

软杀伤是指利用电磁和信息手段对电子设备(的功能)进行的破坏,如通信干扰和计算机病毒感染。硬杀伤是指利用化学、机械、原子等武器对网络设备(的物理结构)进行的破坏,如导弹摧毁和电流击穿等。软杀伤造成的破坏往往是不可见的、可逆的。可逆是指破坏可以恢复,如停止通信干扰后,被干扰的系统就可恢复通信功能;若病毒感染了计算机,消除病毒后计算机就可正常工作。硬杀伤攻击造成的破坏往往是可见的、不可逆的,如网络被炸毁是可见的,而且除非重建网络,否则网络的功能是不可恢复的。软杀伤破坏网络的功能,而不破坏网络的物理结构;而硬杀伤破坏网络的物理结构,也就破坏了网络的功能。软杀伤是"阴险"的迂回手段,硬杀伤是"粗暴"的直接手段,二者各有其特点,应用时要具体问题具体分析。

5.3.3　网络战的特点

1. 以夺取控制网络权为作战目标

这是计算机网络战区别于其他作战样式的重要标志。随着科技的发展,战争的系统对抗特征更加突出,具体表现为战争不只是双方作战要素之间的较量,更是由作战要素构成的作战系统之间的较量,战争的胜利取决于双方作战系统的力量,也就是整体作战能力的发挥。把各作战要素连接成一个系统是由各种网络连接,如通信网、指挥控制网等,而计算机网络则是这些网络的核心。在未来作战中,计算机网络将各级指挥机构与作战部队甚至单兵有机地组织成一个整体,如果在作战中夺取了网络控制权,即拥有了制网络权,就可以充分发挥部队的整体作战能力,也就意味着具有强大的战斗力;相反,丧失了制网络权,即使己方部队和装备完好无损,也将是一盘散沙,只能是各自为战,形成不了整体作战能力。可见,谁在未来作战中控制了制网络权,谁就掌握了作战的主动权,谁就最有可能赢得胜利。而网络控制权的获取是通过网络战实现的,网络战中的所有攻防行动都是围绕制网络权而展开的。因此,夺取和控制网络权是网络战的首要目标。

2. 作战行动不受时空限制

以往的战争,部队的行动、武器装备作战的发挥无不受到地理条件、天气状况的影响和制约。而在信息技术高度发达的今天,计算机网络已经覆盖了整个地球,通过网络可以到达地球上任意一个地方的计算机。这就是说,网络战不再受自然条件的约束,享有极大的自由度,哪怕是相隔千山万水,只要能攻破并进入敌方的网络,发出指令,瞬间就能击中目标。

3. 作战力量具有广泛性,不仅包括军人,还包括普通平民

自古以来,军队始终是战争的主体。而在网络战——以计算机为武器的战争中参与作战的不仅仅是身着戎装的军人,还有精通计算机及网络技术的平民(如电脑黑客)。信息技术,尤其是计算机网络技术的军地通用性特点,为平民了解和参与网络战提供了可能;计算机的普及、网络的扩展,又为平民实施网络战提供了便捷的条件。任何人,只要精通计算机网络技术,并拥有一台计算机和入网线路,就可以攻击装有芯片的系统和进入网络的军用与民用装备,而不受年龄、国籍、党派、时间、地点的限制。在海湾战争及科索沃战争中均不乏平民"参战"的例子。

4. 作战手段具有高技术性和多元性

网络战涉及的技术非常广泛,不仅包括计算机技术、网络技术,还包括微电子技术、系统集成技术、遥控技术、纳米技术、生物技术等,且这些技术大多是处于前沿的高新技术。计算机网络技术的多样性和军民兼容性,决定了网络战手段的多元性。既可实施硬杀伤,也可实施软打击;既可利用"黑客"进行,也可利用电磁波进行;既可使用有害程序,也可进行擅自访问;既可通过计算机技术实施,也可通过通信渠道实施等。随着科技的进一步发展,网络战作战手段的高技术性和多元性特征将体现得更为明显。

5. 投入小,产出大

以往的战争表面上看,是作战双方在军事上的较量,而战争的背后,却是双方经济实力的较量。机械化战争表现为坦克、飞机、大炮的对抗,实质上则是双方钢铁的对抗,也就是金

钱的对抗。进行战争需要巨大的投入,必须要以雄厚的经济实力和军事实力为基础;赢得战争,也必须以巨大的财富牺牲为代价。在这点上网络战则有明显的不同,它依靠的是技术,而不是财富。它的投入很小,只需一个有高超计算机网络知识和技术的人和一台联网计算机即可,而它的产出却十分巨大,甚至难以想象。

5.3.4 网络战的体系组成及任务

网络战是保障己方网络信息安全及瓦解、破坏敌方网络信息系统等手段的总称,通常包括网络进攻、网络防护和网络支援等。

1. 网络进攻

病毒攻击是网络进攻的一种重要方式,其破坏效果对联合作战战略全局的影响,是其他单一软、硬杀伤武器无法比拟的。病毒攻击是把具有大规模破坏作用的计算机病毒,利用一定的传播途径(固定的计算机设备、可移动式硬盘、计算机网络、点对点的无线通信系统等)注入敌方雷达、导弹、卫星、指挥自动化系统的控制中心和信息情报收集系统的计算机中,在关键时刻激活病毒,并不断地传播、感染、扩散,以侵害敌方系统软、硬件,使其整个系统瘫痪。计算机病毒作为信息战的武器,其攻防对抗的焦点和关键技术是病毒的制作技术、注入技术、激活技术和隔离技术,其中实施病毒战难度最大的是注入、激活和隔离技术。

"黑客"攻击,是指利用那些熟练掌握计算机知识和技能的网络高手对敌方网络情报信息进行窃取、篡改、删除,破坏敌方网络系统的安全性、完整性和可用性,降低其使用效能的行动。"黑客"攻击的过程一般分为四个阶段,即调查、收集和判断目标网络结构等信息、制定攻击策略和确定攻击目标、扫描目标系统、攻击目标系统。"黑客"攻击的手段一般有E-mail 炸弹、逻辑炸弹和 Ping 炸弹等。

2. 网络防护

网络防护通常分为防病毒攻击、防"黑客"攻击、防软、硬件漏洞及网络恢复。

防病毒攻击包括软件手段、文件加密等。对计算机病毒的预防在一定程度上依赖于网络系统本身的安全,应采用安全性能好的操作系统,操作系统支持下的检测和消除病毒的应用程序也可以有效预防病毒的侵袭。文件加密是将系统的可执行文件进行加密,若加密后文件混入病毒程序,文件解密后,病毒也不能向其他文件传播,从而杜绝了病毒的复制。硬件手段包括防病毒卡和芯片,此时防病毒程序与系统结合成一体,在系统启动后开始监测病毒,使病毒一进入内存即被查出,能对病毒的入侵进行有效地监测和防御。同时由于检测程序固化在芯片中,病毒无法改变其内容,可有效地抵制病毒对其自身的攻击。管理手段就是提供一个隔离和受控的环境,以防病毒入侵。

防"黑客"攻击与防病毒攻击的手段基本相同,也包括软件手段、硬件手段和管理手段等。防"黑客"攻击在技术上涵盖了密码技术、访问控制技术和安全防护技术等。

防软、硬件漏洞主要是防止带有缺陷的软硬件嵌入系统,提高系统的可靠性、安全性。从国外购进软硬件时,应详细测试和检查,保证软、硬件符合安全标准后,才装入计算机网络信息系统,以提高网络整体的安全性。

网络恢复就是在关键网络受到攻击后迅速采取补救措施,尽快恢复网络的主要功能,保证部队战斗力不受损害,或使损害降低到最低限度。网络恢复的主要方法包括完整恢复、部分恢复及系统替换等。

3.网络支援

战场信息网络支援为单兵种作战和联合作战提供网络情报收集、网络数据传输和网络信息处理,并进行网络作战的辅助决策,是单兵种作战和联合作战的基本保障。

5.3.5 计算机网络战的定义和本质

1.计算机网络战的定义

通过对我军、外军计算机网络战定义的研究、分析和比较,提出如下计算机网络战的定义:为实现军事目的,在统一的指挥与控制下,以计算机网络技术为基本手段,以计算机网络和信息资源及其相关设备为主要目标,敌对双方所进行的各种对抗行动。

2.计算机网络战的本质

为进一步认识和理解计算机网络战的基本概念,下面从计算机网络战的作战目的、作战范围和对象、作战力量、作战手段等几个方面,就其本质作进一步的分析。

(1)计算机网络战的作战目的

实施计算机网络战的基本目的是:破坏、利用敌方计算机网络,侦察、窃取或修改敌方计算机网络内的信息;同时,保护我方计算机网络的稳定运行及计算机网络内的信息安全,为实现作战目标创造有利条件。计算机网络战可以是联合作战中的重要作战行动或阶段,且贯穿于作战全过程,它也可以是为达成特定目的相对独立的作战行动。就目前而言,网络战多为联合作战中的支援、配合之战,直接或间接为实现联合作战目标服务。可以认为,计算机网络战在不同的作战背景、不同的作战行动中,有不同的目的,主要体现在以下三个方面:

一是在实施威慑时,作为一种战略、战役威慑手段。在计算机网络战领域内具备较强的攻防能力,并且让作战对手充分了解这种能力,从而对敌实施战略威慑;必要时,还可以通过局部计算机网络攻击行动打击对方重要的信息系统,如金融系统、交通系统、电信系统,造成对方社会的混乱,影响其高层决策,从而达到一定的战略威慑目的。

二是作为一种独立的作战行动时,主要是通过计算机网络侦察、进攻与防御行动来达成一定的作战目的。

三是在联合作战中,实施计算机网络战为其他作战行动提供必要的信息保障,或者通过计算机网络实施欺骗、佯动等行动,支援、配合其他作战行动的顺利进行。

(2)计算机网络战的作战目标

"以计算机网络和信息资源及其相关设备为主要目标"是规定的计算机网络战的作战空间和作战对象。

计算机网络战的作战空间。从结构上看,主要包括七个组成部分:网络终端、通信传输介质、软件系统、数据、网络用户、网络连接和安全设备。从应用领域看,主要分为军用领域和民用领域。军用领域的计算机网络,按层次可划分为战略网、战役网、战术网等;按军兵种可划分为陆军网、海军网、空军网、第二炮兵网等;按业务功能可划分为情报网、通信网、指挥控制网等。民用领域内的计算机网络包括为全社会政治、经济、文化活动提供服务的网络,也包括各政府部门、院校、公司建立的专用网络等。按规模层次划分,有国家信息网(不含军事网部分,下同)、地域信息网、部门信息网和社区信息网。按业务功能划分,有电信网、金融网、交通网、教育网、广播电视网等。

计算机网络战的作战对象。计算机网络战的作战对象是指实施计算机网络战的攻击对手以及进攻和防护的各种目标的总和。按使用领域分类,可以分为军用和民用两个领域;按作战层次分,作战对象可分为战略、战役、战术各个级别的作战目标;按作战类型分,可分为进攻目标集和防护目标集;按使用权限分,计算机网络战的作战对象分为核心目标域、外围目标域和公众目标域三大类。

（3）计算机网络战力量

计算机网络战力量,是遂行计算机网络战任务的各种力量的总和,包括进行计算机网络战的人员、武器装备及保障器材等。计算机网络战力量主要由军队计算机网络战力量、国家计算机网络战力量、民间计算机网络战力量和境外计算机网络战力量等构成。军队计算机网络战力量,是指军队编制序列内专门从事计算机网络管理、使用、侦察和攻防作战的力量。国家计算机网络战力量,是指国家各级政府机构及所属各种与计算机网络相关的职能部门（如公安部、信息产业部）、机构（电子学会、计算机学会）、企业（电信、银行）、科研院所等参与或支援计算机网络战的力量。民间计算机网络战力量,是指民间自发组织起来的或个人自主参加的计算机技术人员。境外计算机网络战力量,是指支持我正义战争的海外华人华侨或外国友好人士、组织,利用计算机网络技术对敌方计算机网络进行攻击或帮助我方对计算机网络进行防护的一种力量。

（4）计算机网络战的作战手段

计算机网络战的作战手段是指实施计算机网络战所使用的软、硬件武器装备及其技术和使用方法的统称。计算机网络战的作战手段可以分为侦察手段、进攻手段与防御手段。计算机网络侦察手段是指为收集和判断敌方网络系统的结构、软硬件配置、用户、服务与应用,以及安全漏洞等各方面的特征和状况,或直接从敌方网络系统获取情报信息而采取的手段。计算机网络进攻手段是指对驻留在计算机或计算机网络中的信息进行扰乱、拒绝、阻碍、破坏和销毁所采取的手段,也包括攻击目标计算机和网络本身的各种手段。计算机网络防御手段是指为保护信息、计算机和网络系统免受敌方扰乱、拒绝、破坏和摧毁而采取的所有措施。

5.3.6 攻击网络的手段

1. 用智能信息武器攻击计算机网络

（1）智能信息武器

计算机病毒、抗计算机病毒的程序,以及对网络实施攻击的程序总称为智能信息武器。智能信息武器作为一种新型的计算机对抗武器,它的攻击目标就是计算机网络上的处理器。

（2）攻击网络智能信息武器的特性

①传染迅速。智能信息武器以攻击网络为主要对象,因此要求在网络中传染要特别快。

②破坏力强。一是指使系统暂时失去工作能力,二是指系统的数据资源受到严重的损失或系统受到永久性的破坏。

③传播可控。病毒的传播是可控的,以免攻击自己的网络。

（3）用智能信息武器攻击网络

智能信息武器攻击的目的就是:在一定控制作用下,攻击敌方系统中的资源（数据、程序等）,造成敌方系统灾难性的破坏,从而赢得战争的胜利。

①攻击步骤

a. 通过传播,把智能武器注入敌方武器系统最薄弱的环节——无保护的链路之中;

b. 智能信息武器通过感染传播到下一个节点——有保护的链路之中,从而对有保护的节点构成威胁；

c.通过一级一级感染,最终达到预定目标——敌军指挥中心的计算机系统,用特定的事件和时间激发,对敌方计算机系统造成灾难性的破坏。

②攻击的方法

a.监测网络上的信息流量　智能信息武器通过非正常地使用网络设备,对网络上传送的信息进行在线窃听、流量监测、信息分析等,监测活动不直接影响网络里的任何数据；

b.非法拷贝网络上的信息　智能武器通过欺骗手段,在网络系统中取得合法地位,然后非法地使用系统资源、非法地进行数据的访问,并从网络中拷贝或移出数据和程序；

c.变更网络上的信息　智能武器通过非法地修改系统内部资源,或通过把数据、代码等干扰信息添加到系统中去,来改变系统的正常进程,阻碍系统的正常工作。

2.降低网络通信的吞吐率

吞吐率是用来度量网络传输数据能力的,是单位时间内网上总的通信量。最简单的测量和评价吞吐率的方法,是计算端到端的用户吞吐量除以整个传送数据的时间,并考虑传输误差的因素。下面是吞吐率计算公式：

$$吞吐率 = \frac{M \times (1 - P)}{(M/S) + t} \qquad (5.2)$$

式中　M——报文长度,以位计；

　　　P——误码率；

　　　S——线速度,以位每秒计；

　　　t——报文之间的空闲时间,以秒计。

从公式(5.2)中我们可看出,智能信息武器可以通过增大数据传送的误码率来降低网络的吞吐率,以达到攻击网络的目的。

3.增大网络通信的平均传输延迟

假如传送一个报文,它的响应时间可用下述公式计算：

$$R = A + (P \times S) \qquad (5.3)$$

式中　R——响应时间；

　　　A——存取时间；

　　　P——处理每个数据块所需的时间；

　　　S——报文的大小,以数据块为单位。

从上式中我们可看出,智能武器可以通过延长数据的存取时间,或向网络注入一些无关的信息,使得原来的报文变长,来增大网络通信的平均传输延迟,以达到攻击网络的目的。

4.增大网络的拥塞概率

拥塞概率增大造成的严重后果是：一方面降低了网络通信的吞吐量,另一方面又直接导致网络通信的平均传输延迟增加,从而降低了网络的整体性能。因此,智能信息武器可以通过复制某一干扰信息,使网上的负载加重,以达到增大拥塞概率从而降低网络性能的目的。

5.网络窃听与口令猜测

网络窃听是利用各种通信与网络侦察扫描、测试、监控等设备对网络通信、传输进行侦收、分析,通过对其信息、流量等进行深入分析处理,力图得到目标网络结构配置、通信状态、通信路由、网络协议等信息,并通过对其传输内容的分析,力图破析用户名、口令字、使用权限、加密算法等进行网络对抗所必需的重要信息,或由此获得与通信内容有关的情报。

口令破解方面,目前有多种工具,如 Jakal,John the Ripper,Star Carcker 等。这些破解工具配合功能强大的计算机,可以对目标网络的用户账号进行快速猜测与尝试,为"黑客"进攻网络创造可能条件。

6. 密码破译

对攻击方而言,为了进入目标网络,需千方百计地破译敌方的密码。目前这方面已有许多工具,再借助于计算机的强大运算功能,是有可能破译成功的。如 DES 密码已被攻破,美军已准备逐步将之取消,不再作为军方加密手段。密码破译的关键在于对加密算法的分析与反推,DES 密码被破主要也就在于找到了它的逆算法。

7. 病毒攻击网络

采用病毒侵扰、逻辑炸弹、特洛伊木马、E-mail 炸弹攻击网络。这些已在病毒对抗中论述过这里不再重复。其实病毒对抗就是网络对抗的重要内容。

8. 主页盖台

"盖台"就是非法修改网站主页。随着浏览器、Internet/Intranet 等网络技术与产品的发展,以 Internet 技术组建网络也是军用网络的发展趋势,那么未来军用网络的各站点也就会有自己的主页。主页是网络各站点的标志,是各站点主要内容的目录,是各站点连接其他相关站点的接口,同时是各站点宣传自己的窗口。若将目标网络某站点的主页毁掉了,对该站点将是一个重大的破坏,可破坏其内容、目录、连接等,甚至可使其错误地连接至指定的站点,等等。

9. 数据的截获与篡改

这是一种针对网络内容或数据库数据而言的侵扰方式,可以使破坏效果非常隐蔽,目标网络与数据库系统如缺少审计与安全措施,有可能使破坏行动不知不觉地起到非常有效的作用。数据的截获与篡改的破坏结果若没有良好的安全审计与数据恢复机制,很难修复。

5.4　计算机摧毁战

计算机摧毁战是指用信息弹药和新概念武器直接摧毁计算机与计算机网络系统或破坏其中的电子元器件。

1. 用信息弹药攻击计算机或网络系统

用巡航导弹、反辐射导弹、复合制导的各种导弹或制导的炮弹和炸弹摧毁计算机与网络系统。

2. 定向能摧毁计算机与网络

用激光武器、高能微波武器如电磁脉冲武器、粒子束武器等照射计算机及其网络,破坏电子器件,使整个系统陷入瘫痪状态。

3. 芯片细菌攻击计算机与网络

芯片细菌是特殊培育的能毁坏硬件的一种微生物,嗜蚀电路,破坏计算机与网络。

4. 纳米机器人攻击计算机与网络

用纳米材料制造微小的机器人,散布在敌方信息中心,这些纳米机器人可以从缝隙及插孔自己进入设备中,破坏计算机与网络的电路芯片,使计算机与网络遭到破坏,陷入瘫痪状态。

参 考 文 献

[1] 邓吉,柳靖.黑客攻防实战详解[M].北京:电子工业出版社,2006.

[2] 贾晶,陈元,王丽娜.信息系统的安全与保密[M].北京:清华大学出版社,1999.

[3] 雷震甲,马玉祥.计算机网络[M].3 版.西安:西安电子科技大学出版社,2011.

[4] 范冰冰,邓革.军事通信网[M].北京:国防工业出版社,2000.

[5] 王铭三.通信对抗原理[M].北京:解放军出版社,1999.

[6] 吕久明.基于地域通信网的流量攻击方法研究[J].电子对抗技术,2003(4):46 - 48.

[7] 刘伟,邢英姿.对我国网络安全现状、根源、对策的分析[J].网络安全技术与应用,2003 (4):72 - 75.

[8] BRUCE SCHNIER.网络信息安全的真相[M].吴世忠等,译.北京:机械工业出版 社,2001.

[9] 范晓春,龚耀寰.信息战及信息安全技术[J].电子科技大学学报,1999(2):83 - 87.

[10] 李恒阳.美国大选中的网络安全问题[J].美国研究.2017(4): 57 - 75

[11] DOV H. L. When the Great Power Gets a Vote:The Effects of Great Power Electoral Interventions on Election Results[J]. International Studies Quarterly,2016,60(6):189 - 202.

[12] SUSAN PAGE. Tony Blair Sees Dangerous Times Ahead for Western Democracies, USA TODAY,2016.12.5 https://www. usatoday. com/story /news /politics /2016 /12 /05 / tony blair sees dangerous times ahead western democracies trump italy /95006730 /.

[13] LUCAS KELLO. Lucas Kello. The Meaning of the Cyber Revolution:Perils to Theory and Statecraft. International Security,Fall 2013,38(2): 7.

[14] SIMON KEMP. Digital in 2018:World's internet users pass the 4 billion. 30 January 2018 mark . https://wearesocial. com/blog/2018/01/global - digital - report - 2018

第6章 网络中心战

6.1 网络中心战的概念

6.1.1 网络中心战的产生

20世纪90年代初以来,美军经历了海湾战争到最近的伊拉克战争等几场重大的高技术局部战争,美军战后对每次战争都进行认真的反思和总结。海湾战争是信息战的雏形,战后大大推动了信息战理论和实践的发展。科索沃战争是一场以远程和高空精确打击为主的"非接触性战争",战后促进了空中打击地面机动目标技术的发展。阿富汗战争是一场典型的"不对称作战",有人又称它为"网络中心战"的雏形。在这场战争中,美军充分发挥各种作战手段的系统效应,使信息系统与作战系统实现了高度一体化。2003年美英联军发动的伊拉克战争还使信息化战争上了一个新台阶,是美军实施"网络中心战"作战理念的一次成功尝试。这几次战争,大大推动了全球尤其是美军的新军事变革的进程,美军逐步形成了"主宰机动、精确交战、全维保护和集中后勤"四大作战理念的国防建设方针。美军把这些战争当作其各个时期开发的大量新武器的试验场、新战法的演练场,先后提出了空地一体战、信息战、网络战、网络中心战、非接触作战、非对称作战,以及远程精确交战等一系列新的作战理论,后来陆军又提出所谓"行动中心战"的概念。不管提出什么样的新作战理论或概念,都是由于信息时代信息技术、网络技术高度发展的结果,都是各个时期美军各军种根据自身的作战特点、总结战争经验适时提出的新思想、新战法,其实质都是建立和夺取战场信息优势,进而转化为决策优势和行动优势,最终夺取战争的胜利。然而,这些作战方式都要依靠信息化武器装备、信息化军队,在战场数字化、网络化的基础上才能实现,而在这众多的作战概念中,对未来战争产生最大和最深远影响的首推网络中心战,进入21世纪以来,人工智能、信息栅格、移动网络、量子通信、云计算、物联网、大数据等新一代信息技术迅猛发展,为实现战场全维信息感知展示出广阔的应用前景,为网络中心战建设提供丰富的技术基础。网络中心战将成为今后很长时期内各国军队建设、技术开发和装备发展的主导思想,21世纪的战争将从"平台中心战"转向"网络中心战"。

美国海军作战部长Jay Johnson上将在1997年首先提出了网络中心战理论。在经过一系列试验和论证之后,网络中心战逐渐被其他军种所接受。2001年7月27日,美国国防部向国会递交了《网络中心战》报告,标志着美军统一了认识,开始全面推进网络中心战建设。2002年布什政府进一步将网络中心战视为美军转型的重点和未来联合作战的核心。美国国防部在向国会和总统提交的2003财年《国防报告》中,正式阐述了"网络中心战"的理念。

6.1.2 网络中心战的概念

网络中心战是为适应信息化发展带来的机遇与挑战而产生的新的作战模式。它通过信息网络的三大网络(情报信息收集与融合网络、指挥控制与通信网络、火力打击网络)融为一体,组成一个以计算机为中心的信息网络体系,各级作战人员利用该网络了解战场态势、交流作战信息、指挥和实施作战行动,最终实现从发现目标、形成指令到击毁目标的时间的极为缩短甚至近似实时化。该网络体系由"无缝隙"连接的三个网络组成,即探测网络、交战网络和通信网络。把所有战略、战役和战术级探测器材联为一体的探测网络,能迅速提供"战场空间态势图"给交战网络(又称打击网络);连接各主要武器系统的通信网络,对探测网络、交战网络起支撑作用,是它们的神经中枢。战场各作战单元的网络化,可加速信息的快速流动和使用,使各分散配置的部队共享战场信息,把信息优势变为作战行动优势,从而协调行动,最大限度地发挥作战效能。

相对网络中心战而言,过去的战争被称为平台中心战,即指军舰、战斗机、坦克、指挥中心等平台主要靠自身的探测装置和武器进行作战,平台之间只能通过有限的方法共享一定的信息。而在网络中心战模式下,来自侦察卫星、侦察机、预警机、水面舰艇、潜艇和地面侦察部队的各种目标信息,通过数据融合,再准确实时地提供给作战人员和各武器平台,作战人员可以迅速、全面、可靠地洞察整个战场的局势,指挥协调本平台或其他平台的武器,以更快的指挥速度、更高的杀伤概率实施连续作战。

网络中心战理论认为,任何战争都同时发生在物理域、信息域和认知域三个领域:物理域是部队在陆地、海洋、空间、空中实施打击、防御和机动的领域,是各种平台和连接平台的通信网络客观存在的领域,部队的各个组成部分之间通过网络实现保密、无缝和可靠的连接;信息域是产生、处理、共享信息的领域,部队通过对信息的收集、融合、共享、访问和保护获得信息优势和协同能力;认知域是作战人员的意识领域,部队对动态战场态势的感知、对上级指挥员意图的理解、对作战行动的自动同步,都是在这一领域形成的。

6.1.3 网络中心战的定义

网络中心战,简单地说,就是利用计算机技术、通信技术和网络技术,把分散在战场各处的各种情报侦察(传感器)系统、指挥控制系统(包括各级指挥机构)和武器打击系统(或作战平台)联成网络,完成战场情报搜集、处理、传输以及目标打击等过程的网络化、一体化和实时化,实现战场各作战单元的信息共享,各级指挥员能实时掌握战场态势,缩短决策时间,提高指挥速度和协同作战能力,增强系统自身的生存力和武器的杀伤力,以便对敌方实施快速、精确、连续的打击,大幅度地提高部队的战斗力。这样的一种作战形式,被称为"以网络为中心的战争",即"网络中心战"。

网络中心战是相对于传统平台中心战的一种新的作战概念。在传统的平台中心战概念中,各作战平台主要依靠自身的探测器和武器系统进行作战,平台之间的信息共享非常有限,显然这种作战方式已无法适应高技术条件下未来战争的要求。

网络中心战由一体化的指挥、控制、通信、计算机、情报监视和侦察(C4ISR)系统支持。网络中心战结构由三个互相连接的子网组成:探测传感器网络、交战(或武器)网络和信息基础网络。传感器网络把所有战略、战役和战术级传感器(例如卫星、飞机和舰艇的雷达、潜艇的声呐、侦察部队)得到的信息通过数据融合技术,迅速合成,产生清晰的战场空间态势和图像;交战网络由分布在海上、空中和陆地上各种作战平台的武器系统和指挥控制系统组成,交战网络能够对分散在战区内的各平台上的武器进行控制,作战人员可根据战场态势和目标性质进行通盘考虑,迅速选择并发射打击效果最佳的武器;高性能的信息基础网络对传感器网络和交战网络起支撑作用,它由分布在战场上的各种信息基础设施构成,包括各种卫星通信系统、机载通信系统、地面通信系统和海上通信系统等通信网络,采用多种速率、多种模式传输话音、图像和数据等,将不同平台的各种传感器和武器系统联成网络,实现近实时的侦察－打击一体化。

6.1.4　网络中心战的关键技术

网络中心战系统是一种新型的作战系统,涉及作战体系、作战原则和作战战术的变化。美军研制的网络中心战系统,尤其是"协同交战能力"(CEC)系统,需要攻克多项关键技术,这些关键技术大致如下:

(1)组网技术。组网技术是网络中心战的基础技术,其中两个关键技术是数据融合技术和抗干扰高保真信息安全传输技术,尤其要开发统一的高质量的抗干扰宽带数据链技术。

(2)网络防御技术。网络防御技术包括网络反侦察、网络抗干扰和网络抗摧毁技术等,以确保网络信息的保密性、完整性和可用性。主要防范敌人的黑客攻击和计算机病毒攻击,以及敌方可能采取的如电磁脉冲炸弹、大功率微波武器等高技术兵器的破坏。还要采用网络的加固技术,以保护网络中电子设备的安全运行。

(3)宽带通信技术。网络中需要传输话音、图像和数据等各种信息,所以通信带宽很重要。其中最为重要的宽带技术是"异步转移模式"(ATM)技术,目前可以考虑采用的几种宽带通信技术主要有光纤分布式数据接口技术、分布式排队双向总线技术、帧中继技术、交换式多兆比特数据业务技术和同步数字系统技术等。

(4)综合敌我识别技术。识别目标的敌我属性是获取整个战场态势很重要的信息内容,也是实施网络中心战的前提。现代敌我识别技术主要有协同式、非协同式和综合化敌我识别技术三类。前两种识别技术有一定的局限和约束,所以要最终解决敌我识别问题,还需发展综合化敌我识别系统技术,但后者难度较大,需及早开展预研。此外,识别技术中一项关键技术是要建立完善的目标数据库。

(5)作战平台与网络中心战系统设备的兼容性和互操作性技术。就是要解决设备之间的互联、互通、互操作性问题。

(6)网络传感器综合化技术。在网络中心战系统中,传感器网是获取目标信息、建立战场态势感知的关键因素,各作战平台的传感器类型多种多样,包括预警传感器、侦察传感器(含光电、雷达和信号情报等)和目标识别传感器等。一方面要通过数据融合的方式获取全面综合的战场态势;另一方面,必须确保这些信息的可信度、最低虚警率,才能实现快速准确的目标打击。传感器综合化技术涉及多信息源数据融合技术、低虚警率系统技术,以及传感器与CEC设备兼容的应用软件接口技术等关键技术。

为打好网络中心战,美军已开始了实实在在的准备。各军种都在以"网络中心战"理念进行作战试验验证,开发各种组网、联网技术。在推进"网络中心战"的过程中,美国国防部国防信息系统局提出了"全球信息栅格"(GIG)网的发展计划,以实现在任何时候、任何地点,将情报信息实时地传送到用户手中,并将正确的武器在正确的时间对准正确的目标,它是未来网络中心战的"神经中枢"。美国国防部在2003财年投入23亿美元用于美军的网络化建设。据当时报道,美国国防部和相关企业已计划在10年内投入约2 000亿美元,构建美军网络化的联合作战系统。对此,分析人士认为,美军这一举动意味着,实现网络中心战不但成为美国所关注的下一个军事制高点,而且也将改变今后世界军事技术发展的道路。

2017财年,美军用在军用和军民共用卫星通信系统建设及关键技术研究方面授出400亿美元合同,较上一财年增加约17.1%,内容涵盖天地一体化通信系统组网抗干扰、战术数据链、先进水下通信等多个关键技术和实现方案。构建天地一体化抗干扰通信网络能够帮助美军形成全天候、全覆盖的信息系统,为其实施精确打击和夺取战场制信息权奠定坚实基础。

6.1.5 网络中心战产生的影响

近年来美军实施的各种军事行动和作战实验、演习、分析、仿真已经表明,网络中心战在提高战斗力方面确实拥有倍增力和发展潜力,将产生较强的作战优势。

1. 使部队更容易发挥整体优势

机械化战争时代,由于部队的通信、机动和兵力兵器投送能力有限,地理位置上的限制不仅使分散配置的部队难以很快集中兵力实施攻击,而且使部队很难在保持高度协调一致和得到充分后勤保障的情况下实施快速、远距离机动。但信息化战争时代,由于传感器作用距离和信息传输能力的增强,部队作战效能的发挥将不再受地理条件的制约。战场上集中兵力兵器,在一定的机动情况下,就可同时攻击多个不同目标,从而发挥更大作战效能,取得更大的作战效果。

2. 使部队更容易了解战场情况

以网络为中心的军事行动,可提供较高程度的态势了解,并能保持下去。先进的作战平台一旦成为网络中的节点,就能通过清晰可靠的通用战术图像,得到各种作战平台上探测装置获得的信息,感知整个战场的态势;各级指挥官能利用网络交换大量的图文信息,通过网络和电视电话会议讨论制订作战计划,清晰明确地阐述高级指挥官的意图,解决各种问题。实施网络中心战的部队之所以战斗力强,是因为它对战场情况了如指掌,对指挥官的意图一清二楚,既能实施自我协同行动,自觉与其他部队配合,又能在上级指挥官的意图指导下,有效隧行独立作战。

3. 使指挥速度显著加快

网络中心战实现了从消耗型作战向更快、更有效的作战方式的转变,指挥速度作为一种决定性的作战能力而体现。指挥速度体现在三个方面:一是部队获得信息优势,对作战空间有良好的感知和理解,而不仅仅是理解更多的原始数据;二是根据速度、精确性和作用范围,行动的军队可获得兵力集中的效果;三是随之而来的结果就是快速阻止敌方行动步骤及对紧密相关事件的冲击。这样就破坏了提防战略,有望在它开始实施前终止它。在实现网络中心战以后,"观察—判断—决策—行动"循环消失。各级部队在领会高级指挥官的意图后,能够积极发挥主观能动性,将作战从一步一步的战斗行动转变成高速的连续体。

6.2 网络中心战的结构

网络中心战是一种新型的作战方式,它通过信息栅网将整个作战空间的各种传感器和武器,包括天基、空基、陆基、海基等传感器及武器,组成一个强大的、高度智能化的综合网络,充分利用网络的威力产生强大的战斗力。在这个网络中,各个节点可获得近乎实时的全局作战态势信息,能自动完成与全局作战的同步,从而有效贯彻指挥官的作战计划。

网络中心战的作战体系包括三个部分:信息基础网、传感器网和交战网,如图 6 - 1 所示。

6.2.1 信息基础网

它是整个网络的基础,是传感器网和交战武器网得以正常运作的基础和保障,它是实现信息优势的基础模块。如图 6 - 2 所示,信息基础网是一个由通信信道(链路)或同轴传输线、处理节点、操作系统和能够在整个联合作战空间上进行网络中心处理和通信的信息管理系统组成的网络。

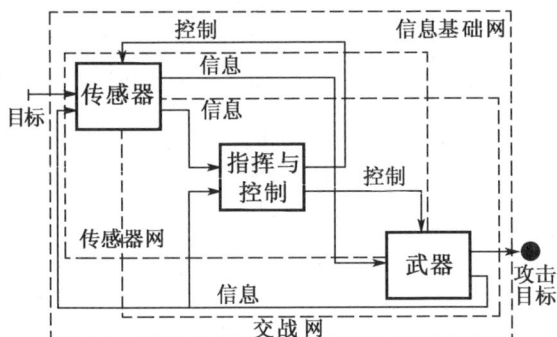

图 6 - 1 网络中心战

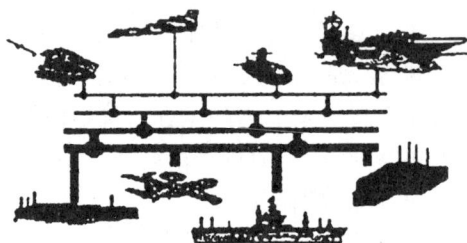

图 6 - 2 信息基础网

信息基础网充分利用了战场通信系统,以多种速率、多种模式传输多种信息。声音、数据和视频信息能够通过点对点或直接广播的方式传输。战场指挥官可通过它进行视频会议,清晰、准确地传达其作战意图。信息基础网的另一个关键能力是信息保护。这些能力的组合使得信息基础网能够向作战者提供一种保证,确保管理各级战斗所需的信息拥有高速通道。它存在于太空、高低地球轨道、空中、陆地和海洋里,是由卫星通信系统、机载通信系统、地面通信系统和海上通信系统等通过一些安全的通信协议组成的一个物理永久网络。

6.2.2 传感器网

概括地说,传感器网是一系列传感器外围设备和安装在信息基础网上的传感器操作平台的集合。传感器外围设备由天基、空基、陆基、海基和赛博空间基传感器组成。它可给联合部队提供高度透明的友军状况、敌军状况和战场各地的环境状况。它是一个依托于信息基础网的虚网,仅仅相对于任务而存在,并根据每一个任务的需要重新组合。它可完成传感器任务分配、数据融合和在信息基础网上有效地分发信息等工作,提高战场态势感知水平并使战场态势感知更加同步于作战。该网完成传感器任务分配和数据融合过程如图 6 - 3 所示。

(1)传感器的动态任务分配。动态的传感器任务分配为指挥官提供了作战灵活性,使得作战安排和进程同步于战场态势的发展。指挥官能够根据战场态势信息及时改变联合作战的安排、进程和优先级。

(2)数据融合。传感器网的数据融合能力对于产生高水平的态势感知信息起着关键性的作用。数据融合以多种方式提高作战空间态势感知水平。首先,多频谱的数据融合通过提高目标检测和目标识别的概率提高作战空间态势感知水平。此外,联合多个传感器输出的传感器融合可增加战场空间中移动目标的态势感知水平。

6.2.3　交战网

交战网由一组火力外围设备和信息基础网上操作的火力操作设备组成。火力外围设备由空基、陆基、海基和赛博空间基火力装备组成;火力网操作系统由用于指挥、控制和武器运用的软件组成。它也是一个依托信息基础网的虚网,其作战体系如图6-4所示。它有效地利用了战场感知,使精确作战、主导性机动、全维保护等作战概念成为可能。

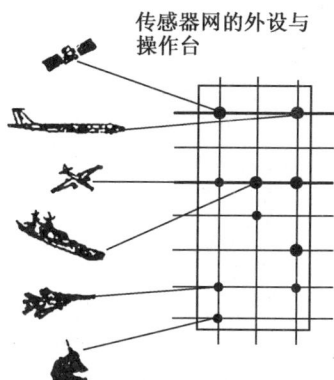

图6-3　传感器网　　　　　　　　图6-4　交战网

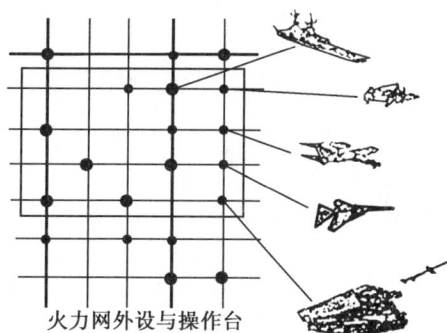

美国海军早已开始着手网络中心战建设,它根据当时的基础设施能力和作战要求将网络中心战分为三级。第一级为联合综合跟踪网,实施协同作战,网络用户数量小于24,信息实时准确度为亚秒级,用于武器控制。第二级为联合数据网,它由目前部署在美国舰艇和飞机上的安全16号链联合战术信息分发系统或多功能信息分布系统数字数据无线电提供。终端可自动报告其用户的位置、身份、高度、速度、方位及敌方平台或防空的已知位置,通过共享网络显示出来,增强态势意识和对友军的控制。网络用户数量小于500,信息实时准确度为秒级,用于兵力控制。第三级为联合计划网,它由海军的IT-21计划提供能力,是一个信息网,包括全球指挥控制系统,网络用户数量小于1 000个,信息实时准确度为分级,用于兵力协调。其大致结构如图6-5所示。

现阶段,美军大量使用先进数字通信技术、光纤通信技术、微电子处理技术等,大幅提高侦查预警信息的处理和分发速度。通过"联合空战中心""综合数据传输"和"海上智慧控制"3大信息系统,实现了最高指挥部向一线部队传达命令不超过3分钟,越级向导弹部队下达命令不超过1分钟的快速、高效指挥。

6.2.4　网络中心战的威力

网络中心战是根据信息共享和设备共享的原理建成的,组成网络才有条件实现网络中心战。一个网络由节点和链接组成。节点的工作就是感知信息,作出决策并采取行动;链路的工作就是将信息从一个节点传输到另一个节点。网络的信息共享能力将各种武器平台、各种传感器融合成一体,形成最大化的协同作战效果。联网后的作战实体的作用也得到更有效的发挥,战斗力因而得到大大提高。

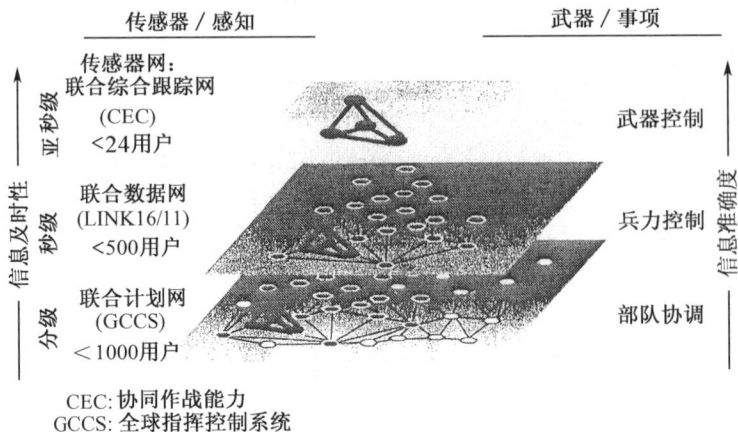

图6-5　网络中心战结构

1. 从速度角度看,网络中心战能提高指挥速度和作战质量

作战历来讲究速度,现代战争更是如此,美国国防部长科恩说过:"过去的战争哲学是'大吃小',而现在则变为'快吃慢'。"网络中心战即强调各种武器、传感器的网络化,又在实际作战中实现了部队部署的分散化,部队遍布整个作战空间,一旦有需要就能马上投入战斗。此外,网络中心战利用其信息共享能力支援作战,部队作战无须像平台中心战方式那样运输大量辎重,即所谓用信息流动代替物质流动。它们共同将作战速度提升到了一个传统方式难以企及的新高度。这个特点在美国"98远程部队演习"中得到了淋漓尽致的体现。在此次演习中,美空军准备在远距离大本营的一个战区进行作战。按平台中心战方式,空军需要派出1 500～2 000个士兵去该战区建立一个联合空战中心,运输这些人员及相应装备至少需要25架C-17运输机,耗时10～15天才能完成。而网络中心战方式,只需派少量士兵去建立一个前线联合空战中心,这个中心可得到稳固的网络力量的支持。建立这个中心最多需要5架C-17运输机,在收到命令后24～48小时内即可完成任务,如图6-6所示。这样,空战中心在24～48小时内即可投入使用,它有助于作战指挥官更有效地将远程空军部队投入作战区域。而且,解放出来的C-17运输机可为部署两个战术战斗机联队运送足够的物资。

军队作战的快速不仅体现在机动性上,更重要的是准确性。如果作战方向出错,即使有快速机动能力,也照样可能贻误战机,使己方的作战速度慢下来,且可能导致失败。网络中心战以其可靠的信息共享能力为各级指挥官、各级部队提供准确的作战信息,让他们可以以较快的速度、较高的准确度进行作战,这样就可以在敌人判断周期内完成打击敌人的预定计划,可

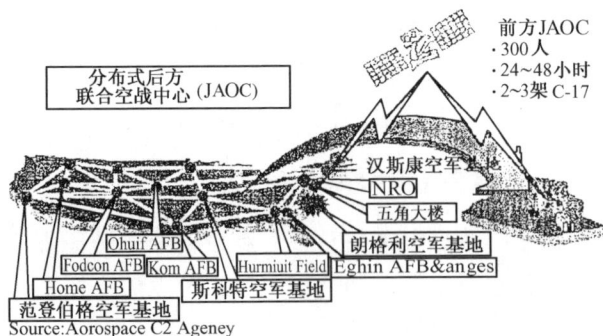

图6-6　远程前线基地建设

以快速阻断敌军作战进程和防止突然袭击,这能有效地扰乱敌人的战略计划,防患于未然。

网络中心战在促进指挥的快速性和消灭敌人方面所作的贡献,可用一个很好的例子来说明,即压制敌防空的作战。这在联合对敌防空压制方面得到很好的体现。为取得作战的空中优势、保证己方部队顺利地达成作战目标,采用高速反辐射导弹对敌人地空导弹发射点实施压制和摧毁显得非常重要。在平台中心战方式下,敌方导弹发射点的操作员得知将有导弹攻击他们时,他们会调整其活动以防止被攻击。这样,尽管携带高速反辐射导弹的飞机在整个战役中四处飞行寻找目标,大多数敌发射点在整个战役期间将毫无损失地待在那儿继续发挥作用,本军的战斗机在作战中仍旧有被敌方导弹击落的危险。而在网络中心战方式下,战场态势感知能力大大提高,各个作战单位能得到有关敌军的实时信息,战斗力将会大大提高。如果通过改进系统、优化组织、修改条令,引入其他能够攻击导弹发射点的武器,如陆军战术导弹系统,并将它们纳入火力网,那么就能在上面相同的时间内摧毁敌人所有的发射点,为作战的胜利打下坚实的基础。

2. 从协同作战角度看,网络中心战有利于提高协同作战能力

在作战中,每个战区或每支作战部队都会利用自己的侦察设备或传感器获取第一手有关本作战区域的信息,由于平台的局限性,其信息往往是不完全的、片面的。而且在平台中心战方式下,信息共享能力有限。各个部队无法准确知道相邻部队或友军的作战进度或状态的实时信息,其与友军的协同配合可能出现失误。在网络中心战方式下,其信息高度共享,各个节点可轻易地得到有关友军作战的实时动态信息,指挥官可在网上及时广播其作战意图,各级部队能根据不断变化的态势信息和指挥官的作战意图自下而上地完成作战同步和协同作战。此外,网络中心战能以闪电般的速度对来自不同传感器的数据进行融合,得出综合目标航迹,各个相应作战部队就能根据这个航迹信息和战前计划各就各位、自动地与友军协同,准确可靠地将敌人歼灭。如图6-7所示,岸上部队、海上部队和空中部队各取得一部分关于敌军行动轨迹的信息,但都不完全,经数据融合以后,就得到有关敌军行动轨迹的全面信息,这就有利于海、陆、空三军协同围歼之。

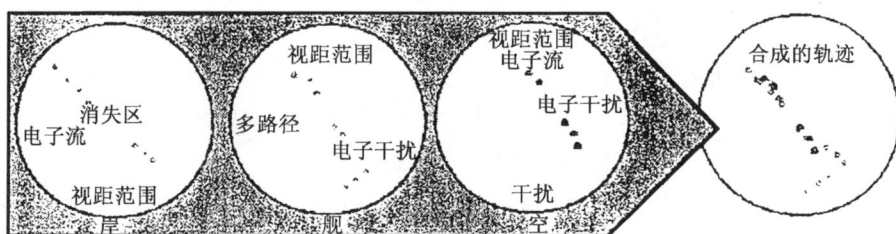

图6-7 协同作战

3. 从武器作战能力看,网络中心战能使武器的作战能力得到更充分的发挥

在平台中心战方式下,武器平台集态势感知和对敌作战能力于一身,但在利用其他平台的信息对敌作战的能力方面却相当有限,其作战能力也大打折扣,参见图6-8。在图中平台的信息感知能力用一个圆来表示,武器的作战覆盖能力用楔形来表示。在平台中心战方式下,只有平台本身的传感器向射手提供可行动的信息后,战斗力才有产生的可能性。但只有当目标落在图中所示灰色区域时,战斗力才会真正产生。那么,平台中心战的瞬时战斗力与灰色区域大小成正比。由图6-8可见,其武器战斗力没有得到充分利用。

平台中心战的兵器在受指挥控制中心的引导时,指挥控制中心根据中心内部或外部的传感器提供的信息产生一定程度的态势感知信息并据此作出决策。但大多数情况下,指挥控制中心产生的态势感知信息准确度只够引导火力装备进入作战区,却不足以引导火力装备直接对目标作战。举例来说,在对空作战中,装载于 E－2"鹰眼"飞机或 E－3AWACS(机载告警控制系统)上的武器控制器就没有直接对目标作战所要求的态势信息准确度。一般地,不是目标定位的不确定性太大,就是拥有的

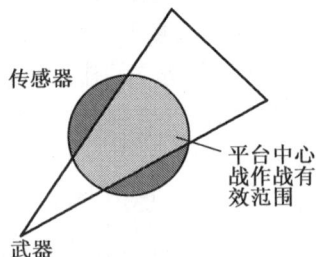

图6-8 平台中心战作用范围

信息不足以准确地识别目标。结果,作战飞机的机组人员不得不利用本机上的传感器来获取对目标作战所需的信息。

在网络中心战方式下,各种能力,如态势感知、指挥、控制和作战等能力通过网络可靠地连接起来。网络节点间信息传递内容丰富、质量可靠,且传递及时,单节点的可引导武器作战的传感器信息不再囿于其本身传感器的覆盖范围,其作用范围大大提高,这样武器有多大战斗力就能发挥多大作用。同时,由于态势信息水平的提高,指挥控制中心不仅能引导火力装备进入作战区,还可以引导火力装备直接对目标作战。这样不仅提高了指挥控制中心指挥准确性,也提高了武器在战略高度上的作战机动灵活性和准确性。

4. 网络中心战条件下的通信电子战

网络中心战是现代信息技术成果在军事上的运用,它的出现将把以信息优势为特征的新军事革命推向崭新的高度,网络中心战已成为未来军事发展的必然趋势。以高性能信息基础网为基础的网络中心战使电子战尤其是通信电子战站在了一个新的高度,电子战尤其是通信电子战不仅是一种重要作战手段,而且在未来将成为一种左右战争胜负的关键手段。研究网络中心战条件下的通信电子战具有十分重要的意义。在网络通信技术得到较好发展的今天,为对付干扰发展了许多抗干扰技术,如通信网除了能够在链路上采用扩频等抗干扰技术外,还可以通过选择流程算法、信道质量检测体制和网络信息交换体制来对抗干扰。在这种情况下,我们应根据网络中心战的特征从网络的观点,充分利用通信技术开展通信电子战研究,选择通信电子战手段。

(1)动态智能网络对抗技术。它可运用各种手段在战场的各维空间实时、全面地掌握敌方信息传递及运用情况,并采用相应对策实施最佳干扰。

(2)拓扑选择干扰技术。选择在网络中作用相对关键的节点实施干扰,如对敌指挥控制中心、卫星中继点,迫使敌网络瘫痪或严重削弱敌通信网的利用率。可针对不同的网络选择不同的拓扑参数,对重要节点和重要链路实施干扰,以达到最佳干扰效果。

(3)网络渗透攻击技术。借助敌方通信链路透入其信息网络,实施信息的阻止、扰乱、削弱、利用、欺骗等信息战手段。

(4)网络时基干扰技术。通信网需要精密的时间同步以确保其正常工作,干扰通信网的时间同步信号,可以降低通信网的有效性,达到作战目的。

未来的战争将是以网络为基础的信息化战争,谁能占据信息网络的制高点,谁就能夺取信息优势从而赢得战争。谁的信息网络遭到破坏,谁就会失去信息优势从而输掉战争。因此,积极研究网络中心战及网络中心战条件下的通信电子战具有重要意义。

6.3 网络中心战与网络战的关系

6.3.1 相同的物资基础——计算机网络

第一台电子计算机发明以来的 70 多年时间里,计算机已被广泛应用于军事领域的每个角落。从制订作战计划到后勤保障管理,从战场情报的分析处理到对目标的精确定位、引导和攻击等,都离不开计算机高效、准确地运作。计算机的应用程度已成为一个国家、一个军队现代化程度的重要标志。据统计,海湾战争期间,美军在战区共使用 3 000 多台计算机,并与国内计算机联网。海上部署的大型航母至少装备 200 台计算机。以计算机为信息处理和控制核心构成的战场 C4I 网络,使战场力量得到了空前的优化,不仅提高了军事指挥效率和快速反应能力,而且提高了作战一体化程度,更迅速、更精确地对参战部队进行优化编组、快速部署,使各参战部队间的作战协同更为顺畅,极大地提高了兵力、兵器的作战效能。计算机网络在海湾战争和科索沃战争中的卓越表现,已使人们充分认识到,在现代高技术战争条件下,几乎没有一个军事活动离得开信息,换言之,也就是离不开计算机网络。计算机网络已成为现代战争中战斗力的倍增器。正是计算机网络在现代战争中发挥着非常重要的作用,才使它成为攻击和保护的重要对象,网络战就是在这个基础上产生和发展起来的。

网络中心战就是信息时代所带来的机遇在军事上的反映,是以因特网技术为工具的电子商务模式在军事领域的运用。信息时代的军队应是一个互联互通的网络化实体,军队的网络化是战斗力的新增长点。建立起能实现数据融合和信息管理的信息结构,实施网络中心战就有了物质基础。网络中心战通过信息网络将作战的三大系统(情报信息收集与融合系统、指挥控制与通信系统、火力打击系统)融为一体,组成以计算机为中心的信息网络体系。我们可以看出,整个系统是基于以计算机为中心的三大系统的计算机之间的相互连接,即计算机网络。没有高效的计算机网络,网络中心战所要求的网络体系就无法实现。从信息的收集到信息的处理融合,再到信息实时地提供给各级作战人员都不可能离开计算机网络,就是到最后的火力打击离开了计算机网络也无法实现。所以说,离开了计算机网络,网络中心战就无从谈起。

6.3.2 相同的作战目的——夺取制信息权

信息在现代战场上极其广泛的应用和极其重要的作用,使得保证自己对信息的自由控制和运用,剥夺敌方信息使用权成为影响战争胜负的关键。在信息化战场上能否掌握制信息权将决定战争的胜负。所谓制信息权,就是在一定的时空范围内控制战场信息的主导权。夺取制信息权,就意味着己方获得使用信息的自由权和主动权,有效地排除敌方信息进攻对我方的威胁;同时,通过各种信息进攻手段,剥夺了敌方使用信息的自由权和主动权。

计算机网络战是在计算机网络空间中,利用敌方网络系统的安全缺陷,侵入敌方计算机网络,窃取、伪造或破坏敌方信息,降低、破坏敌方计算机网络的使用效能,同时保护己方计算机的安全,使己方计算机网络可以正常发挥效能。计算机网络战是信息战的一个重要组成部分,它是夺取和保持战场制信息权的一个重要作战手段。在网络中心战模式下,来自侦察卫星、侦察机、预警机、水面舰艇、潜艇和地面侦察部队的各种目标信息,通过数据融合,准确、实时地提供给作战人员和各武器平台,作战人员可以迅速、全面、可靠地洞察整个战场的局势,指挥协调本平台或其他平台的武器,以更快的指挥速度、更高的杀伤概率实施连续作战。网络中心战想要达到的最终目的就是对战场信息近实时地准确利用,从而达到对信息的自由控制和运用,从而达到掌握制信息权的目的。

6.3.3　网络中心战与网络战的区别

网络中心战尽管充分运用了计算机网络技术,但并非实施针对计算机网络的作战,而是以计算机网络为中心和基础,通过将战场各作战单元网络化而实施各种军事行动。网络中心战与网络战有本质的区别:网络战是信息条件下以计算机及其网络为基本工具、以网络攻击与防护为基本手段的一种特殊作战样式。网络中心战是信息条件下一种全新的作战样式,与平台中心战相比,实现上下左右作战信息实时共享和完全意义上的联合作战。

6.3.4　网络中心战给网络攻击提供了更广阔的空间

1. 网络攻击的方法

(1)中断型。所谓中断型就是侵入敌方计算机网络系统的某些节点,破坏其信息传输通路,使信息传输发生中断而无法进行信息传输。

(2)侦收型。通过对计算机网络系统中某些关键节点中的信息进行访问,获取敌方有用信息,转发到己方某个地点,从而达到获取敌方秘密信息的目的。这种攻击的目的是截获敌方计算机网络系统中的秘密情报。

(3)篡改型。通过对计算机网络系统中某些关键节点的访问,不仅提取对己方有用的信息,同时对原信息进行修改、删除或重新建立一个文件等,从而达到破坏其信息完整性的目的。

(4)欺骗型。通过利用纵横交错的计算机网络的某个节点,把己方计算机连入敌方计算机网络,将假情报、假决心、假部署传给敌方,迷惑敌人;向指挥官发布假命令、假指示、假计划,使敌方的军事行动陷入混乱。

2. 网络中心战为实施网络攻击提供了更广阔的空间

(1)网络中心战网络体系的整体性增强了网络攻击的威力

网络中心战依赖的是一个遍布全球(包括航空、航天、海洋和陆地)、功能强劲的网络,为所有节点提供近实时的数据流。可以设想,进入了其中任何一个节点也就进入了这个遍布全球的大网络体系。对其中的某一节点实施有效的网络进攻,受到破坏的不只是这一个节点或者这个节点所在的系统,可能是网络中心战所依赖的整个网络体系。如果通过某一关键节点注入功能强大、传播迅速的计算机病毒,可能在几分钟甚至几秒钟内便使实施网络中心战的部队完全陷入瘫痪。

(2)网络中心战网络体系的高效性提高了网络攻击的速度

由于网络中心战要求每一个作战单元都能够近实时地从网络体系中提取信息,并把自己的信息及时输入网络体系,每一个作战单元可以在该网络体系中了解战场态势、交流作战信息、指挥与实施作战行动,这说明不但网络体系的功能强大,接入体系中的每一节点也具有高效的信息交换能力。由于各个节点都能与整个网络体系进行高效的数据交换,同样在侵入一个节点进行网络攻击的时候,其蔓延的速度也会很快,效率会很高。

3. 网络中心战网络体系节点的广泛性增加了网络攻击的可能

网络中心战网络体系涉及与作战有关的各个领域、各个单元,网络体系的节点不仅覆盖整个战场,而且遍布全球。以往军事网络节点大多存在于指挥控制系统或者较先进的武器平台中,这些节点一般都是敌方重点防护的目标,想通过这些节点侵入网络进行攻击难度比较大。而对于网络中心战的网络体系,它的节点分布十分广泛,而且深入到整个体系的各个单元,网络体系的节点遍布全球。面对广泛分布的网络节点,实施网络攻击就有了大量可选择的目标,侵入网络体系将更加容易。

6.4　赛博空间与赛博空间战

6.4.1　赛博空间

1.赛博空间的定义

根据美国国防部的定义,赛博空间(Cyberspace)(又被称为网络电磁空间)是一个全球信息网,包括因特网、电信网、计算机系统及各类关键工业中的嵌入式处理器和控制器。它主要由三部分组成:电磁频谱、电子系统、网络化基础设施。赛博空间通过网络化系统及相关的物理基础设施,利用电子和电磁频谱存储、修改和交换数据的领域。根据这个定义,赛博空间是一个非常真实的物理领域,该领域由使用电磁能量的电子装置和网络化系统组成,并贯穿于陆、海、空、天领域,通过对数据的存储、修改或交换连接各领域。

由于赛博空间与电磁频谱和网络化系统密切相关,这决定了赛博空间具有一些与陆、海、空、天领域所不同的特点,主要包括以下几个方面:

(1)技术创新性。赛博空间是唯一能够动态配置基础设施和满足设备操作要求的领域,将随着技术的创新而发展,从而产生新的能力和操作概念,便于作战效果在整个赛博空间作战中的应用。

(2)不稳定性。赛博空间是不断变化的,某些目标仅在短暂时间内存在,这对进攻和防御作战是一项挑战。敌方可在毫无预兆的情况下,将先前易受攻击的目标进行替换或采取新的防御措施,这将降低己方的赛博空间作战效果。同时,对己方赛博空间基础设施的调整和改变也可能会暴露或带来新的薄弱环节。

(3)无界性。由于电磁频谱缺乏地理界限和自然界限,这使得赛博空间作战几乎能够在任何地方发生,可以超越通常规定的组织和地理界限,可以跨越陆、海、空、天全领域作战。

(4)高速性。信息在赛博空间内的移动速度接近光速。作战速度是战斗力的一种来源,充分利用这种近光速的高质量信息移动速度,就会产生倍增的作战效力和速率。赛博空间能够提供快速决策、指导作战和实现预期作战效果。此外,提高制定政策和决策的速度将有可能产生更大的赛博空间作战能力。

目前,对赛博空间的认识存在两大误区:一是将赛博空间等同于计算机网络或因特网;二是将赛博空间与信息战相混淆,下面将分别进行讨论。

2.赛博空间和计算机网络的关系

对于赛博空间的范围,或者赛博作战应该包括的内容,目前存在多种不同看法。最为普遍的是将赛博空间等同于计算机网络或因特网,甚至将其与全球信息栅格相混淆。通过美国军方对赛博空间的定义可以看出,赛博空间是由利用电磁能量的电子装置和网络化系统组成,并不仅仅是计算机网络。由于美军将赛博空间定义为整个电磁频谱空间,因此赛博空间作战将包括电子战、计算机网络防御和计算机网络进攻作战。

由于因特网的重要性及其可以影响国家安全的明显弱点,有大量的网络化系统并不直接与因特网相连。许多军事指挥控制网络和防空系统是隔离或封闭的,外界无法直接访问。然而,对于这些没有直接和因特网连接的网络,也可以利用电磁能量进入或实施攻击,达到窃取信息和破坏硬件的目的。这些系统恰恰是必须保持高度警觉的战略系统,利用赛博空间对这些战略系统实施攻击,可以实现与直接打击相同的作战效果。

此外,计算机网络作战是以计算机为平台实施的网络攻击与网络防御等行为,作战对象是敌方的政治、经济、金融、军事等关键网络系统,人员直接伤亡较少,具有"兵不血刃"的效果。而赛博空间是处于电磁环境中的一种物理领域,因此在赛博空间中的战斗并非创造虚拟效果或在某种虚拟现实中攻击敌人,而是物理作战,将产生非常真实的作战效果,通过赛博空间内的战斗,敌方人员可因此死亡或受伤,影响敌方定位部队、指挥控制甚至火力攻击的能力。夺取赛博空间优势远远不只是网络安全或网络防御,有效的赛博空间作战建立在深入理解赛博空间环境的基础上,发展鲁棒的"赛博技术"武器装备。

3. 赛博空间与信息战的关系

关于赛博空间与信息战的关系,目前也存在很多误解。许多人认为,赛博空间仅是信息战的重新包装和重新命名。还有一些观点将赛博空间简单地视为信息战的子集。这些观点都是不正确的,其错误根源就在于混淆了作战领域和领域作战的概念,将赛博空间错误地理解为一种战斗而并非一种作战领域。

信息战是所有作战领域中综合运用信息对抗的战斗方式,其最终目的是影响敌方决策,同时保护己方决策。信息战是一整套作战任务,美军当前的信息战条例确定了信息战的五种核心能力,分别是:电子战、计算机网络战、心理战、军事欺骗和作战安全,从而保障预期作战效果的实现和作战任务的完成。在信息战中,这些能力并非彼此孤立,而是相互协调,共同推进的。其中,针对计算机网络和电子设备的计算机网络战以及利用电磁频谱作战的电子战容易与赛博空间混淆,区分的主要根据是要明确:如同陆、海、空、天等其他领域一样,赛博空间是最新定义认可的物理领域,军事行动将在该领域内进行并贯穿其中,而计算机网络战和电子战均为作战,而不是物理实体。此外,信息战并不专属于某一特定领域,事实上,多领域协同部署可以达到最大的作战效果。

赛博空间是包含电子设备(电子网络,并不仅仅是计算机)和电磁频谱的一种物理领域。赛博空间作战并不与信息战相竞争。确保己方拥有赛博空间作战自由,能有效促进信息战的实施。在赛博空间领域中进行的军事行动,其根本目的是实现信息目标。从作战领域的角度看,赛博空间作战将提高己方的信息战影响力。

6.4.2 赛博空间战

1. 赛博空间战概念

实现赛博空间的有效作战能力需要指挥控制系统与跨领域攻击作战保持同步,并降低己方对赛博空间的使用冲突。控制赛博空间包括赛博空间防御性对抗作战和赛博空间进攻性对抗作战。

赛博空间防御性对抗分为主动性赛博空间作战和被动性赛博空间作战,包括摧毁敌方打击力量或降低其作战效能的防御性措施部署。赛博空间防御包括在敌方打击前、打击中、打击后采取的保存、保护、恢复和重建己方赛博空间能力的措施,具体措施包括赛博空间攻击震慑、赛博空间攻击减轻和生存能力、攻击特性、脆弱性探测与响应、数据和电子系统保护，以及电磁防护与基础设施保护等。

赛博空间进攻性对抗作战将拒绝、削弱、中断、摧毁或欺骗敌方。赛博空间进攻性作战能够确保己方在赛博空间的行动自由，并同时阻止敌方获得相同的自由。赛博空间进攻性对抗作战包括电子系统攻击、电磁系统禁止与攻击、网络攻击和基础设施攻击作战。攻击目标包括敌方陆基、空基和天基网络、电子攻击系统、网络攻击系统，以及敌方部队。随着敌方对赛博空间的依赖度逐渐增加，赛博空间进攻性对抗作战将具有更大的作战效果。

2. 美国空军赛博空间战略构想

2008 年 3 月，美国空军赛博司令部（Air Force Cyber Command）发布了自成立以来的首份战略文件——《美国空军赛博司令部战略构想》，对赛博空间的概念、司令部的任务及实施等方面进行了阐述，其表达的核心观点是：通过对赛博空间的控制来确保攻击敌人，并确保免受敌人攻击的行动自由，是维护美国安全的关键因素。

（1）实现赛博空间的全球警戒、全球到达和全球作战能力

美国空军认为，赛博空间领域主要由三部分组成：电磁频谱、电子系统和网络化基础设施，如图 6 - 9 所示。美军认为，夺取赛博空间优势的关键是实现跨越整个电磁频谱的全球警戒、全球到达和作战能力。

全球警戒是在整个电磁频谱内的感知能力和信号发送能力。全球到达要求具有连接和传输能力，利用广泛的通信网络在全球范围近乎光速移动数据。全球作战能力是威胁或打击任何电磁能量目标，并最终在所有领域内实现动

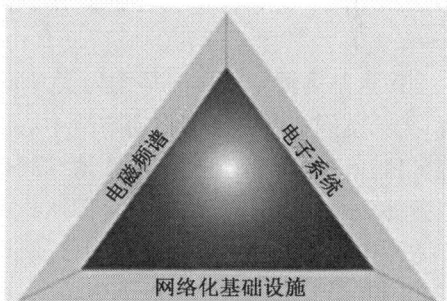

图 6 - 9　赛博空间主要组成示意图

能或非动能作战效果的能力。全球警戒、全球到达和全球作战能力将确保美军在必要的时候保护己方基础设施，指导军事作战，同时削弱或消除敌方军事能力。

美军认为，赛博空间是美国经济、关键设施和国家安全的重要基础。赛博空间作战已成为空军任务的一部分，具有与空中作战、空间作战相同的地位。美国空军将以赛博空间为媒介，在电子战、指挥、控制、通信、监视与侦察等领域，为作战人员提供快速、远程、隐蔽、有效、精确和跨越自然或人为边界的作战能力，其作战效果等同于使用灵巧、快速和精确制导武器实施动能与非动能、致命与非致命的全球打击。

控制赛博空间将是实现各种战略、战术以及其他军事行动有效作战的基础，有助于美军在未来战场上创造全频谱效应，中断、削弱或阻止敌方的攻击能力。实现并维护对赛博空间的控制权对于有效作战至关重要，并能够进一步增强当前在态势感知、精确打击和作战到达方面的优势。

（2）实现赛博空间作战能力的主要手段

美军认为，以获得"制网权"为目标的赛博空间作战必须为指挥官提供关于执行决策、促进作战以及把握作战机遇等方面的增强性手段，并阻止敌方拥有同样的能力。基于此，美国空军赛博司令部的任务实施包括三个方面：利用赛博空间、控制赛博空间和建立赛博空间。

①利用赛博空间

利用赛博空间主要指美国空军赛博司令部将权衡己方的电磁频谱作战，并阻止敌方利

用赛博空间,实现赛博空间作战能力与陆、海、空、天作战同步化和一体化。利用赛博空间包括赛博空间攻击和武力增强作战,赛博空间攻击有助于美军获得确保作战行动自由的军事优势,武力增强有助于美军实现跨越领域作战以及指导赛博空间保障作战的军事优势。

赛博空间攻击作战依靠诸如定向能武器等新兴技术进行,可以实现的赛博空间作战效果包括:摧毁传感器、控制数据、削弱决策保障、中断指挥控制,以及削弱武器系统等。赛博空间攻击作战的目标包括:敌方陆基、空基和天基通信基础设施,还包括敌方武装部队、装备和后勤等。美国空军赛博司令部将通过赛博空间作战效果增强传统的空中优势,并将跨越电磁频谱作战,利用电磁能力对抗敌方其他领域作战装备。

武力增强作战,指美国空军赛博司令部通过监视传感器和数据集成,连接全球、战区和特别作战中心,为士兵提供全球态势感知。全球链接的指挥控制基础设施能够从地区指挥官及其他作战中心获得后方信息支援。

②建立赛博空间

建立赛博空间包括全球远征赛博空间作战、网络与安全作战的指挥控制,以及赛博空间民用保障作战。赛博空间内的有效作战需要具有全球远征赛博空间作战能力和网络作战安全,确保美军及其盟军的跨领域行动自由,并限制敌方获得相同的自由。

全球远征赛博空军作战是指为了发展和实行全综合制空权战略保障的战略、作战和战术目标,美国空间赛博司令部将为空战中心配备经过作战培训的赛博空间操作员。同时为了支撑战区目标,美国空军还将开发赛博空间作战装备作为远征空中部队和空间部队装备的一部分,实现持续、有效作战,满足联合部队指挥官的战斗目标需求。美国空军赛博司令部将为联合部队指挥官部署和引入赛博空间作战部队,这些作战部队将根据情况服从其作战或战术控制。美国空军还将通过跨司令部、跨军种以及跨机构协调,构筑战略级目标的实现。

网络与安全作战的指挥控制是指美国空军赛博司令部将与联合部队协同工作,通过搜索、定位、目标确定以及威胁压制实现对己方和敌方赛博空间作战的完全态势感知,并将与美国政府机构以及其他国家建立关系,确保安全、可行的电磁基础设施的有效性。

赛博空间民用保障作战是指美国空军赛博司令部将为关键基础设施的防御和保护提供支撑,并将通过保护敏感信息来保障国防工业基础。赛博空间的保护能力对国家经济和国土安全至关重要。美国空军赛博司令部将与联邦、州和地方政府以及私有企业团体联合行动,争夺赛博空间领地,并在敌方发起威胁之前降低己方脆弱性,确保敌方利用赛博空间的破坏行为最小化,并将可能产生的损害降至最低。

随着网络技术等信息技术的不断发展及其在军事上的广泛应用,争夺赛博空间已提上日程。毫无疑问,赛博空间已经成为未来战争的最重要作战领域之一,美军更是将是否主宰赛博空间上升到影响国家安全的重要战略地位。我们认为,正确理解赛博空间的含意、深入分析《美国空军赛博司令部战略构想》,对发展我国赛博空间作战能力具有重要意义。

6.4.3　美军赛博空间建设

1. 美陆军提出赛博空间的基本构成

美陆军在 2010 年 2 月发布的《美国陆军赛博空间作战概念能力规划 2016—2028》明确提出了赛博空间的基本构建。

(1)赛博空间是五大空间领域之一

赛博空间是与陆、海、空、天并列的第五大领域,这五大领域是相互依存的。赛博空间节点在物理上融于上述四大领域之中,在功能和运行上,又独立于这四大领域。赛博空间的活动影响其他领域的活动,其他领域的活动也影响着赛博空间的活动。

(2)赛博空间可分为三层,由五类组件构成。赛博空间分为物理层、逻辑层和社会层三层,由地理、物理网络、逻辑网络、自然人和赛博人五类组件组成。

(3)赛博空间由许多不同的节点和网络组成,赛博空间通过遍布在陆、海、空、天的信息节点和网络使其互联互通,形成一个大的体系,且一体化程度也在不断完善与提高。

(4)无线和光学技术的发展引发了计算机网络与通信网络的融合,这些网络越来越依赖于部分电磁频谱和光谱。电子战和赛博空间行动都将需要越来越多地使用电磁频谱和光谱。

2.美军积极开展赛博装备建设

目前,美军研制的赛博武器装备多为电子战、网络战攻击武器装备,以及它们的综合集成与改型武器装备。美国正在致力研制更新意义上的赛博武器装备,美国赛博空间作战典型装备如表 6-1 所示。

表 6-1　美国赛博空间作战典型装备

名称	类别	研发单位	基本性质
"爱因斯坦"系统	赛博态势感知	国土安全部	在美联邦政府及部分商用网络中部署该软件系统,监视通过网关和互联网接入点的数据流,检测恶意代码和异常活动,发现威胁和入侵
数字大炮	赛博空间攻击	明尼苏达大学	通过对某一共用连接发动 ZMW 攻击,引起附近路由发送 BGP 消息,造成网络中路由器震荡,从而破坏网络
舒特系统	赛博空间攻击	空军	对抗战场防空信息网络对抗的系统,采用"网络中心协同目标瞄准技术"提供网络中心环境,由 RC-135 侦察机"高级侦查员"战场网络端口侦查飞机、EC-130H 信息攻击飞机提供网络对抗能力
赛博控制系统	赛博空间防御与态势感知	空军	负责空军赛博空间防御,是空军战斗信息传输系统防御能力的重要组成部分
赛博飞行器/飞机	赛博空间防御、导航与攻击	空军研究实验室	一种软件,最初为赛博空间防御系统,后增加了搭载恶意代码、自主导航、S 投送恶意代码等能力,可看作赛博空间的隐形运输机
赛博空间对抗基础研究计划(X 计划)	综合性网络装备	美国国防高级研究计划局(DARPA)	搭建一个新的可靠系统,为网络空间战场绘制地图,规划网络战武器系统来部署作战任务
国家赛博靶场(NCR)	赛博作战模拟仿真、训练	美国国防高级研究计划局(DARPA)	模拟真实的赛博空间对抗,提供虚拟环境,具备验证美国赛博安全、防止遭受敌对电子攻击、对地方展开在线攻击等赛博对抗能力,为美国制定赛博安全战略、支撑赛博空间对抗装备研发提供试验平台

（1）在软攻击方面，已经研制出 2 000 多种计算机病毒武器，如"逻辑炸弹"和"陷阱门"等。

（2）在硬杀伤方面，已经研制出电磁脉冲弹、次声波武器、动能拦截弹和高功率微波武器，对别国网络的物理载体进行攻击。

（3）已研制出"赛博飞行器"。它是一种能在网络空间中自由"飞翔"的攻击型公用软件平台，可以挂载不同的"载荷"（病毒、蠕虫、木马等），完成赛博攻击任务。

（4）已研制出下一代干扰机。它可替换美国海军 EA－6B 和 EA－18G 电子战飞机上安装的 ALQ－99 干扰吊舱；从传统的区域压制干扰向反应式干扰、精确的瞄准式干扰和赛博攻击过渡；下一代干扰机可作为无线注入工具，具备向敌方无线网络发送恶意逻辑（蠕虫、木马、病毒等）的能力。

（5）已研制出舒特（Suter）系统。该系统可监视敌雷达的显示；控制敌方网络权，并直接操纵传感器；入侵敌方时敏目标链路（包括战场弹道导弹发射装置或移动式地空导弹发射装置等）。

（6）积极开展赛博靶场建设。赛博靶场是指为了适应军事领域内的信息系统和信息化武器装备的发展要求，提供近似实战的信息环境而建立的赛博安全试验平台。美军重点建设：在网络环境中进行无偏差的、定性与定量的信息保障能力与生存工具的评估；对国防部武器系统、作战中复杂的大规模异构网络，以及用户进行仿真；能够在相同的基础架构上进行多项独立的同步实验；能够实际检验国际互联网及全球信息栅格的研究成果；开发与部署创新性的网络测试能力；能够使用科学方法进行严格的网络测试。美国目前组建了多个赛博靶场，如国防部信息保障靶场、国家赛博靶场、联合信息作战靶场等，对美军推进赛博装备技术向实战化转变发挥了重要作用。

3. 积极编织赛博盾牌（Cybershield）

2010 年 9 月 15 日美国呼吁与欧洲共建赛博盾牌，美国国防部可与北约共享：新赛博体系架构、9100 份情报分析文件、态势感知系统 Einstein2 和共组防御作战模式的演练。赛博盾牌重点是建设三重赛博防御体系，第一层，常规性保护；第二层，部署新的入侵侦察和监测系统；第三层，部署最新的、包括国家关键设施的 Cyber 域态势感知系统，可高度融合美欧战略资源的安全可信的共享，为主动防御提供技术基础和联合行动的手段。

4. 积极开展赛博空间的实战性演练

近年来，美军十分重视赛博空间的经常性演练，不断提高赛博空间的作战能力。一方面，美国国土安全部于 2006、2008 和 2010 年分别组织了"赛博风暴Ⅰ""赛博风暴Ⅱ"和"赛博风暴Ⅲ"系列演习。前两场演习，主要是全面检验美国赛博空间安全和应急能力；后一场演习，主要是检验美国重要部门遭大规模赛博攻击时的协同应对能力。另一方面，美军在"联合远征部队试验"系列演习中，成功研制了 6 类"舒特"赛博空间作战技术能力试验与演示模型。自 2009 年起至 2016 年，美军进行的六天施里弗演习中，把赛博空间作战问题作为重要演习内容。通过这一系列演习，检验和提高了美军赛博空间的实战能力。

5. 在平台建设上，积极推进赛博靶场等实体建设

美国国防高级研究计划局（DARPA）积极推进国家赛博靶场（NCR）建设，推动美国在赛博概念、技术与能力上的跃进，力求维持和扩大美国与其他国家在赛博空间的能力代差，为美国在这一新领域谋求优势提供长期、强大的技术保障。NCR 项目源于 2008 年 1 月 8 日由布什总统签署的旨在保护美国网络安全的《国家赛博安全综合措施》。NCR 作为创新技

术研发平台,可为美军模拟真实的赛博空间攻防作战提供仿真环境,针对敌对赛博空间攻击进行试验。

在赛博司令部的统一协调部署下,美军赛博力量建设进入了飞速发展阶段。2013 年,美军赛博司令部提出扩编到 4 900 人,2014 年《四年一度防务评审报告》提出建设 133 支赛博任务部队,2015 年《赛博空间战略概要》提出国防部首要战略目标是要建设和训练赛博任务部队。

当前赛博空间对抗形势日趋严峻,赛博空间已经成为未来战争的最重要作战领域之一,美军更是将是否主宰赛博空间上升到影响国家安全的重要战略地位。正确理解赛博空间的含意、深入分析《美国空军赛博司令部战略构想》《赛博空间战略概要》,对发展我国赛博空间作战能力具有重要意义。

参 考 文 献

[1] 黄健,张鉴,石锐. 空间信息系统与对抗"网络中心战"[J]. 电子对抗,2006(3):31 - 34.

[2] 刘晓馨. 解析"赛博空间"[J]. 外军信息战,2008(4):34 - 37.

[3] 计宏亮,安达,张琳. 美军赛博空间作战战略、理论与技术能力体系研究[J]. 中国电子科学研究院学报,2016(2):144 - 150.

[4] 杨帆,郭庆丰,陈湘莳,等. 网络电磁空间与赛博空间区别分析[J]. 国防,2017. (2):54 - 57.

[5] 赵捷,赵宝献,王世忠,等. 关于赛博空间与赛博空间作战问题的思考[J]. 中国电子科学研究院学报,2011(3):235 - 239.

[6] 林秀青,熊杰. 美军网络中心战的发展及对我军的启示[C]. 信息产业部电子对抗专业情报网二〇〇六年技术交流会. 2010. 1:45 - 48

[7] 季自力,王文华. 美军加快推进战场感知系统建设[J]. 军事文摘,2019(7):52 - 55.

[8] 陈梦飞,陈金明,曾炜. 赛博空间作战背景下美军发展及启示研究[C]. 第六届中国指挥控制大会论文集(下册). 2018(7):721 - 723.

[9] 龚钰哲,岳松堂. 美国陆军赛博战力量建设综述[J]. 现代军事,2015(4):82 - 87.

[10] 汤泽滢,吴萌,吴玮佳,等. 美军"施里弗"系列太空作战演习解读[J]. 装备学院学报,2017(1):54 - 60.

[11] 柯宏发,唐跃平,李云涛,等. 赛博空间作战蓝军力量建设概论[M]. 北京:国防工业出版社,2016.

第7章 太 空 战

随着科学技术的发展,人类战争领域不断扩展,从陆地逐渐发展到海洋、空中乃至外层空间,太空战成为战争的新概念。太空战的概念,最早出现于1971年美国空军颁布的条令中——太空战是指包括太空控制、力量加强和太空支援等在内的一系列作战行动。后来在美国《国际军事与防务百科全书》中描述太空战是"利用出入太空或本身就在太空运作的武器和载人或无人飞行器,对太空或地球表面上的军事行动施加影响的作战活动。除了武器或太空平台以外,一个由地球表面为基地的雷达和其他太空监视传感器、指挥控制中心、通信网络以及发射设施构成的广泛的系统网络,也可对太空或通过太空进行的军事行动提供支援"。俄军认为,太空战是"在国家最高军事指挥机关领导下,使用太空武器及太空军事系统,抗击敌太空武器及太空军事系统,以削弱敌人的太空力量并夺取制天权为目的的作战行动的总和"。《中国人民解放军军语》(1997年版)定义太空战"亦称天战。敌对双方主要在外层空间进行的军事对抗活动,包括外层空间的相互攻防行动以及外层空间同空中或地面之间的相互攻防行动。"

纵观当今世界,太空战在一定程度上正逐步变成现实。

7.1 太空战的起因

太空战是一种全新的作战形式,是21世纪军事大国争夺军事优势新的更高层次的焦点。2001年1月22—26日美军首次举行代号为"施里弗-2001"的太空战模拟演习,2001年5月8日,美国国防部长拉姆斯菲尔德宣布对太空防御计划进行重大调整和修改,2002年10月1日美军将航天司令部和面向核战争的常设"旧"战略司令部合二为一成立新的战略司令部;2001年6月1日俄罗斯太空部队——天军,作为一个新型军种正式宣告成立。2018年8月9日,美国副总统兼太空委员会主席彭斯在五角大楼发表演讲,宣布国防部将依据美国总统特朗普的指令,于两年内建成作为"第六大军种"的"太空军"。

美国和俄罗斯不约而同地将他们新的角力场搬到了太空,使得一种新的作战形式——太空战凸现出来,这必将对未来的作战思想、作战理论、武器装备、编制体制、人员素质等提出新的要求。美国前总统肯尼迪在半个多世纪前曾预言,在未来的战争中,谁控制了太空,谁就控制了地球;谁在太空中处于优势,谁就掌握了战争的主动权。

7.1.1 美军进行太空战的原因

太空战,也叫天战、空间战,是指发生于距地球表面100 km以上外层空间的作战行动。苏联解体后,无论从军事上还是经济上,美国都是世界上唯一的"超级大国",为什么还那么热衷研发太空战呢? 其主要原因有以下三个:

(1)技术原因

①提高战场"透明度"的需要。美国信息系统的最终目标是依靠信息系统提高战场的

"透明度",确保自己自由地利用太空,并阻止对方利用太空的"透明度"。目前,美国卫星轨道高度一般在 700 ~ 800 km,24 颗卫星就能覆盖整个地球,但现在最主要的问题是对真假目标和移动目标的识别率低。比如在战场上对真假目标的识别能力为 12% ~ 15%,看见战场目标,但不能辨其真伪,导致美军在战场上不仅一次次放过真目标、打击假目标,甚至误伤自己和盟军的事也屡见不鲜。为此,美军提出到 2032 年战场分辨率达到 98% ~ 100% 的目标。

②提高太空"设防"能力的需要。美国的航天系统还很不完善,特别是太空系统没有设防,是未来战争中最脆弱的环节。美国认为,21 世纪美国对航天系统的依赖将如同 20 世纪对石油和电力的依赖一样。美国担心"三流技术对美国造成一流的威胁",担心某些国家、潜在敌手和某些国际恐怖组织利用各种"软"武器攻击其航天系统,使其作战指挥和通信系统陷入瘫痪,"珍珠港事件"在太空重演。

③提高对敌国租用"商用民用"航天系统打击能力的需要。敌国租用"商用民用"航天系统为太空战服务,这也是美国最担心的问题之一。目前,美国还没有很好的办法防止敌国租用敌国或第三国"民用商用"航天系统为战争提供直接支援。美军"施里弗 - 2001"太空战模拟演习指挥官罗伯特·赫格斯特伦认为:"对美国太空战指挥官来说,与第三方外国空间供应商打交道将成为太空作战的头等大事"。

(2)政治原因

随着苏联原子弹的爆炸,美国的核垄断随之被打破;随着美苏军备竞赛的加剧,美国的核优势逐渐丧失;随着印巴核试验的成功,美国核威慑作用在削弱;随着高技术战争的实施,美国现有武器装备的作用在退化。这些现实和潜在的危机,使得美国忧心忡忡,为了维持其世界霸主地位,进而抑制中国和俄罗斯,控制欧盟和日本,防范两伊和朝鲜,布什政府冒天下之大不韪,退出《反导条约》,变本加厉地进行太空战研发。其政治原因如下:

①抑制中俄。冷战结束后,环视全球无一国家是美国的对手,但美国政要和舆论当时却倾向性认为,俄罗斯和中国在 2015 年以后有可能成为像苏联那样强大的国家,进而在全球范围内对美国构成威胁。就目前而言,俄罗斯的核武器时时威胁着美国,是美国霸权世界的心头大患,为了保持其世界范围内的霸主地位,美国以国家导弹防御系统(NMD)和战区导弹防御系统(TMD)为先导,进而实施太空战计划,为霸权开路搭桥。

②控制盟友。21 世纪,美国的国家安全战略为联盟战略,对外一致打击共同的敌人,对内实现对盟友的控制,维护其盟主的地位。小布什扩大 NMD 的覆盖范围,将欧盟、以色列、日本、韩国等纳入其中,既安盟友之心,一旦成功,又是操纵盟友的一张"王牌",各盟友只能唯美是从,而众多的盟友参与,既分担了巨额经费,又弥补技术不足。

③防范"无赖国家"。对所谓"无赖国家"的防范是美国谋求军事优势的借口,为了建立以美国为中心的世界安全体系,实现"一超独霸"的野心,自克林顿时期起就指鹿为马地称两伊、朝鲜、古巴等为"无赖国家"。在世界各地煽风点火,惹是生非,对别的主权国家长期制裁和武装侵略,怕别人报复,"9.11"事件后,又多了反对恐怖主义的借口。

(3)经济原因

太空被称作人类的第四环境,它与陆地、海洋、大气层一样蕴含着独特而丰富的资源,这既是美国进行太空战的主要原因,又是进行太空战的主要任务。这些资源主要包括以下五种:

①相对于地表的高远位置资源。主要有环绕地球的低中高度的顺行轨道资源(与地球

自转方向一致,高度为 200～300 km)、极轨道和太阳同步轨道资源(在地球两极上空极轨道运行的航天器,可以对全球进行观察;同步轨道上地球自转轴的平均角速度与地球绕太阳公转的平均角速度方向相同、大小相等,有良好的光照条件,适合可见光对地球观察,可以得到质量优良的照片)、地球同步轨道资源(特别是地球静止轨道,一颗静止的航天器可以观测地球表面的 2/5,3 颗在赤道上空均匀分布、地球静止轨道航天器就能对全球进行观测和通信)。

②高真空和超洁净环境资源。太空高度无气体、无杂质、无物理和化学干扰的环境,是高纯度物质制造、高质量冶炼、焊接和分离等的理想条件,有利于提高产品质量。

③航天器内部微重力环境资源。可以使密度不同的物质充分混合,得到内部组织均匀分布的产品;能减少晶体的缺陷,生长出高质量的单晶、多元晶体和半导体;进行生物试验,揭示生物机理,提纯药物等。

④太阳能资源。

⑤月球资源。月球既是人类飞向其他行星的中转站,又有大量地球上没有的矿产资源。当然,这些资源只是太空资源极其微小的一部分,丰富的太空资源还有待人类去开发和利用。

7.1.2　俄罗斯组建太空部队

随着太空军事化步伐的加快,太空战悄然登上了现代战争的舞台。俄罗斯在极其困难的情况下,精减、调整军队的同时,还组建了独立的太空部队——太空兵,并投入巨资发展太空武器系统。

2001 年 1 月,俄罗斯从属于战略火箭军的军事航天部队和太空导弹防御部队抽调出兵力来,独立组成一个新的兵种——太空兵,直属俄罗斯武装力量指挥。至此,俄军完成了三军种三兵种(海、陆、空军和战略火箭兵、太空兵、空降兵)编制体制的重大改革。同年 6 月 1 日,俄罗斯太空兵司令佩尔米诺夫上校宣布从当日零时起,俄罗斯太空部队正式宣告成立,开始全面履行其职责。这标志着俄太空部队正式走上了独立发展道路。

俄罗斯军事航天部队是进攻型的太空部队,主要有两项任务:一是负责俄军用卫星的发射工作;二是负责对敌方的太空武器系统进行打击,其最重要的装备是已基本具有实战能力的反卫星卫星和反卫星导弹。反导弹防御部队则是防御型的部队,主要任务也有两项:一是监视美国的导弹发射装置,二是对美国的国家导弹防御系统进行打击。反导弹防御部队将全面负责俄军现有太空导弹预警卫星网,它将是一个地面指挥综合体,装备指挥和绘图装置、信息接收装置和计算机等,负责俄罗斯军事卫星集群的管理与发射,能够对美国境内的500 多处导弹发射装置进行全面监视。

7.1.3　太空战的重要性

据 2018 年 6 月 22 日《人民日报》报道,空间轨道上活动的世界各国的卫星有 1 000 多颗,而美国拥有其中的 593 多颗,占了全球总额的一半左右,俄罗斯有 135 颗,大概占了10%,中国在轨的卫星超过 200 颗。这 1 000 多颗卫星分布在从低地球轨道到地球同步轨道的空间上。飞机的飞行空间为从地球表面到 20 英里以上的高空等大气层较厚的部分。与之相比,离地球最近的低轨道卫星的高度为 100 到 500 英里。大多数低轨道卫星、航天飞机都位于 100 到 250 英里的高度,而气象卫星如国防测量支援计划卫星位于 450 英里的高度。GPS 卫星位于中地球轨道,即 11 000 英里。而在地球同步轨道上运行的卫星是国防支援计划(DSP)卫星和通信卫星,其高度约为 22 500 英里。太空日益拥挤,地球同步轨道是太空中的战略要地,其上运行着各国的导弹预警卫星、军事通信卫星等核心系统,备战太空已是不可回避的事实。

"沙漠风暴"行动使美军和联军指挥官第一次看到空间的巨大军事潜能。手持式 GPS 接收机、气象卫星、导弹告警 DSP 卫星以及侦察、情报、监视和目标截获是沙漠作战取胜必不可少的作战能力。现在,太空作战与陆、海、空作战联合在一起大大增强了联合和混合战斗分队的作战能力。

战区和弹道导弹告警是美国航天司令部最高优先级的任务。随着战区弹道导弹的扩散,美国航天司令部正在积极部署天基红外系统,以替代陈旧的 DSP 卫星。天基红外系统将提高导弹探测能力,从而提高预警和太空侦察能力,支援未来弹道导弹防御系统,并为战斗人员提供更好的战场态势感知能力。

就像在"沙漠风暴"行动和在科索沃的"盟军行动"中看到的那样,安全可靠的卫星通信已经并将继续是军事作战行动的关键。利用商业卫星进行通信是美军卫星通信的一个重要方面。目前,美国航天司令部正在研制下一代先进军事通信卫星,以满足混合使用的军用、民用和商业系统未来的通信带宽、防护、生存能力和互操作能力的需要。

GPS 使美国和盟军部队的作战发生了变革。它为精确打击提供了必需的要素:精确武器定位、武器制导、目标定位和战斗空间计时。为了保证美军及其盟友在战场复杂电磁环境中定位、导航和授时应用的绝对优势,在美国 2000 年的财政年度预算支持下(FY2000),美国开始实施"GPS 现代化"计划。据报道,2017 年美国 GPS Ⅲ卫星 GPS Ⅲ SV02 已组装完毕,并通过声学环境测试,新一代的 GPS(GPSⅢ)将赋予美军导航战能力,即在为美国和盟军提供 GPS 服务的同时,关闭某一有限地区的 GPS 服务。

"GPS 现代化"的措施是通过增加 GPS 卫星发射的信号功率,以增强抗电子干扰能力;增加新的军用 M 码,同时与民码分开等措施实现军用导航现代化(六个军用信号),在冲突地区可以拒止敌方使用 GPS 系统。通过增加民用导航信号频点(四个民用信号)实现民用导航现代化。

GPS 系统现代化主要内容包括保护、阻止和保持三方面内容,如图 7-1 所示。

(1)保护(protection)是为了更好地保护美军的使用,研发军码并强化军码的保密性能,加强 GPS 军用信号的抗干扰能力。

(2)阻止(prevention)敌方使用 GPS 全球定位系统,施加干扰,强化选择可用性 SA 技术及防电子欺骗 AS 技术。设计新的 GPS 信号结构,增加频谱,将民用信号和军用信号分开等措施是"阻止"的基本手段。

(3)保持(preservation)在有威胁地区以外的民用用户能够正常使用 GPS 全球定位系统。

7.1.4　太空战的内涵

美国国防部的航天政策认为,"太空是一个可以在其中进行军事活动从而达成美国国家安全目标的独立媒介,就像陆、海、空一样。到达和使用太空的能力是一个至关重要的国家利益,因为在其中进行的许多活动对美国的国家安全和经济利益都极为重要。"与现有的陆、海、空或特种作战分部结构相似,联合部队航天分部指挥官将为联合部队指挥官协调太

导航战方案

阻止敌方使用	施加干扰
保护北约势力	强化武装力量
保护战区以外用户正常使用	限制对战区外的干扰

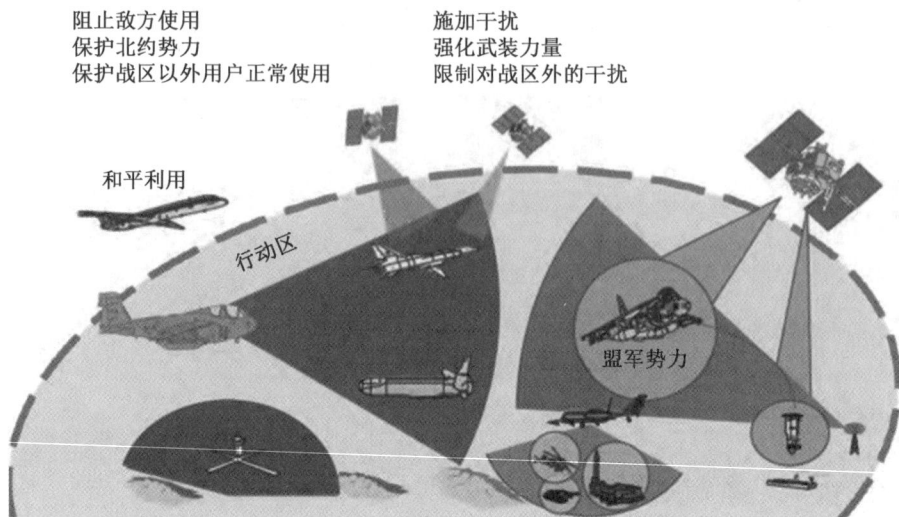

图 7-1　GPS 系统现代化中的保护、阻止和保持

空作战和部队。根据这个前提,美国航天司令部提出了自己的太空作战部队的指挥控制概念。

美国国防部的航天政策认为,太空作战包括以下 4 个子任务。

(1)太空控制

为保证美国及其盟国在太空的行动自由,同时阻止敌人在太空的行动自由而进行的战斗和战斗支援行动称为太空控制。太空控制的任务领域包括:太空侦察、保护美国及友方的空间系统;阻止敌方使用空间系统和服务扰乱美国国家安全利益;直接支援战斗管理、指挥、控制、通信和情报。

(2)力量增强

力量增强是为提高军队的效能以及支援其他情报、民用和商业用户而进行的战斗支援行动。力量增强任务领域包括:情报、侦察、监视;战术告警和攻击效果评估;指挥、控制和通信;定位、测速和导航,以及环境监测。

(3)力量使用

在太空和通过太空而进行的影响冲突过程和结果的战斗行动称为力量使用。力量使用的任务领域包括弹道导弹防御和力量投送。

(4)太空支援

为在太空部署和维持军事及情报系统而进行的战斗勤务支援行动称为太空支援。太空支援的任务领域包括:发射和部署空间飞行器、维护和保持在轨的空间飞行器(如果需要的话)、空间飞行器的脱轨和回收。美国太空空军负责西部发射场(在温德伯格空军基地)和东部发射场(在佛罗里达州的帕特里克空军基地)。西部发射场主要用于发射极轨道卫星和测试洲际弹道导弹,而东部发射场用于其他类型的太空发射。

根据太空作战的 4 个子任务来理解太空作战部队概念有两个关键点:首先,太空作战部队不是太空能力的终端用户,它们为终端用户提供太空能力和服务支援;第二,大多数太空作战的功能都是在联合部队指挥官的职责之外执行的。这些功能包括保证到达、太空侦察、空间系统防护和力量增强应用。

7.1.5 美国太空战的主要武器装备及性能

按照美军太空作战纲要,美军天军主要新式武器系统可分为三类,即两类平台、三个系统、四把利刃。

1. 天基作战平台

(1)空天飞机、轨道轰炸机和太空战斗机

空天飞机是指装有空气发动机、在发射升空和返回过程中利用空气作为燃料的、可在机场着陆的一种把载人航天器与飞机结合成一体的飞行器,是"航空航天飞机"的简称。它既可以像普通飞机一样在大气层中高速飞行,又可以直接加速进入地球轨道,成为航天飞机。它比航天飞机发射成本低、发射准备时间短、机动能力强,能满足太空战的更广泛的需求。轨道轰炸机平时可在近地轨道飞行,当接到作战命令后,就能借助反推火箭脱离轨道进入大气层攻击地面指定目标,可以令敌人防不胜防。太空战斗机是往返于地球表面与近地轨道之间运送有效负荷的新型宇宙飞行器。它可以像火箭一样垂直起飞,像卫星一样在轨道上飞行,像飞机一样滑翔和降落。它能重复使用,完成各种军事任务,如部署、维修、回收太空试验室和天文观察站;作为太空武器的试验台,对高能激光、粒子束等武器进行太空试验;载人操纵各种侦察设备进行军事侦察;作为航天战斗机和航天机动舰队,利用各种航天兵器进行太空战或攻击空中、海上、地面的目标等;将担负阻断、欺骗、削弱和摧毁敌方空间系统任务,能充当侦察与预警平台,还能发射、维修、回收、抓捕卫星。目前,美国未来空天飞机的有关研制项目包括 X-33、X-34、X-37、X-40、X-43,以及"冒险星"载人太空作战飞行器——太空战斗机计划等。

(2)载人飞船和空间站、航天母舰

载人飞船是一种能使宇航员座舱沿弹道式或升力弹道式路径返回地面垂直着陆的航天器,是一种最小的载人航天器,如卫星式载人飞船和登月载人飞船等。太空站又称"空间站""航天站""轨道站",它是一种能长期运行的载人航天器,平时作为载人太空基地、太空工厂、太空试验中心,战时作为太空指挥部和太空武器发射平台。航天母舰是太空飞机起降和运载的平台,停靠宇宙飞船、航天飞机的太空基地和太空战后勤支援系统,大型载人航天母舰是在载人太空站基础上发展起来的,能够航行在离地面3.6万千米的地球同步轨道上,整个舰队由4架航天飞机、2艘太空拖船、1座轨道燃料库和1座太空补给站组成。它将成为航行在太空的天军基地,作为指挥通信的中心,进行监视、预警、指挥和联络;作为太空武器的发射平台,航天母舰上配备受过专门作战训练的航天军,部署定向能武器;作为后方太空基地,用以储存、维修太空作战的飞行器,此外,还将装备必要的自卫武器及医疗、生活设施等。

2. "三个系统"

(1)作战保障卫星系统

在未来战场上,各国将更加依赖以卫星网为核心的全球监视系统,夺取制信息权。一个国家没有卫星的支援和保障,几乎不可能计划和实施有效的军事行动。作战保障卫星系统包括侦察卫星、预警卫星、导航卫星、通信卫星。军用卫星已被广泛应用于侦察预警、指挥通信、导航定位、气象预报、大地测量等方面,不仅是太空战的支援系统,也是空战、海战、陆战和特种作战的支援系统。侦察预警系统的主要目标是弹道导弹。它全时制、全天候地监视全世界地面、水下战略导弹发射情况,以及核查大气中的核试验。军事通信卫星具有覆盖范围广、通信距离远、通信容量大、传输质量高、生存能力强等优点,现代和未来战争对其依赖程度越来越高。军事导航卫星为飞机、舰船、坦克、车辆、导弹、低轨卫星、航天飞机等,以及单兵提供全时制、连续、实时、高精度的三维坐标、速度、时间,被誉为"太空指南针"。军事气象和测地卫星通过对地球大气层活动的不断监测和准确地测定军事地形与地球重力场的分布,可准确地给部队提供气象保障,大大提高了战略武器的效能。上述卫星系统都是各级、各类军事信息系统的重要组成部分,其太空站和地面站都是各级 C4ISR(指挥、控制、通信、计算机、情报、侦察、监视)系统的结点。美军计划在现有卫星系统的基础上部署一个更加严密的卫星监视网,使战场信息每隔 10 ~ 15 分钟更新一次,以提高"全球感知"能力,置信息权于手中。

（2）反导武器系统

反导武器系统就是美国国家导弹防御系统(NMD),美军已确定将反导武器系统的研制作为今后太空作战准备的重点。所谓的 NMD 其实就是多层次导弹拦截系统。所谓的多层次、全过程拦截就是导弹防御系统根据防御区域的大小以及被拦截导弹飞行阶段的不同,对来袭导弹采取的拦截和摧毁措施。拦截的主要层次有三个:一是助推、上升阶段的拦截,主要用于刚发射不久、仍处于助推、飞行中的导弹;二是高层拦截,主要是对高度在 40 ~ 160 km(一般指导弹脱离大气层后,重入大气层前)的导弹进行拦截;三是低层拦截,主要用于对高度在 40 km 以下的导弹在飞行末端进行拦截。如果完成 NMD 的部署,整个 NMD 系统包括至少 2 个发射场、3 座指挥中心、5 座通信中继站、15 座雷达、29 颗卫星、225 座地下发射基地,以及 250 枚拦截导弹。

（3）反卫星武器系统

在未来战场上,军用卫星将"指""点"江山,而"杀手"卫星、攻击卫星、"卫士"卫星搏击长空。"杀手"卫星平时在固定轨道上运行,接受命令后实施机动,利用机械手、网状织结物捕获对方的卫星及航天器或利用直接碰撞使其丧失作用;攻击卫星是利用定向能武器、动能武器、微波武器直接攻击敌方飞机、导弹、舰船、地面目标的进攻型卫星;"卫士"卫星是保护己方航天器的"哨兵"。目前,美国航天飞机已经具备用遥控机械臂或由宇航员直接破坏、"俘虏"敌方卫星的能力。2014 年,美国公开了天基激光武器专利,采用激光传递能量的方式,利用卫星群给一颗特定卫星上的大功率激光器供电,用于对敌方卫星或地面目标进行激光打击。

3. 四把"利刃"

（1）激光武器

激光武器是利用激光的高热效应,以高温瞬间融化任何金属;利用光速(延时完全可以忽略,不需要提前量)可直线射出,没有弯曲弹道,简直就是指哪打哪,没有后坐力,可以快速转移打击目标。正是激光武器的这种神奇本领,使其成为理想的太空战武器之一。

（2）粒子束武器

它是利用加速器原理制造出的新概念武器之一。粒子进入加速器就会在强大的电场力作用下,加速到所需要的速度,这时粒子集束发射出去,就会产生巨大的杀伤力;粒子束武器的高能粒子以接近光速前进,用以拦截各种航天器;可在极短的时间内命中目标;粒子束武器将巨大的能量以狭窄的束流形式高度集中到一小块面积上,是一种杀伤点状目标的理想武器。

（3）微波武器

微波武器由能源系统、高功率微波系统和发射天线组成，主要利用定向辐射的高功率微波束杀伤、破坏目标。特别是微波波束武器完全有可能与雷达兼容形成一体化系统，先探测、跟踪目标，再提高功率杀伤目标，犹如无形的"神鞭"，既能进行全面毁伤、横扫敌方电子设备，又能精确打击、直击敌方信息中枢，是现代电子战、电磁战、信息战中不可缺少的基本武器。

（4）动能武器

它是利用超高速运动弹头的巨大能量，通过直接碰撞的方式摧毁目标的武器，但它不是靠爆炸、辐射等物理和化学能量来杀伤目标，而是靠本身巨大的动能，在与目标短暂而剧烈的碰撞中杀伤目标。因此，它是一种完全不同于常规弹头或核弹头的全新的新式武器。

7.1.6 美国太空战部队

"沙漠风暴"行动常常被人们称为美国的第一次太空战争。那时，还没有集中指挥和控制太空部队的理论。

经过十几年的研究，美国于2001年8月出版了联合出版物（JP）3-14《太空作战》。在（JP）3-14联合出版物中，联合部队指挥官被赋予了联合部队太空作战权力（JFSOA）。JFSOA的目的是为战区指挥和控制提供太空支援。联合部队太空分部指挥官最关心的是美国何时拥有太空武器。

美国国防部的航天政策认为："太空作战部队是指为了国家安全而到达、使用、指挥和控制太空所必需的空间和地面系统、设备、设施、机构和人员。"到达和使用太空的人员几乎包括战场上的每一个人。在美国空军的太空作战理论中包括情报功能，因此，在美国空军理论文献草案（AFDD）2-2《太空战》中指出，"太空作战分队获取太空优势、提高部队应用的能力，以及收集、处理和实时分发有关敌方部队信息的能力是必不可少的。"目前，美军各军种对太空作战部队的概念看法不一，大多数观点都倾向于把太空作战部队看作一个独立的军种，由自己的分部指挥官或联合部队空军分部指挥官（JFACC）进行指挥控制。但这样需要庞大的基础设施来指挥所有的人员和资源。因此，太空作战部队的定义应该由他们所执行的功能（特别是太空作战）来定义。

1. 美国航天司令部的任务

美国航天司令部的任务是规划和使用太空作战部队在和平、危机和战时执行连续的军事太空行动（太空控制、力量增强、力量使用和太空支援），支援国家指挥当局、参联会主席、各战斗部队司令部、各联合部队分部司令部及其他各机构，同时阻止敌人采取类似行动。美国航天司令部已经出版了《太空部队指挥控制作战概念》和分队人员配备的《太空作战支援》文献，以说明如何指挥太空作战部队和执行太空作战。

太空控制是美国航天司令部的任务之一。太空控制对美国的战斗能力最大化至关重要。目前，美国还没有一个坚固的体系结构来保护美国的空间系统免遭攻击，也没有更多的选择来阻止其他国家使用空间。就像在盟军行动中看到的那样，美国除了轰炸卫星地面站外，没有更多的选择。

美国航天司令部负责对空间在轨系统的控制，以保证它们正确地运行，并躲避其他空间物体或残骸。美国航天司令部在世界各地的雷达和光学系统传感器网络跟踪和维持8 300

多个空间物体,这些物体小的如同圆珠笔,大的则有轿车体积的 12 倍。太空侦察对美国航天司令部的太空控制任务非常重要。太空控制并不意味着拥有太空优势,而意味着可根据需要随时随地进行控制。

计算机网络战是赋予美国航天司令部的最新任务。2001 年 4 月 2 日,美国航天司令部成立了负责计算机网络作战的联合特遣部队(JTF - CNO),以便由作战指挥官单独指挥计算机网络防御和计算机网络进攻任务。计算机网络作战由作战指挥官独立指挥,可以实现指挥和工作的协调一致,从而更有效地使用可用资源,以使与情报界的协调变得容易,并能建立起更清晰的局与局之间的协调关系。计算机网络防御是美国航天司令部的第一优先任务,主要是保护美国的国防信息基础设施(DⅡ)免遭干扰、拒绝、削弱或摧毁。

力量使用是美国航天司令部的另一任务领域,将来在太空控制和弹道导弹防御中将发挥主要作用。力量使用是指运用太空作战部队(操作天 - 天或天 - 地武器)的能力。美国目前还没有太空武器,但是美国总统已经通过联合指挥计划给美国航天司令部下达了任务——为太空力量的使用制订计划。

2. 太空作战指挥控制结构

美国与潜在的敌人相比,具有太空作战和计算机网络作战的优势。自"沙漠风暴"行动以来,美国航天司令部已为实施将太空作战集成到日常军事活动中投入了大量的时间和精力。

美国航天司令部为下列各分部司令部提出了太空作战部队和太空作战的指挥控制结构:陆军航天司令部、海军航天司令部和第 14 空军。作为航天司令部的战斗组成部分,这些分部制订计划并执行太空控制、力量增强、力量使用和太空支援任务。

美国航天司令部的作战与训练部门指挥官受航天司令部总司令委派,指挥太空作战。太空作战部队的作战计划在美国航天司令部集中制订,并通过其各分部执行。

太空作战中心与美国航天司令部的战斗参谋一起在主要演习和冲突的全过程中为联合部队指挥官提供太空作战支援。因为太空作战是全球任务,所以在一直被支援的战区发生的事情也会影响另一个战区。因此,必须使其他战区司令了解太空作战的情况,太空作战中心要通过全球指挥控制系统和内部链路与其他作战中心建立联系。

把太空作战的控制任务赋予一个分部指挥官可能不是联合部队指挥官的最佳选择。因为太空作战支援是各联合部队分部的任务中短暂而不可缺少的组成部分,因此各分部指挥官一定会争夺太空作战支援。

战区太空作战部队最好的指挥控制机构可以全程干预作战,并为联合部队指挥官排出太空作战的优先次序。因此,联合部队指挥官应该控制太空作战部队,并把联合部队太空作战权力委派给联合部队的作战与训练部门。有许多人可能会反对这种做法,因为联合部队指挥官的参谋不实施作战行动。但是,将联合部队太空作战权力及排定作战优先次序的任务赋予作战与训练部门,实施起来不需要大的基础设施,而且作战与训练部门在作战的全过程中都能行使联合部队太空作战权力。

如前所述,多数太空作战将由不在所支援战区的太空作战部队执行。美国航天司令部已经提出了一个指挥控制机构来管理这项工作。但是,在战区内所需要的是协调而不是指挥控制机构,因此,这就要求美国航天司令部的指挥控制机构有一个与战区的外部接口,此间的协调过程称为"往返(Reachback)。"美国航天司令部联络官、联合太空支援组和分部太空支援组都应联合满足这个需求。

3. 美国太空作战的组织实施方法

美国航天司令部把上校军衔的联络官分配到下列司令部：美国联合部队司令部、美国中央总部、美国欧洲司令部、美国太平洋司令部和美国特种作战司令部。这些联络官都有一定的作战背景和有关航天工作的丰富经验。他们通常在所支援的司令部工作超过 3 年。他们首先要了解所在司令部的太空支援需求，然后运用太空作战来满足这些需求。他们是所支援部队司令部参谋和美国航天司令部之间的主要联系手段。联络官在所支援部队的司令部作战委员会工作，从而保证将太空作战能力融合到计划、作战、训练和执行中。

战时，来自专门的联合太空支援组和分部太空支援组的人员将补充到联络官队伍中。联络官和分部太空支援组为所支援的司令部、联合特遣部队、分部司令部参谋和美国航天司令部之间提供联络。他们为所支援的司令部提供太空专业知识、建议和帮助，如提出空间系统目标和优先次序建议；实施战区弹道导弹告警；提供有关空间系统状态信息和对当前作战的影响；战场情报准备的太空支援；研究准备期间的支援计划和制订危机行动计划。

联合太空支援组和分部太空支援组为联合部队、联合特遣部队和分部指挥官提供太空作战支援。分部太空支援组与美国航天司令部联络官一起工作，通过向美国航天司令部太空作战中心提交态势报告，为所支援司令部提出太空作战需求。这就是"往返"的工作过程。这是被支援战区与美国航天司令部太空作战部队的指挥机构进行联系的手段。美国航天司令部太空作战中心为美国航天司令部总司令提供 24 小时全球和地区态势感知。

当作战节奏超出太空作战中心的职责能力时，就会启用战斗参谋机构。战斗参谋机构制订危机行动计划，包括准备作战计划和命令。它由一个指挥组和一个危机响应分队或一个危机行动小组组成（根据态势决定）。太空作战中心与较高层的司令部、被支援的司令部、美国航天司令部的战斗参谋机构、分部太空支援组、夏延山作战中心和美国航天司令部各分部作战中心进行职责协调。

为满足所支援分部的太空作战要求，分部太空支援组要组织起来进行训练。分部太空支援组主要执行太空作战的力量用于增强子任务，为战斗人员提供气象、通信、导航、情报和导弹告警支援。

联合太空支援组为统一指挥提供支援并增补联络官。每个联合太空支援组都有 3 个核心成员，并可根据任务要求增加专业人才。联合太空支援组和分部太空支援组都要与联络官协调，并把他们的需求上报各自的上级指挥作战中心。联络官和联合太空支援组要与美国航天司令部委员会、太空作战中心和分部支援组进行协调，所有的需求都要送给太空作战中心作为情报或采取行动的依据。

4. 信息作战

指派联络官作为太空作战和太空作战部队在战区内的核心，使得太空作战部队可以支援一批作战任务，包括信息作战。目前，太空是信息作战重要的活动场所，它集成了广泛的潜在信息作战行动和活动。联合部队指挥官通常把分队的控制权授予其作战与训练部门。作为作战与训练部门的组成部分，联络官要支援信息作战分队。

指派联络官作为太空作战和太空作战部队在战区内的核心，使联合部队指挥官拥有一个可靠、有效和灵活的组织，从而最大限度地使用太空作战部队和完成太空作战任务。

美国不是唯一认识到空间力量潜能的国家。印度空军参谋长 A. Y. Tipnis 上将最近指出："尽管空中力量在决定冲突的结果中占有压倒性的优势……但信息优势将使空中优势退居第二位……从空中优势到信息优势再到太空优势是一个逻辑上的进步"。

太空作战将继续承担更具支配地位的作用。美国国家安全太空管理和机构评估委员会在其报告中指出:"对天基能力的适当投资将使国防部的防护和防御措施、阻止和拒绝敌方系统的能力以及快速远程力量投送的能力得到增强。"当获得和部署这些能力时,太空的作用将完全改观,很可能任何战役的第一步就是获得太空优势。

5. 太空战的作战样式

未来的太空战是以宇宙空间为主要战场,以天军部队为主要作战力量、以太空武器对抗为主要作战样式的对抗。现时的太空战主要有两种作战形态:从太空为陆战、海战、空战提供军事支援,被称作"软性"作战形态;从陆地、海面、水下、空中对敌方航天器实施攻击行动,被称作"硬性"作战形态。

太空战,按照作战区域可分为以下三种:

(1)"天-地"对抗战,即使用航天兵器突击敌方的地球目标,或使用地基激光武器、粒子束武器、微波束武器截击敌方的战略导弹和航天器;

(2)"天-天"对抗战,利用反卫星卫星、反卫星导弹与天基截击导弹以及宇航员在太空基地直接操纵武器或装置,摧毁或捕获敌航天器;

(3)"天-地"一体战,即在陆战、海战、空战的配合下,以太空为主要战场,以争夺制天权为主要目的的全维作战。

从作战方式上,太空战主要表现为以下几种样式:

(1)摧毁战,即使用太空武器从地面或空中直接摧毁敌方航天器。在航天技术还不尽完善的时期,摧毁战将是太空战的主要作战样式。目前研究的摧毁战主要包括轨道轰炸、反卫星导弹两大类。轨道轰炸就是把安装有核弹头或常规弹药的卫星或其他航天器预先部署在轨道上,一旦需要,即发出指令,使其变轨接近敌方航天器,利用自身引爆产生的碎片击毁目标或发射火箭击毁目标。反卫星导弹是一种从地面或空中发射的,以敌方航天器为目标的导弹。反卫星导弹是借助其他发射工具和自身的动力进入轨道,而后以自身配备的探测跟踪器自动识别和捕捉目标,并将目标击毁。

(2)二是致盲战,即用激光、微波等定向能武器,从地面或空中攻击敌方的航天器,使敌方航天器中的各种光学和电子仪器毁坏,从而使其无法正常工作,成为毫无用途的废物。1997年,美国在新墨西哥州西部的沙漠深处发射了两束强激光,直接命中距离地球415 km的气象卫星MSTI-3号。目前,美国还在积极研究在飞机和卫星上使用的激光武器。微波武器则利用高温、电离、辐射和声波等综合效应定向发射,破坏敌方航天器。

(3)干扰战,即针对航天器一系列活动均依靠信号进行的特点,在掌握敌方航天器运行轨道参数及其与地面、空中联络方式的基础上,发射新的卫星或部署从轨道上已经变轨的卫星接近目标,而后发射相同参数的信号,干扰敌方航天器,使其不能正常接收指令,也不能提供信息。干扰战比较隐蔽,不易被发现,代价较小,它可避免摧毁敌方航天器产生的碎片给己方带来的负面影响。

(4)捕捉战,即利用航天飞机和空间轨道站靠近目标,以机械臂或人工方式将敌方的航天器捕捉,或加以毁坏,或改造为我所用,或送回地面进行研究。1994年9月,美国"发现者"号航天飞机升空后,航天飞机上的6名宇航员成功地发射了一颗卫星,同时还用机械臂抓住一颗损坏的卫星,将其收回地面。这表明,利用航天飞机和空间轨道站在太空捕捉敌方航天器是可行的。

太空战的战法多种多样。它作为一种作战形式,可以借鉴陆战、海战、空战的一些战法。

信息时代的太空战,是信息化战争的一种形式,其战法具有信息化战争的印记(如"斩首法""致盲法")。太空战有其特殊的作战空间和武器系统,故也有其特殊的作战样式和作战方法。当今世界,空间大国凭借其先进的科学技术和雄厚的经济实力,太空武器系统的水平和太空战的能力遥遥领先于其他国家。这种太空战力量悬殊的状况在短期内不会改变。为此,我们不仅要研究对称条件下的太空战战法,更要注重研究不对称条件下的太空战战法,以应对未来太空战。

7.2 太空信息作战信息攻击

太空信息攻击,是指运用各种太空电子与信息武器装备和太空进攻性武器,对敌太空信息作战武器装备系统及其他各种太空武器实施的信息压制、干扰和打击进攻性作战行动。太空信息攻击,是现代信息战在太空战场的运用,是进攻性太空信息战的重要作战样式。其目的是破坏、延迟或中断对方对太空信息的获取、传输、认识、判断、决策过程,为夺取太空信息优势,掌握战争中的主动权创造条件。

7.2.1 太空信息作战的主要特点

1. 战场空间极其广阔

太空战场,是指太空军事力量实施作战的场所。根据太空军事力量及其武器装备的战术技术性能,太空战场的主体在外层空间,同时也包括相关的空域、海域和陆域。考虑到人类航天技术的现状及可能发展,以及航天器在地球宇宙空间运行时具有的不同特点,地球宇宙空间可分为以下几个区域:近地空间(100~150 km)、近宇宙空间(150~2 000 km)、中宇宙空间(2 000~50 000 km)和远宇宙空间(50 000~930 000 km)。目前,40%的航天飞行器和100%的洲际弹道导弹与潜射弹道导弹运行于或经过近地空间和近宇宙空间;约60%的不载人军用航天器运行于中宇宙空间。随着航天技术的发展,人类的航天足迹还会大量出现在远宇宙空间,甚至会进入星际空间。但在未来相当长的历史时期,人类在外层空间的军事行动将主要在地球宇宙空间内进行。地球宇宙空间把大气层和整个地球包围,太空作战力量既依托于传统的陆、海、空战场,又与传统的陆海空战场相互作用,因此使得太空战场呈现出"环球一体"的基本特征。太空战场空间之浩瀚,令传统的陆海空战场相形见绌。浩瀚的太空战场,既为各种太空作战力量大量部署与广泛机动提供了宽广的战场舞台,同时也对太空作战力量组织指挥、作战协同与作战保障等带来更加复杂的困难。

2. 作战环境异常复杂

与传统的陆海空战场一样,太空战场也有自己独特的战场自然环境要素和社会要素,这些战场环境要素都会对太空作战力量及其作战行动构成不同程度的影响。

(1)特殊的战场自然要素。太空战场的自然要素主要是指地球宇宙空间的自然环境,同时也包括有关陆战场、空战场和海战场范围内的自然环境条件。太空战场自然环境包括多种自然环境要素和诱导环境要素,如地球引力、地球磁场、空间辐射、流星体、高温差、高真空、大气层和失重,等等。这些太空战场的自然环境要素,会对太空军事力量及其作战行动带来不同程度的影响。

(2)新型的战场社会要素。太空战场社会要素,主要指存在于太空战场范围内,并对太空作战力量及其行动有重要影响的政治、经济、科技、文化、资源等社会条件。对太空军事行动影响较大的太空战场社会要素主要有以下几种：一是各航天国家或集团的太空战略及经济、科技、人才等航天实力；二是外层空间法及双边或多边国际太空公约、协议；三是航天国家或集团部署在地面、海上和空中的各种民用航天力量和设施；四是世界各航天国家部署在太空的各种航天器。"太空社会要素"在对太空作战产生制约的同时，在一定条件下，也能成为被利用的有利条件。不断复杂的世界太空格局，一方面增加了对太空战场进行监视与识别的困难；另一方面，也为在太空战场进行隐蔽、防护和实施太空游击战、机动战创造了条件。

3. 作战力量高度智能化

随着现代技术特别是高技术的蓬勃发展及其在军事上的广泛运用，军队战斗力与军队的数量、规模间的关系发生质的变化，高技术已经成为影响军队战斗力的核心要素，而部队的数量与规模对战斗力的影响力正在明显降低。在高技术的影响推动下，现代军队的发展建设，正在由数量规模型向质量效能型转变，小型化、高效化已经成为现代军队发展的一个基本方向。航天技术是人类高技术最为集中的一个群体，高智能化是航天技术的一个重要特征。军事航天力量作为20世纪人类航天技术的产物，从其诞生之日起，就根植于航天技术这一高技术群体的沃土之中，被深深地打上了高技术的烙印。军事航天力量从起步开始，就跳出了传统的诸军兵种以数量规模为基础的发展模式，走上了一条崭新的以高技术为本的质量效能之路。高智能化的航天技术，一方面使太空武器装备普遍具有较强的智能，从而使军事航天武器装备对人工的依赖越来越低，太空军事力量相对于常规军事力量来讲，其规模大大缩小；另一方面，高智能的太空武器装备，却对人员的素质提出了更高的要求，太空军事力量的"天兵""天将"必须是"智高一筹"的航天技术与航天军事的行家里手，是一支学者型、专家型为主的高素质人才群体。此外，由于太空战场环境十分复杂恶劣，客观条件也不适合大规模兵力在其中实施作战。这就决定了太空军事力量必须走高智能化的发展道路，精干、高效将是太空军事力量的重要特征。

4. 高技术信息化对抗空前激烈

智能化、信息化是航天技术的突出特征。在航天技术直接孕育下成长起来的太空军事力量及其武器装备，已经被深深地打上高技术烙印，并使太空作战表现出鲜明的智能化与信息化对抗特点。回顾太空作战的发展历程也可以看出，正是由于计算机技术和太空信息技术的成功运用，太空侦察、通信、导航等太空信息作战成为太空战场最早出现、日趋成熟的作战形式，并且一直占据太空战场的"主角"。可以说，太空作战"起家"于太空信息战，成长于太空信息战，未来必然还会全面成熟于太空信息战，信息化对抗与太空作战有着不解之缘。太空智能技术和太空信息技术的不断发展及在军事上的广泛运用将会使未来的太空武器装备的智能化和信息化程度越来越高，未来的太空军事斗争将全面表现为智能化、信息化的高技术对抗。

7.2.2 太空信息作战信息攻击的主要手段

1. 太空强电磁脉冲攻击

太空强电磁脉冲攻击，是指在太空或高空，利用强电磁脉冲武器爆炸所产生的强电磁脉冲，对敌方部署在太空的各种太空武器系统进行的打击破坏行动。强电磁脉冲能使远距离的各种电子装置、通信线路、无线电和雷达失效。据科学家计算，若在美国阿拉斯加州上空

300~400 km处爆炸一枚1 000万吨(TNT)当量的核弹头,核爆炸所产生的强电磁脉冲将使全美国所有的电子设备在相当长时间内无法工作。由此可见,强电磁脉冲是一种有效的信息攻击手段。强电磁脉冲既能通过核武器爆炸产生,也能用常规炸药和推进剂产生。目前正在研究中的强电磁脉冲技术有三种:炸药泵浦磁通压缩发生器、炸药和推进剂驱动的磁流体动力产生器、高功率微波源。美国的洛斯阿拉莫斯国家实验室研制出了一种手提箱大小、可产生高能电磁脉冲的设备,把它放在一栋大楼附近,其产生的脉冲可以烧毁大楼中所有的电子器件。如若把这些电磁脉冲武器装在普通的弹道导弹里或部署到太空中,使这些强电磁脉冲武器在太空实施爆炸,就能大范围地破坏敌方的在轨航天器。但由于强电磁脉冲武器的爆炸方向、杀伤破坏范围不易控制,容易对己方太空武器装备造成"自相残杀",所以这种行动样式一般不宜轻易使用。但不排除当己方在太空战场处于极度危险的特别情况下,或者己方太空力量及武器装备将采用"推迟进入太空"的战术时,可能采取这种作战样式。

2. 空间电子摧毁

空间电子摧毁是在统一意图下,有计划地运用反辐射武器和其他硬杀伤武器,或结合其他攻击手段,在电子对抗侦察的配合下,对太空敌电子信息系统实施火力摧毁,使之永久失效的一种电子进攻方法。摧毁的主要目标如下:

一是太空的核心目标,如敌空天基本指挥网、协同网等;

二是太空的要害目标,通常有高级指挥控制系统,远程火力打击系统,以及后方保障系统等;

三是太空系统中的高价值目标,如C4ISR系统中的中心节点,导弹群中的制导雷达,等等。

3. 强电磁脉冲攻击与空间电子摧毁的战法

强电磁脉冲攻击与空间电子摧毁的能力,就是具备以高功率微波武器、高能激光武器等新概念电子攻击武器,对敌卫星系统中的电子设备,特别是一些敏感的元器件实施致盲或毁坏的能力。具体表现为:能够利用高能激光武器摧毁敌侦察卫星的光学探测和成像传感器,摧毁敌卫星光学传感器,或者摧毁卫星的温控系统、太阳能电池板等附属设施;利用大功率微波武器毁坏电子侦察卫星的接收机和合成孔径雷达卫星的雷达接收机,造成目标结构性的破坏,等等。

(1)战法一:节点打击

在攻击目标选择上,强调节点打击,结构破坏战法。就是集中一定的兵力对敌空间作战系统中的关键部位或节点进行精确打击,从而破坏其整体结构,削弱甚至瘫痪敌整个作战系统的战法。

①攻击和破坏地面遥控设施。军事卫星系统的地面遥控设施包括与军事卫星遥测、遥控、日常操作管理、指挥控制设施有关的所有设备,它关系到军事卫星系统的正常工作。这些设施由于设在世界各地,易于遭到攻击和破坏,也是易于被计算机网络入侵的重要环节。例如,美国的GPS系统设有五个固定的地面遥控站,GPS系统的定位精度与卫星、五个固定遥控站和主控制站密切相关。因此,只要使其中某些遥控站发生严重故障或失效,就可使GPS系统的导航定位性能大大降低或失效。

②反卫星拦截器。反卫星拦截器一般都是从地面、空中或天基平台发射进入拦截弹道或运行轨道的,而且要基本与目标卫星的运行轨道相同。反卫星拦截器上的雷达或光学系统引导它攻击或拦截目标卫星。这些拦截器能准确击中目标卫星的关键在于它所采用的破

坏机理(如动能、化学能、核能或电磁能等)、它的相对交战速度、需要多近才能摧毁目标卫星,以及所使用的发射平台等。

③反卫星定向能武器。包括激光、射频和粒子束武器,它们的共同点是:使用距离远,使用地基或空基发射平台,能攻击多个目标卫星,可在数秒内瞄准并攻击目标卫星,能使目标卫星受损"致盲"并在一定程度上拒绝提供服务,实施攻击行动时受攻击的目标卫星往往无法给出告警信息,性能下降而不能有效地判断。

④对通信、遥控跟踪数据和指令链路的电子攻击。实施电子攻击使用电磁能和定向能,选择的攻击目标是通信卫星以及其他卫星系统中的通信、遥控跟踪数据和指令链路。例如,破坏卫星的姿态控制指令链路可以使卫星偏离原定的运行轨道,从而中断其与地面的联络,打乱敌方的战略、战术部署。

(2)战法二:寄生攻击

寄生星是一种由己方投放、能寄附在敌方卫星上的微小型卫星,它能在战时根据己方相应的指令对敌方卫星进行干扰和摧毁。该系统由寄生星体、母星及运载器、地面测控指挥系统三大部分组成。由于寄生星平时寄附在敌方卫星上、战时才启动发挥作用,因此其体积和质量微细,以免在和平时期影响对方卫星正常工作而暴露。由于大量采用微电子和微机电技术,寄生星的重量只有几千克至十几千克,小的可以只有几百克。

作为一种新概念反卫星武器,寄生星的主要作用机理是采用超高频率磁场或自爆使相关的卫星失去使用能力和作战效能。寄生星能对付多种类型的卫星,从低轨道到中高轨道,从军用到民用,从单星到星座,不管是什么星,寄生星都可以进行控制和攻击。通信卫星、预警卫星、导航卫星、侦察卫星、雷达电子干扰卫星,甚至空间站、天基激光炮等,无论如何先进,只要被寄生星锁定,都难以逃脱战时在瞬间被瘫痪或被摧毁的命运。

(3)战法三:轨道突击

发射专门的攻击卫星,经过精确计算后进入太空轨道,然后利用隐形技术,避开敌太空侦察手段,将卫星储藏在难以侦察到的高空轨道上。平时最大限度地隐藏自己,只有任务需要时才让其"显出原形",到离地球近的空间轨道活动,对敌空间作战兵器的电子信息系统实施电子攻击,使其致盲、瘫痪和丧失战斗能力,或对敌空间卫星和弹道导弹实施隐蔽突击和轨道拦截。

2003年,美国国防部出台的"全球警戒线、全球到达和全球力量"战略构想,要求美国空间作战飞行器在2010年由平时进入战争状态的时间不得超过一小时。它们在很短的时间就可以进入太空,攻击地球上任何目标。美国未来战争的许多理念实际上在过去几次局部战争中就已经实验了,比如大规模使用隐形战略战斗轰炸机和各型无人飞机。太空战争时代就要到来,铺天盖地的导弹、炸弹,像冰雹一样从太空倾泻而下,并且像长了眼一样,各自寻找所要攻击的目标。未来的太空战争很可能就是无人战争。

美国大力发展军事航天技术的最终目标,是确保美军保持并不断提高其利用太空能力的优势。令人们不安的事实是:美国的太空军事实力正在急速膨胀。一旦美国全球导弹防御体系建成,一个覆盖全球的战争新体系就将全部构造完毕。美国的对手,用以威慑美国的最后工具——核武系统也将失去效力。到那时,一个以绝对不对称军事力量为后盾的单极政治体系,一个以美国为核心的单向透明的全球帝国体系,将横空出世。"潘多拉匣子"已经打开。一如机械化闪电战催生了希特勒的"第三帝国"一样,非接触太空战,已经孕育着一个世界新帝国的雏形。这场战争的结果所展现出来的远景,足以让我们产生强烈的危机感。

4. 联合太空电磁干扰

联合太空电磁干扰,就是利用部署在陆、海、空、天战场的各种太空电磁干扰武器装备,对敌方太空的各种信息系统和地面航天测控网实施联合立体式电磁干扰与破坏。位于太空的各种信息系统和部署在地面的航天测控网是太空信息系统的两大组成部分,是太空电磁干扰的主要目标。随着陆、海、空诸军种信息战能力的发展,多军种联合实施太空电磁干扰将会成为可能,并将收到良好的作战效果。例如,利用陆基激光武器,就能对运行于低地轨道的卫星等航天飞行器的各种敏感元件实施有效的干扰与破坏。苏联就曾利用陆基激光器把美国的卫星"打瞎"。利用远程精确制导武器把各种电磁武器战斗部投向敌一方的航天地面测控网的上空,亦能对其造成一定的电磁干扰与破坏效果。据悉,俄罗斯一家公司已经研制出一种手持式卫星全球定位系统干扰仪,其有效作用范围可达150英里。如果将各种机动式卫星全球定位系统干扰仪,在己方主要作战方向和战略战役纵深内的主要目标周围实施大范围立体部署(如地面车载、飞机和舰船携带式、气球携带式),就能在很大程度上减少高技术强敌在陆、海、空战场上机动作战与远程精确攻击的优势。可见,太空电磁干扰是一种十分有效的太空作战方法。

5. 空间电子干扰

空间电子干扰是利用辐射、反射、散射、折射或吸收电磁能量阻碍或削弱敌方太空作战兵器有效使用电磁频谱的电子对抗行动,旨在减少敌方电子系统获得的有用信息量,从而降低其作战效能。

空间电子干扰的能力,就是具备用大功率的干扰信号来淹没有用信息,使敌卫星系统不能正常工作的能力。具体体现为:能够利用通信干扰堵塞通信卫星的转发器;利用雷达干扰堵塞电子侦察卫星的接收机和合成孔径雷达卫星的雷达接收机;利用升空或星载平台干扰设备干扰 GPS 卫星的星地信息链路等。还可以利用星载通信干扰装备干扰卫星星地测控通信或破译星地测控链路的测控代码,以获得对卫星的控制权。

空间电子干扰的主要战法包括以下几种:

(1)对战略导弹和卫星等空间武器的信息系统的干扰。例如,利用假指令和假信号对地面和星上的电子系统以及星地传输系统进行干扰,使星地间的信息传输中断、卫星失控或变轨;

(2)利用假目标、诱饵、箔条、投掷式干扰机,以及减小再入体的有效反射面积等,对敌方反导系统进行干扰,以掩护弹头突防。

(3)使用无线电干扰敌方卫星、太空武器系统的无线电接收机,使其效能降低。

(4)发射指令使航天器发生故障,或离开轨道、迷失航向,或远离攻击目标。

(5)使用投掷式或摆放式干扰器材,采取瞄准式与阻塞式干扰、有源与无源干扰相结合的方法,灵活运用要点遮断、局部遮断、立体遮断等战术手段,积极干扰和压制敌卫星等空间武器的信息系统。如对过顶卫星实施电磁遮断时,可采取多维多点电磁打击,内扰外割,形成局部电磁优势,切断敌内外联络,使其处于被动挨打、孤立无援的境地,积极配合攻势歼击行动。

6. 空间电子欺骗

空间电子欺骗是利用电子伪装、电子佯动等方法,隐蔽我企图、部署和行动,迷惑敌空间卫星和作战兵器的一种电子对抗方法。空间电子欺骗要做到因地制宜,见机行事,多手段结合,形象逼真,不露破绽,假戏真唱,迷惑敌人。

空间电子欺骗的能力,就是具备用我方信号插入敌方的卫星信道中,以错误信息误导对方的能力。主要体现在通信信号欺骗、雷达信号欺骗和光电信号欺骗三个方面。例如,利用星载平台欺骗 GPS 卫星的星地信息链路,就可以使 GPS 指示的位置发生较大偏差。

7.计算机病毒攻击

计算机病毒攻击,就是以预先植入或无线电注入、黑客入侵等方式,把各种计算机病毒传给敌方太空武器系统的计算机中,对敌方太空武器系统实施的破坏行动。由于太空各种武器系统都实现了计算机化,计算机在太空武器系统中占据主导与核心地位。而计算机的逐步网络化,又为实施计算机病毒攻击提供了条件,一旦航天器上的计算机染上"病毒",将会给航天器带来不可估量的破坏后果。如今,世界上计算机病毒的种类已经成千上万,利用计算机病毒攻击敌方的太空武器系统已成为重要的太空信息战手段。美国三军把一批计算机专家组成"红色小分队"(即"黑客"小组),专门从事破坏对方计算机系统的任务。美国陆军在 1997 年进行 21 世纪部队实验时,组建了 6 个红色小分队;美空军于 1996 年 8 月专门成立了第 609 信息战中队。这些组织在平时演习中,扮作假想敌,攻击自己的信息系统,以发现系统结构隐患和操作弱点。战时他们将设法入侵别国的信息系统和网络,窃取、利用或破坏信息和数据,散布假情报,挤占信道和服务时间,甚至破坏对方的系统。一些国际组织也在探讨利用社会上的黑客,攻击某国信息系统的可能性。

实施计算机病毒攻击,关键问题是如何使计算机病毒和黑客秘密进入敌方计算机系统。目前的方法主要有预先植入、无线电注入和黑客侵入三种。

(1)预先植入

就是把各种计算机病毒固化或隐藏在计算机的各种硬件和软件中,通过平时"正常"商业形式或网络,将这些带毒的软硬件传到对手国家,一旦需要时,即可采取特定手段将这些病毒"激活"。这种方式隐蔽性好、时间长,并具有一定的不确定性和被动性。如果对手没把这些带毒软硬件用于太空武器系统,就达不到预期目的。尽管如此,这种方式仍具有很大的威胁性。

(2)无线电注入

就是以无线电信号的形式,把计算机病毒注入敌方太空武器系统的计算机中。由于太空各种飞行器都需要地面的控制,所以,太空武器系统是一个开放系统,以无线电信号方式向敌方太空武器装备的计算机注入病毒是可能的。目前许多国家都在积极研制计算机病毒投放技术,如微波透析技术等。随着无线电注入技术的发展,无线电注入将具有广阔的应用前景。但由于敌方通常都对其太空武器系统采取各种信息加密与防护手段,所以应如何破译其安全密码并侵入其系统之中,是实施无线电注入的关键。这也使得这种作战方式的实施面临诸多技术方面的困难。

(3)黑客侵入

利用计算机专家,通过计算机网络闯入敌方太空军事系统,对其计算机内的数据信息秘密进行侦察、篡改、破坏等活动,黑客可以利用自己高超的计算机技术干扰无线电信号,并通过无线电向敌方战场指挥官发出一些伪造的命令,使敌方部队进行错误的行动。美国从事军事及秘密情报报道的记者约翰·亚当斯在其新书《下一次世界大战》中写道:黑客能轻而易举就成功地使"整个后勤保障系统陷入一片混乱之中,一个飞行员中队申请提供导弹,黑客侵入补给网后,对订单进行了更改,结果紧急调运来的不是地对空导弹,而是探照灯"。

黑客在现代信息战中的重大作用,从另一方面也对世界的和平构成了一大威胁。黑客的来去无踪、变幻无常使得战争呈现难以控制的局面。一名黑客就可能挑起一场世界大战,而黑客喜怒无常、肆无忌惮地对计算机系统的入侵也使得某些民用设施不能正常地发挥其作用,造成巨大的经济损失和混乱的社会局面,这些都对维护一个和平的环境不利。无怪乎有人把黑客对网络的入侵看作 21 世纪人类要面临的仅次于核武器、生化武器危机的第三大威胁。随着计算机网络的飞速发展,连接世界的计算机网络不仅在二维空间上迅速密集,而且正在向三维空间发展,太空正在成为世界计算机网络的重要领地。这就为黑客通过网络对敌方军事航天系统实施入侵与攻击提供了越来越便利的条件。美国国防部信息系统安全中心在 1995 年 12 月的一份报告中指出:"利用 Internet 网对不保密的美国政府与军队的信息系统进行了 38 000 次攻击,成功率达 88%;1995 年政府信息系统受到 30 万次非法访问,成功率达 60%。因此,美国国防部信息系统安全中心认为,美国军用通信的 95% 依赖民用通信,是易损和脆弱的"。

7.3 美国与俄罗斯空间对抗反卫星武器

7.3.1 概述

随着军用卫星在现代战争中的作用不断增强,瞄准太空卫星并对其开展打击成为信息化条件下全域作战的重要一环。反卫星武器包括反卫星导弹、反卫星卫星、反卫星动能武器和定向能武器等,已经发展成包括陆基、海基、空基和天基的 4 种作战大家族。

美国为适应全球军事战略和谋求在未来太空领域绝对优势的需求,正在有步骤、有计划、积极地加速推进其外空军事计划的一系列重大举措。其谋求空间优势的步骤可以明显地分为三步:第一步对地面作战提供空间支援;第二步控制空间;第三步部署天基武器,实施全球攻击。可以明显看出,控制空间已成为一场典型的军事革命。目前,美国正处于完善第一步、加速发展第二步、积极探索第三步的状态。

俄罗斯把空间作战武器系统分为两大部分——空间攻防作战武器系统和空间保障作战武器系统。在空间防御作战方面,俄罗斯设想主要拦截敌洲际弹道导弹和潜射弹道导弹,包括陆基核能反导武器以及载人空间战斗站等。

美国、俄罗斯(苏联)等国多年以前就进行过以动能或定向能手段摧毁或致盲卫星的试验。目前美国的地基反卫星拦截弹采用 3 轴稳定的动能拦截器。运载导弹备选方案为"战略靶弹系统",或退役的"民兵"Ⅱ助推火箭。美国的地基动能反卫星武器系统已具备了反低轨卫星的能力,天基动能武器也正在加紧研制之中,可形成高达 3.6 万千米的全轨道高度反卫星能力。美国除了加快发展动能、定向能和"可逆性"攻击武器直接打击在轨卫星外,也准备通过对卫星的发射控制中心和地面接收站进行物理、电子和信息攻击,从地面干扰、破坏或摧毁卫星传输环节,使天上的敌方卫星不起作用。与此相应,美国空军于 2004 年 8 月下达了空间对抗作战条令,首次明确指出美国空军将把空间对抗作战作为首要任务之一,可能先发制人地对敌方遂行反卫星作战。只要美国政府同意,可以随时进行动能反卫星武器的空间拦截试验,并可迅速完成研制定型及采购并形成战斗力。俄罗斯已拥有两种随时可投入实战的反卫星卫星——"杀伤卫星"和"天雷",并在粒子束、激光等定向能武器研制方面处于领先地位。

可以看出,以美国和俄罗斯为代表,围绕着争夺空间战略制高点的空间攻防体系建设已经被提到重要的议事日程上,控制空间、夺取空间优势的战役已经打响,空间攻防武器装备已经成为各军事强国争先发展的焦点。当前,以美国和俄罗斯为首的空间军事强国都在坚持不懈地发展反卫星武器系统。

7.3.2 定向能武器

1. 天基激光武器系统

天基激光武器是以太空为基础的尖端激光武器,通过激光武器对太空内的有效载荷形成威胁和杀伤,被称为"杀手"卫星,也称为激光作战卫星或天基激光武器系统。天基激光武器系统用精确定向的高强度相干光束干扰、毁伤空间目标,可以达到灵活的软杀伤作战效果,组成的星座可形成覆盖全球的攻击能力,将成为21世纪天战中最重要的武器之一,也是弹道导弹防御的第一道屏障。

激光卫星各分系统的技术经过过去几十年的开发现已基本掌握。为了建造实战用的激光武器系统,目前正在加紧执行两项任务:

(1)研制、试验"天基激光武器演示器"。这是将所有分系统总装,形成完整的激光作战卫星,进行在轨演示试验,验证全系统工作的协调性和对太空环境的适应性。该演示器的尺寸按实战型卫星的1/2,激光器发射功率按实战型功率的1/3设计。该演示器的质量估计为16 600 kg,大约是实战型激光卫星质量(35 000 kg)的1/2。

(2)解决全尺寸激光卫星的发射。美国的大力神-4火箭及其下一代的运载能力可达到22 000 kg(近地轨道)。如果实战型激光卫星尺寸不能缩小,则需将卫星分两次发射,在太空组装,或者需要研制新的运载火箭。美国国防部不打算研制新的火箭,所以正在加强激光卫星小型化和卫星太空组装的研究。

美国正在加紧天基激光武器——激光作战卫星的发展,已将其作为太空动能武器的备用与后续系统和国家导弹防御系统的组成部分。

第一步,在太空部署一个由12颗激光卫星构成的小星座,提供对若干主要战区的覆盖,如中东、北非和东北亚这些热点地区,也可以为美国本土提供导弹防御能力,从而实现战区导弹防御和国家导弹防御;

第二步,增加到18颗卫星,可对全球所有美国关注的战区提供全面覆盖;

第三步,建成由24颗卫星构成的完整星座,实现全天时的全球无缝覆盖。

2014年,美国公开了天基激光武器专利,采用激光传递能量的方式,利用卫星群给一颗特定卫星上的大功率激光器进行供电,用于对敌方卫星或地面目标进行激光打击。

天基激光武器受现有激光器技术限制,短期发展缓慢,但因其实战运用效益巨大,各大国并未放弃发展,都在致力于寻求研发小尺寸、高功率激光器,一旦实现,激光武器将可真正成为战略武器装配卫星、战斗机等,对敌卫星、导弹构成重大威胁。

2. 天基微波武器

天基微波武器是现代以电子战、电磁战、信息战为主的太空战不可缺少的基本武器。目前,世界发达国家,如美国、俄罗斯、法国、英国、德国和日本等,都很重视发展高功率微波武器。其中美国和俄罗斯的高功率微波武器发展较快,已取得了重大进展。美国现正在研制的天基高能微波武器是一种杀伤地面、空中和太空目标的武器,天基微波武器系统由低轨道的卫星星群构成,它可把超宽带微波能导向地面、空中和太空目标。它的作用是在目标区的几十到上百米范围内产生高电场,从而摧毁或损坏任何电子部件。

3. 天基粒子束武器

美、俄对于粒子束武器立足于空间作战与防御,主要工作是基础研究和高能量转换技术的研究;对于地基粒子束武器的研究只局限于作为点防御作战的近程武器系统范围,主要是确保带电粒子束在大气层中长距离的稳定传播。美、俄正在研究的粒子束武器有两种,一种是地基带电粒子束武器,一种是天基中性粒子束武器。

粒子束武器要进入实战难度非常大。首先是能源问题,粒子束武器必须要有强大的脉冲电源。中性粒子束武器实用化最关键的脉冲电源功率技术是连续波甚高频射频源。地基和天基粒子束武器目前尚处于实验室的可行性验证阶段,估计 2020 年以后有可能进入实战部署。按照美国的天基粒子束武器方案,氢原子束的能量为 200 MeV,武器重量 60 t,用以拦截大气层外助推段和中段飞行的洲际弹道导弹的弹头。

还有能量转换技术,目的是形成高速粒子脉冲。美空军的研究机构称,传统的可控硅开关和火花放电开关的研究已经完成,下一步要开展磁性开关研究,这种开关基于饱和的电磁感应原理,具有很高的重复率。

7.3.3 天基动能武器

国外正迅猛发展且日趋成熟的动能武器代表着现代武器技术发展的两大方向之一。高级自动寻的技术是动能武器的核心技术。动能拦截器是动能武器的核心部分,它采用高级自动寻的技术,实现高精度自主探测、制导、控制,并对目标直接碰撞动能毁伤,是一种高精度、高机动、高智能、光电信息高度密集的信息化武器。

天基动能武器主要包括:天基动能拦截弹、太空电磁轨道炮和"智能卵石"等。除了反卫星动能拦截器外,美国的航天飞机、空间站、在研的国家导弹防御系统、机载动能武器系统和电磁航道炮也具有反卫星的能力。美国为提高军用卫星的生存能力,在其第六代成像侦察卫星(先进锁眼-11 和长曲棍球)和第三代国防支援计划导弹预警卫星上,采取防核效应加固和防激光保护手段,增加了防碰撞探测器,同时增强了机动变轨能力。在美国的"星球大战"计划中,电磁炮成为一项主要研究的任务。美国国防部和空军正在联合主持一项名为"电磁导轨系统"天基动能武器研究,计划利用电磁轨道炮对洲际弹道导弹和中低轨道卫星进行"火力"拦截。

动能轨道武器的关键技术分析如下:

(1)动能拦截器/天基动能拦截弹技术。包括动能拦截器/拦截弹总体设计与试验技术、直接侧向力控制与精确制导技术、快速响应姿/轨控发动机及动力系统、轻小光纤陀螺惯性测量与复合导航系统等关键技术。

(2)精确探测跟踪与末制导技术。在精确探测跟踪与末制导技术方面,现代光学凝视成像技术、光学高帧频成像导引头和射频被动导引头技术是实现"零脱靶量"制导控制的技术基础,可直接用于天基动能轨道武器的高精度制导控制。

(3)空间作战平台总体技术与平台战时测控技术。空间作战平台总体技术包括小型机动空间作战平台技术和小空间平台的设计、制造、入轨测试和在轨控制等,也包括在现有成熟的卫星平台上改进出适合天基动能轨道武器作战的武器平台总体技术。

(4)空间作战指挥控制技术。鉴于空间攻防作战是一种战略为主的作战行为,因此需要建立多级空间作战指挥控制作战系统,包括国家空间作战司令部、空间作战任务控制中心和武器系统指挥控制中心等,需要先进的作战指挥控制技术。

(5)空间目标监测与探测跟踪技术。包括空间目标监视、跟踪、测轨预报、登录、编目、准确时空信息处理和目标管理技术,弹道导弹的预警、探测跟踪与识别技术。

(6)先进与能快速机动发射的运载器技术。包括发展固体运载火箭技术、战时机动应急发射技术等。

7.3.4 太阳能光学武器

这是一种天基镜子星群,这些镜子把太阳光辐射聚焦于特定的地面、空中和太空目标。由于光的散射,该系统的杀伤是有限的,所以这个系统可以用来破坏或控制天气,形成对自己有利的作战条件(如图7-2)。

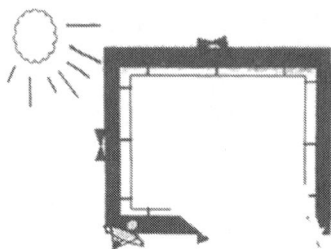

7.3.5 全球区域打击系统

这是激光与动能武器的天地综合。该系统包括一个高能激光系统、一个动能武器系统和一个跨大气层飞行器。高能激光系统由地基激光和空基镜子组成,将能源引至预定目标。动

图7-2 太阳能光学武器

能武器系统主要由拦截弹头和高速发射装置等部分组成,靠自身巨大的功能,在与目标短暂而剧烈的碰撞中杀伤目标。跨大气层飞行器则是一个灵活型平台,它能够支持高能激光系统和动能武器系统的维护和补给,并且它还可用于特种作战力量的迅速部署,其打击目标的分辨和顺序的排定由外部管理(如使用全球信息管理系统)。

7.3.6 新型反卫星武器

1.地基空间对抗系统

通信信号是卫星的命门,只要干扰卫星与地面的通信信号就可使太空飞行的卫星全部失灵,使其成为太空"孤岛"。在2004年,美国军方宣布启动了第一个可临时中断敌方卫星通信的"反通信系统",可通过发射的无线电信号有效压制敌方卫星的信号传输。这种攻击方式可在地面灵活机动,只是暂时对信号进行干扰和屏蔽,并不会损坏卫星元件,也不会对人类使用外层空间造成影响。美国空军已公开的发展方向,包括进行短时扰乱敌方通信卫星和侦察卫星系统的地基系统项目。

地基空间对抗系统主要包括美空军研制的"反通信系统"和"反监视与侦察系统",前者用于阻止敌方利用卫星进行通信,后者用于阻止敌方使用成像卫星获取打击目标,毁伤评估等情报信息。2004年10月,美空军宣布,已部署了具备实战能力的新型太空武器——"反通信系统"。该陆基卫星干扰系统利用电磁能的无线电频率,在不烧毁敌人卫星通信系统部件的情况下,对敌方的卫星传输进行临时或可逆式的破坏。

反通信系统使用可恢复的、非摧毁性的手段,阻断被认为对美军及其盟军有敌意的、基于卫星的通信链路,即能够用无线电频率干扰敌方卫星的上行/下行链路,阻断敌方的卫星通信。2004年年底,隶属于第21空间联队的第76空间控制中队已将3套反通信系统投入

使用,具备了初始作战能力,这种类似于移动卫星通信终端的系统将为战区指挥官提供一种通过射频干扰暂时阻塞敌人卫星通信的方法。美空军还计划发展"第二代反通信系统",以弥补现有系统的不足,包括提高频率范围以及实施更多同步干扰的能力。这种新型系统已在 2009 年部署。

2. 天基射频能量武器

美国空军计划研究天基射频能量武器,其被描述为一个能够"扰乱、摧毁和瘫痪各种电子系统和国家级的指挥控制系统"的卫星星座系统,是典型的非动能反卫武器。利用卫星上光电系统结构脆弱这一软肋,通过激光照射产生的高热、电离和辐射等综合效应,可使运行轨道上卫星的各类光电传感器以及卫星星体破坏。目前,已经开展了地面激光反卫星武器、空中激光反卫星武器和空间激光反卫星武器的研究。目前,俄罗斯军工部门正式完成新型机载激光反卫星武器的研发工作。此前,俄罗斯还多次试射了 Nudol 反卫星导弹。

3. 外大气层拦截器

外大气层拦截器(exoatmospheric reentry interceptor sub-system,ERIS)通过拦截器本体直接碰撞杀伤目标。ERIS 前端是红外导引头,为扩大拦截杀伤机构的横剖面,采用了中心可展开的杀伤增强机构,是一个掺金属粉的塑料充气网,展开成分角型,展开直径 0.94~3 m,重 5.8 kg,可能会将其用作地基直接上升式反卫星武器。ERIS 拦截器结构图见图 7-3 所示。ERIS 不仅具有反卫星能力,而且既可部署在地面机动车辆上,又可部署在潜艇和大型水面舰艇上。

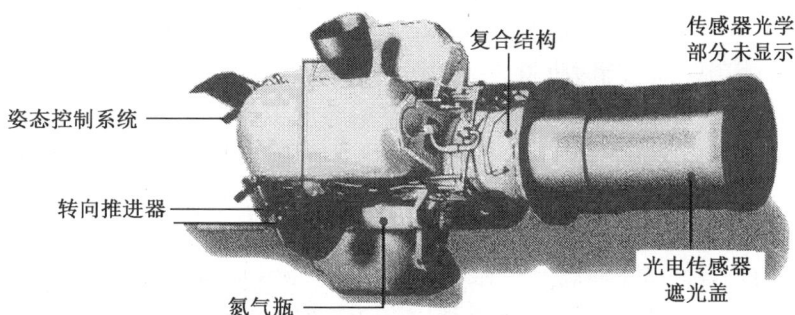

图 7-3 美国雷声公司的 ERIS 拦截器结构图

4. 电磁轨道炮等新物理概念武器

相比于传统火炮利用燃气压力推动弹丸,电磁轨道炮主要依靠电力和磁场驱动物体达到超高速度,具有初速高、射程远、作战成本低、附带毁伤低等巨大优势,未来将成为研制新概念武器和人类太空探索的重要技术手段。

美国政府将电磁炮视为未来一代核心的军事创新性技术。在美国"电磁导轨系统"天基动能武器研究计划实验中,由安装在模拟空间环境的真空室里的电磁导轨炮发射的小型弹头速度已达 80 km/s,其中的第一代电磁炮能将 1 000~2 000 g 重的炮弹,以每秒 5 km~25 km 的速度射向 2 000 km 外的目标,用于拦截敌方飞行中的洲际弹道导弹和摧毁中低轨卫星及航天器目标。

相比于美国海军开展舰载电磁轨道炮研发,俄罗斯研究人员将主要精力集中到航天应用领域,曾将电磁轨道炮弹丸加速至 11 km/s,这一速度足以克服地球引力并进入太空。一且太空用电磁轨道炮研制成功,将为货物快速送入太空奠定基础,同时可有效保护地球免遭太空星体袭击,并对太空垃圾进行一对一的"定点清除"。

7.3.7 反卫星卫星

卫星反卫星武器实际上就是一种带有爆破装置的卫星。它在与目标卫星相同的轨道上利用自身携带的雷达红外寻的探测装置跟踪目标,然后靠近目标卫星,在距离目标数十米之内将载有高能炸药的战斗部引爆,产生大量碎片来击毁目标。卫星反卫星有两种作战方式:共轨和快速上升攻击。共轨攻击就是运载火箭将反卫星卫星射入与目标卫星的轨道平面和轨道高度均相近的轨道上,然后通过机动,逐渐接近目标,一般需要若干圈轨道飞行之后才能完成攻击任务。快速上升攻击就是先把反卫星卫星射入与目标卫星的轨道平面相同而高度较低的轨道,然后机动快速上升去接近并攻击目标。这种方式可在第一圈轨道内就完成拦截目标的任务。

美国空军 2003 年进行了"实验卫星系统"(XSS)系列试验。2005 年 4 月 11 日,轨道科学公司成功将 XSS – 11 卫星送入极轨道。它采用"低轨道自主交会系统",能使两个航天器非常靠近并保持位置。这次试验将为近距围绕活动积累指挥/控制经验,今后美国空军很可能在此基础上研制正式反卫星型号。由于 XSS 卫星的机动能力可被用于撞击其他卫星,因此可用作反卫星武器。

XSS – 11 是对敌方的军用侦察和通信卫星实施摧毁或使其失效的小卫星系统。它和空间观测网、地面发射(监控)系统共同组成完整的武器系统。其作战过程是:由空间观测网对敌方各种卫星进行不间断观测,编存目标参数,判断其性质(军用或民用),并不间断监视目标卫星的运行情况,在适当时机将装有杀伤武器并具有机动变轨能力的微型卫星发射到预定轨道,它可在太空识别、接近并摧毁敌方有威胁的卫星。这种小卫星系统发射机动灵活、一旦损坏可及时替换。"微型杀手"卫星 XSS – 11 能满足美军在太空应付突发事件的需要。

2012 年 6 月,美国国防部宣布开展名为"凤凰"的卫星捕获试验计划,并先后进行了多次在轨卫星捕捉与自行修复试验。这种卫星捕获方式可发射携带机器人或机械手的卫星,接近目标卫星后直接"太空格斗"破坏卫星结构或将其捕获走。

未来,反卫星武器还将引入粒子束反卫星武器、寄生型反卫星武器等多种方式。这些打击方式虽然还处于探索研究阶段,但随着相关技术的快速发展,很有可能被投入实战应用。

相比于研究各种物理化学方式对卫星公开展开破坏,寄生型反卫星武器更为隐蔽而直接。寄生型反卫星武器利用体积小巧、可吸附在目标卫星上的微纳卫星为攻击方式,平时悄悄潜伏在目标卫星身上不被发现,一旦接收到作战指令,就可快速对目标卫星进行干扰、破坏。这种寄生卫星最小的重量可以控制到几百克,制造成本只有常规卫星的千分之一,相当于安装在卫星上的定时炸弹,具有极佳的作战效费比。目前试验已经证明,以发射寄生卫星方式对目标卫星开展攻击,反应速度快、系统效率高,可在数十秒内全面瘫痪目标卫星系统,堪称卫星的"夺命杀手"。

目前,俄罗斯已经提出"太空雷"反卫星武器,将利用事先部署在目标卫星轨道附近的卫星,在地面作战指令的指引下,直接引爆自身使目标卫星遭受毁灭性打击。随着作战空间逐渐从陆海空战场向外层空间扩展,未来的太空作战也将由单纯的技术装备较量发展成包括太空突防、太空封锁和太空打击等多样化新型战法。并不遥远的太空大战,势必以崭新的面貌出现在未来战争舞台。

反卫星武器的发展预示着"制天权"时代即将到来。在未来太空时代,能否拥有包括各种卫星和反卫星武器在内的空间系统,将成为衡量一个国家力量强弱的重要标志。作为21世纪空间防御战略的组成部分,跟踪研究美俄反卫星发展动向,发展我国自己的反卫星技术,将会带动一批基础研究和应用研究,对增强我国现有战略威慑力量,是一项有重要意义的举措。

7.4 太空武器与太空战的发展

7.4.1 引言

人类发展航天技术,探索太空的进程,大致经历了进入太空、认识太空、利用太空和控制太空四个阶段。在前两个阶段,人类对太空的探索基本处于非对称性的竞争状态。到了第三阶段,人类不仅看到了航天装备在通信、导航、对地观测等民用方面的巨大价值,而且也看到了在军事方面的潜在优势。因而,少数航天技术比较先进且拥有较强经济实力的航天大国,开始把利用太空作为一种国家战略,作为一种威胁其他国家和直接控制战争的重要手段。由此,人类探索太空的进程进入到空间战阶段。

太空武器是未来太空战的主要进攻武器,是争夺制天权的关键。所谓太空武器,目前还没有统一的定义,不同文献所指的太空武器差别较大,但对太空武器的范畴,却已经达成共识。太空武器的范畴一般包括:直接部署在太空,可以打击太空、空中、海上或陆地目标的武器;虽然部署在陆地、海上或空中,但拦截目标在太空的武器。

一般地说,太空武器包括导弹防御系统、反卫星武器、部署在卫星上的武器和在太空进行核爆炸的装备等。

太空武器装备是太空军事化装备的一个组成部分,太空军事化装备不仅指在太空部署各种武器,而且包括在太空部署和支持陆基武器系统的各种航天装备,具体分类如图7-4所示。

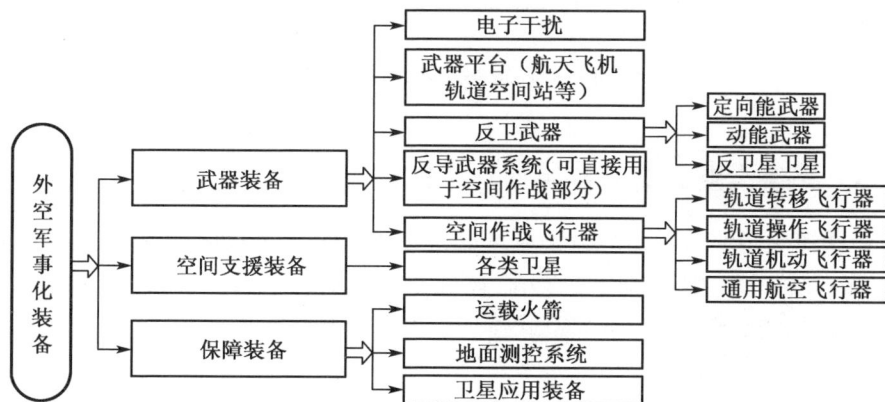

图 7-4 太空军事化装备

7.4.2　太空战的发展规律与作战模式

太空作为军事斗争的新领域,其表现规律也在不断发展变化之中。类似于空中力量的发展曾经历过三个阶段,即从通信和侦察等支援战斗发展到空中格斗,最后发展为战场上的战略性力量。这一演变规律同样适用于太空,所以,可以预见太空战的发展规律也大致会沿着如下三个阶段向前发展:

第一阶段,如今对于太空战利用正处在类似当年空战的第 1 阶段,即主要通过卫星侦察、监视、预警、通信、导航、定位和气象等,对陆、海、空作战提供支援。

第二阶段,太空战将围绕争夺制天权开展。美军目前已经把航天飞机、空天飞机、大型空间站作为天基作战平台发展的重点,把陆基激光和动能反卫星武器、空基激光反卫星武器以及天基激光、动能和微波武器作为太空进攻武器发展的重点。

第三阶段,在第二阶段的基础上,产生太空威慑思想。

目前,美国正在完善第一阶段,放手发展第二阶段,积极探索第三阶段。

另外,太空战离不开太空武器的发展,所以,太空武器的性能与能力是决定太空战的重要基础。就目前国际发展太空武器的趋势来看,未来太空战的作战模式大致可按如图 7 - 5 的方式分类。

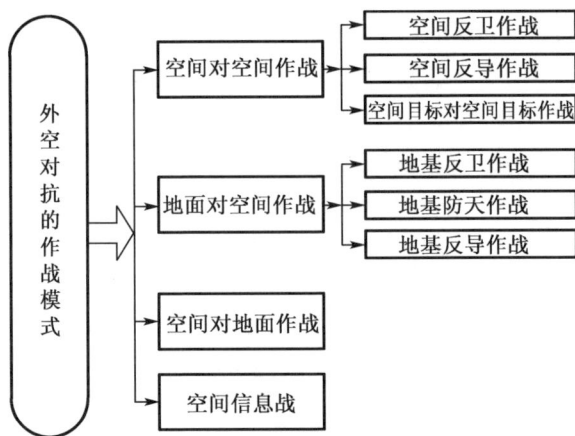

图 7 - 5　未来太空战的作战模式

7.4.3　美俄太空武器性能评估与未来趋势

反卫星武器的研发是美苏当年激烈军备竞赛的组成部分,到冷战结束时苏联已进行了 20 次反卫星试验,而美国则进行了 33 次试验。目前这两个国家都已经具备了实战能力。下面以简明叙述的方式给出美俄太空武器技术评估与发展现状。

1. 俄罗斯太空武器性能评估与未来发展

(1)技术评估

俄罗斯太空武器主要包括反卫星卫星(图 7 - 6)、高能反卫星激光武器、反卫星导弹及太空雷,目前现状如下:

①反卫星卫星已经具备实战能力,目前新型的反卫星卫星作战高度达 5 000 km,可攻

击运行在地球低轨道上的卫星和其他航天器,拦
截目标卫星最短时间约为 1 小时。

②陆基反卫星激光武器基本达到实战应用水
平,可以破坏运行轨道高达 1 500 km 的卫星。

③反卫星导弹处于试验阶段,包括天基、空
基和直接上升式等。

2015 年 12 月 2 日比尔·格茨在《自由灯塔》
网站发表了相关文章称,Nudol 直接上升式反卫
星导弹于 2015 年 11 月 18 日首次试验成功,这也
是俄罗斯 Nudol 导弹的第三次飞行试验,这次试
验成功后,俄罗斯重返反卫星武器俱乐部。2016

图 7-6 俄罗斯的反卫星卫星

年 5 月 25 日,俄罗斯的 Nudol 反卫星导弹再次试验成功,这是 Nudol 导弹的第四次试验和第
二次成功试验。

俄罗斯的反卫星武器以机动发射的直接上升式动能杀伤导弹为主,一方面增加了作战
和部署的灵活性,另一方面更先进的动能杀伤技术也带来更有效的反卫星能力。直接上升
式导弹提高了敌方的防御难度,同时这种方案也将反卫和反导结合起来,在军备发展中更具
费效比。目前,俄罗斯传统的共轨式反卫星武器已经从主角沦为配角,或许只有在高轨道反
卫星领域,共轨式反卫星武器可以和直接上升式反卫星导弹有一拼之力,但目前还没有俄罗
斯进行高轨道反卫星试验的报道。从技术发展路线上说,Nudol 导弹已经连续试验成功,研
制增程增高的 Nudol 导弹攻击高轨道卫星可能是更好的选择。

(2)未来趋势分析

2015 年 8 月根据普京总统的命令,俄罗斯空军和空天防御军合并,组建俄罗斯空天军,
空天军由空军、空天防御部队和太空军三大部分组成。空天军的组建使俄军有了统一的空
天防御组织管理机构,在实施空天作战时指挥更顺畅,融合度更大,为空天作战奠定了基础。

近年来,俄罗斯不断优化空天力量,已在太空领域构建起较为完备的侦察预警军用卫星
网络,并在反卫星武器研制、空间保障等方面持续发力,以期打造融态势感知、毁伤压制和全
面保障于一体的攻防兼备的太空军事能力。

根据俄罗斯《2018—2027 年国家武器装备发展纲要》,2025 年和 2030 年前,俄将分阶
段完成天基预警"统一航天系统"和新型太空监视系统的构建,基本具备覆盖全球的天基预
警能力和主要高、低轨道范围内空间目标监视能力。

①反卫星武器试验发展

2016 年 9 月,俄军方高调宣称,准备进行新的反卫星武器试验。消息一公布,立即引起
西方军界和媒体的高度注意,并把目光聚焦俄罗斯的一颗名叫"宇宙-2504"的卫星。这颗
卫星自入轨后,从 2015 年 3 月至 7 月进行了 11 次变轨行动。卫星每次变轨都要消耗一定
的燃料,所以西方专家认为它一定有"不可告人的目的",给它取了个绰号"不老实的卫星",
猜测它是一颗拦截卫星,用于试验反卫星技术。

②防空反导系统建设

2018 年 2 月,俄罗斯总统普京签署了批准开发俄罗斯下一代巨型火箭的命令,该命令
将批准开发所谓的"超级巨型火箭"。俄空天军将于 2020 年前部署最新一代 S-500 远程
地对空导弹系统。S-500 列装后,不仅可以抗击各类战机,还可拦截摧毁弹道导弹、巡航导

弹、地球低轨道卫星以及高超音速新式武器。在防空性能上,S－500反隐身探测能力大大加强,在美军第五代战机与俄军地空导弹的"矛与盾"对决中,俄军将凭借S－500取得"先手";在防天反导能力上,S－500在拦截高度和目标速度上具备拦截洲际导弹的能力,真正实现空天一体防御。1个S－500作战单元最多可同时拦截10个目标,既能拦攻击导弹又能打发射平台,堪称实施火力硬对抗的"空天盾牌"。按俄罗斯国防部长绍伊古的说法,S－500将有效遏制敌方的全球快速打击。

③发展高超音速武器

高超音速飞行器有以下五大特点:

一是打击速度快,可在大约1小时内攻击全球任何角落的目标;

二是飞行距离远,高超音速滑翔弹头可将洲际弹道导弹射程提高500 km到1 000 km;

三是突防能力强;

四是毁伤效果好;

五是威慑作用佳。

俄罗斯目前正在研发Yu－71高超音速滑翔飞行器,并计划为其分别装备常规弹头和核弹头,在2025年左右具备实战能力。俄罗斯2017年成功试射高超音速反舰导弹"锆石",测试中的飞行速度达到8马赫。俄罗斯的"锆石"对以美国"宙斯盾"为代表的反导防御系统已经构成威胁。

2. 美国太空武器技术评估与发展现状

相比于俄罗斯、印度等研制反卫星武器的国家,长期强调自己是反卫星武器受害国的美国,才是真正的反卫星武器"大咖"。

(1)技术评估

①美国的地基和空基的反弹道导弹已经开始部署,其性能正在逐步改进。

②在动能杀伤反导技术方面,美国的弹道导弹防御系统较为完备,动能拦截技术较为成熟。

陆基中段防御系统和海基中段防御系统是美国目前主要的弹道导弹中段防御系统。在美国导弹防御体系末段防御系统方面,萨德系统负责末段高层拦截,可在大气层内外作战;而爱国者PAC－3系统负责末段低层拦截,主要在稠密的大气层内作战。二者协同拦截,形成高低搭配,共同构成了国家导弹防御系统的陆基双层反导系统。中段与末段防御的四种典型动能拦截弹技术最为成熟,已全部投入部署作战,其具有拦截距离远、防御区域大、杀伤能力强等特点。近场红外实验卫星是一种新型卫星,主要用于导弹跟踪观察、信息收集,虽然未配备杀伤器,但也具备动能反导和反卫星能力,可作为天基拦截器使用。助推段拦截的理论与技术尚不成熟,因此主要还是集中在中段和末段进行拦截。虽然如此,助推段拦截仍然具有巨大的吸引力与发展前景,是美国等研究探索的热点,战略前移是动能拦截弹发展的必然趋势。

③美军在空天飞机和轨道轰炸机、天基激光武器系统(图7－7)和动能武器系统、反通信系统等空间战航天器研发方面取得了突破性进展,具备摧毁、"俘虏"敌方低轨航天器、压制敌方卫星传输信号的能力。

④因为天基动能武器的发射和部署成本很高,而且常年安放在卫星上也需要很高的维护费用,所以遭到许多专家的反对,估计近期美国不会采用。但有关技术仍然在研究,包括小型化的拦击头、光学探测、识别系统和横向小推力系统等部件(图7－8)。

图7-7 天基激光武器

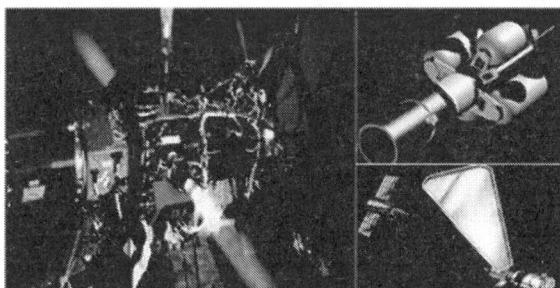

图7-8 美国的动能杀伤武器

⑤美国1997年进行的实验说明百瓦级的激光可以损坏卫星的光学探测系统,所以美国已经具备用硬破坏机理攻击卫星的技术,一旦下决心可以很快对地基激光反卫星武器进行部署。至于天基激光武器,无论哪种方案,都需要大面积(直径达10 m)激光发射镜,这在光学以及太空部署方面都将十分困难,所以近期内不会实现。

⑥太空核爆炸打击太空设施和地面设施的讨论很激烈,也提出许多设想,即直接辐照破坏、人工辐射带破坏以及电磁脉冲破坏,但实施起来还有许多障碍。

(2)未来趋势分析

美国已经感觉到现有的航天装备满足不了现代化战争的需求,所以目前正处在完善过程中。美国逐渐开展以民用航天为基础的太空武器关键技术演示验证试验,开展以卫星在轨维护、维修、加注燃料等背景为前提的太空武器试验(图7-9、图7-10)。

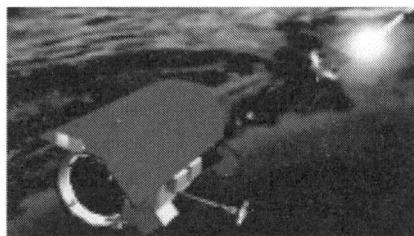

图7-9 美国的 NFIRE 卫星

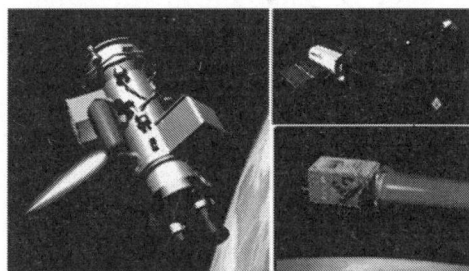

图7-10 美国的自主交会试验卫星系列

美国对地基战略激光武器攻击卫星进行了广泛的试验,目前正在大力研发的 X-37B 轨道飞行器同样具备较强的反卫星作战实力,未来可用于反中、高轨道卫星。美军在第三次"抵消战略"中,将高超音速技术视作21世纪航空航天技术发展的制高点。2017年美国空军宣布正在与洛克希德·马丁公司联合研发 SR-72"黑鸟之子"高超音速侦察机,预计于2020年首飞;美国海军于2017年11月首次公布高超音速滑翔导弹试射。

随着轻小型动能拦截器技术的发展,同时为应对现有拦截器结构复杂、成本高昂等不足以及未来战争威胁,美国正积极探索适应未来作战需求的新一代动能拦截器(KKV)。如发展微型动能拦截器(MKV),用多个微型拦截器应付多目标、多弹头或饱和攻击等威胁。随着 KKV 技术趋向成熟,制导精度逐渐提高,杀伤方式也向纯直接碰撞方向发展,KKV 质量、体积向轻小型化方向发展,且拦截器趋向于一弹多载,对付的目标更为复杂。反导作战平台也逐步迁移,逐渐向更为前沿、反导效果更好的助推段、上升段拦截发展。太空战斗机计划、大型载人航天母舰也已经列入美军发展计划。

另外,美国还在发展多种手段,提高航天器的生存能力,如激光致盲防护、抗辐射加固、小卫星星座与编队飞行、轨道机动、伪装与隐身微小型"杀手卫星"等。

7.4.4 太空战可能带来的威胁

未来战争将包括陆、海、空、天和信息五个战场。如果不能在空间战战场掌握主动权,将会丧失对整个战争的控制能力,不仅使国家军事安全遭受巨大损失,而且还将直接危及国家经济安全、资源和能源安全。

1. 对空间信息战的威胁

在未来空间战中,信息战将是影响力最广的作战方式。空间信息战有两种具体形式,一是保护己方的空间信息系统和确保己方利用空间信息;二是阻止对方利用空间信息。空间信息战的成败对各战场的胜负都起到关键作用。

2. 对制天权的威胁

在未来的空间战中,从空间武器平台向陆、海、空、天目标发动攻击具有极大优势,也即所谓的制天权。制天权将主导制空权、制海权和制信息权,直接影响战争全局的进程与结局。

3. 对综合安全的威胁

有空间能力的国家,无论是在政治、军事,还是在经济、科技、生活等方面都越来越离不开空间系统,而在战时,对空间系统的攻击是难免的。

7.4.5 太空战可能带来的影响

1. 对美国的影响

俄罗斯的太空武器,对美国未来的太空战略起到了重要的制约作用,因为美国的侦察、气象、海洋监视等卫星都在 1 000 km 以下,美国航天飞机投放的宇宙航天器的高度一般也在 500 km 左右。因此它们都受到了俄罗斯反卫星武器的威胁。

2. 对俄罗斯的影响

针对美国咄咄逼人的太空军事计划,俄罗斯不甘受制于人,被迫采取相应的举措进行抗衡,通过了《俄联邦军事学说草案》和 2001—2010 年的"国家航天计划",认为未来军事行动将以天基为中心,并提出了一整套完善的空间作战理论,组建"天军",担负保障空中、地面、海上作战、战略弹道导弹预警与防御以及空间开发等使命。一旦俄航天兵由"保障兵种"转变为"作战兵种",其太空作战能力将空前提高。所以太空战使俄天军总体作战实力大大提升。

3. 对核威慑战略思想的影响

随着世界航天技术的发展,军事航天能力也渗透到了军事活动的各个角落,并不断影响着核威慑思想的发展。具体影响主要体现在两个方面:

首先,军事航天力量成为核威慑战略的重要支援。核威慑战略武器的部署和效能的发挥与侦察、指挥、通信技术密不可分,这使得核战略对抗对太空侦察与预警以及空间通信的依赖达到了前所未有的程度。

其次,军事航天战略的不断发展,也成为核威慑战略思想的重要制约因素。冷战后期,美苏核武器数量均达到"饱和"状态,任何一方在遭到对方首次打击后,被攻击方都会给对方以毁灭性打击。随着军事航天战略思想的发展,1983年里根政府提出"战略防御计划",即著名的"星球大战"计划,主张在太空建立一个多层防御系统,从空间设防削弱苏联对美国构成的威胁,并开展空间武器研制和部署工作。空间武器肩负防御核打击的双重作战能力,既可以用于拦截对方的核武器攻击,又可以用于攻击对方核武器系统,削弱甚至彻底摧毁对方的核威慑能力。

7.4.6 太空武器发展的未来

1.反卫星武器的发展趋于公开化

近年来,虽然禁止太空战的呼声与日俱增,但鉴于卫星在现代战争中的重要作用,为争夺空间优势,保证国家安全,反卫星武器的研制和试验将会走向公开化。表面上看来,当前国际上的军事强国并没有公开、优先发展反卫星武器系统,但由于反导和反卫星技术具有相关性,所以在导弹防御系统的发展方面却给予了极有力的政策和资金支持。

2.反卫星手段趋于多样化

目前反卫星作战的主要技术途径有核能反卫星、卫星反卫星、动能武器反卫星、定向能武器反卫星和航天飞机反卫星。不同类型的反卫星武器,具有不同的优缺点,而且未来的卫星系统大多会由多颗卫星组成星座,打掉其中的一两颗卫星对整个星座的影响不大,因此,为提高反卫星武器的生存能力,天基部署与地基部署结合,固定基地与机动部署结合,将成为未来发展反卫星武器的一个特点。多种反卫星手段结合起来,探索能够攻击多颗卫星的反卫星武器的方案是未来的发展方向。

3.反高轨卫星武器在未来具有重要战略意义

为了争夺空间优势,保证国家安全,今后反卫星武器的竞赛将愈演愈烈。在反卫星武器中,除了反卫星导弹、反卫星卫星以外,其余都处于设想和试验阶段;另外,目前美俄均已具备研制实战用反卫星武器的能力,但能力还很有限,其反卫武器只能对付低轨卫星,对于在现代战争中起关键作用的通信、预警、导航等高轨卫星的拦截问题,还没有解决。为此,未来发展反卫武器的趋势将是研制能攻击高轨道卫星的武器。

4.小卫星技术将是未来发展反卫星武器的重要基础

小卫星技术也应该是未来发展反卫星武器的重要基础。首先,小卫星的组网飞行所涉及的关键技术有重构、近距离保持与测量、星与星之间的"交会与接近"等,这些技术都是攻击其他卫星的核心技术。

其次,进入2000年以后,国际先进卫星开始将传统的卫星组件做得更小、更轻,这使得微型卫星等新概念飞行器成为可能。这类微型卫星可以用于跟踪敌方卫星,如果这种微型卫星具有编队卫星的机动能力,可足够靠近目标卫星,充当新型的"天雷卫星",扰乱或者破坏敌星。相反,如果微型卫星用于跟踪自己的军事卫星,将会执行太空防御任务。所以这类反卫武器具有攻防兼备的作用和能力,如美国空军正在研究使用小卫星组网获得制天权的可能性,以及探索未来太空武器的作战体系和部署方式。

参考文献

[1] 周长仁.美军太空作战概念及组织实施方法[J].外军电子战,2002(3):26-31.

[2] 王海生.美军太空战透析[J].外军电子战,2003(1):39-43.

[3] 夏文成.美军太空战的发展及其对未来作战的影响[J].外军电子战,2001(2):1-6.

[4] 陈代云,谷建华,王海生.俄罗斯太空战武器系统及特点[J].外军信息战,2004(5):31-35.

[5] 闻新,孟宪广.太空武器与太空对抗的发展的未来[J].外军信息战,2006(6):1-5.

[6] 魏晨曦.美国的空间侦察监视能力分析[J].外军信息战,2006(2):5-8.

[7] 卢小飞,曾文龙,黄振中.欧洲太空监视系统及其发展[J].外军信息战,2008(5):39-41.

[8] 杨志强.反卫星武器的发展及其对未来作战的影响[J].外军信息战,2006(3):25-27.

[9] 袁文先,杨志强.美俄空间态势感知能力发展综述[J].外军信息战,2008(3):1-5.

[10] 金鑫,毕义明,方秦.反卫星武器发展的相关问题研究[J].航天电子对抗,2008(3):13-15.

[11] 王成俊,刘晓达,王稚.新武器技术发展概论[M].北京:军事科学出版社,2002.

[12] 赵永胜,张萌.美天基预警监视系统的信息战能力研究[J].外军信息战,2008(5):36-38.

[13] 魏晨曦,汪琦,韦荻山.俄罗斯空间监视系统及其发展[J].国际太空,2007(5):8-12.

[14] 李大光.太空战[M].北京:军事科学出版社,2001.

[15] 常显奇.军事航天学[M].2版.北京:军事科学出版社,2002.

[20] 李荣常,程建,郑连.空天一体信息作战[M].北京:军事科学出版社,2003.

[25] 杨永华,夏文成.美空军网络空间司令部简介[J].外军信息战,2008(3):12-15.

[26] 李大光.当今世界太空战最新发展(一)[J].国防科技工业,2018(7):62-64

[28] 陈长庚.太空战并不遥远(一)[N].中国社会科学报,2011-06-02

[29] 刘天雄.GPS现代化及其影响(上)[J].卫星与网络,2014(12):52-58.

[30] 刘霞.量子计算技术:太空战"杀手锏"[N].科技日报,2018-07-18.

[31] 王萌.太空中,越来越多"中国星"[N].人民日报海外版,2018-6-22.

[32] 程勇,郭延龙,唐璜等.战术激光武器的发展动向[J].激光与光电子学进展,2016(11):33-43

[34] 王霄.2016年国外载人航天发展回顾[J].国际太空,2017(2):8-15.

[35] 宋亚飞,高峰,文科,等.天基对地打击武器发展综述[J].飞航导弹,2011(2):44-49

[36] 熊瑛,刘畅,夏薇,等.美俄导弹预警卫星发展及其作战使用研究[J].现代军事,2017(1):56-61.

[37] 刘韬.俄罗斯"集成空间系统"导弹预警卫星系统发展初探[J].国际太空,2017(9):32-35.

[38] 高明辉,郑玉权,王志宏.天基激光武器系统的发展[J].中国光学,2013(6):810-817

[40] 朱枫,韩晓明,何小九.新型反战术弹道导弹拦截杀伤技术——直接碰撞动能杀伤

［J］.飞航导弹,2017(2):3 -9.

［41］张雪松.俄罗斯的太空卫士——从 Nudol 导弹看俄罗斯反卫星武器发展［J］.军事文摘,2016(15):32 -35.

［42］石文.俄罗斯太空战力究竟几何［N］.中国国防报,2018 -7 -16(004).

［43］马建光,张乃千.电磁轨道炮"秒杀新时代"开创者［N］.科技日报,2017 -02 -24(006).

［44］石留风.美海军披露三种新概念武器研发进度［N］.环球时报,2018 -8 -9(008).

［45］程立,童忠诚,柳旺季.国外激光武器的发展现状与趋势［J］.舰船电子对抗,2019(2):56 -58.

第8章 导 航 战

导航战是指在战场环境下,保护己方充分利用卫星导航(定位),同时阻止敌军卫星导航(定位)又保证民用卫星不受影响的军事行动。导航战的主要内容属于太空战,这里单列一章是为强调导航战的重要性和利用卫星、保护卫星的普遍性,及导航战在太空战中的重要性与普遍性。

8.1 概 述

8.1.1 导航战的由来

卫星导航系统是现代空间技术与传统的无线电导航技术相结合的崭新的导航系统,以美国的 GPS 导航星和俄罗斯 GLONASS 全球导航定位系统为代表,具有全球连续覆盖,全天候高精度三维定位,提供近乎(准)实时导航定位信息等突出特点。目前该系统技术成熟,不仅在军事上取得很大成功,在民用领域也已广泛渗透到了经济建设和科学技术的各领域。

全球定位系统(Global Positioning System,GPS)在军事上的应用引发了导航战。近年来的海湾战争、"沙漠之狐"行动、科索沃战争的实践证明,GPS 在现代战争中得到了广泛应用,主要表现在以下方面:

(1)高精度目标位置的侦察定位。对目标位置定位精度的高低,直接影响到对目标的瞄准精度,进而直接影响打击效果。

(2)远距离精确打击武器的制导。远程精确制导武器的命中精度,取决于发射台位置的精度、制导的精度和事先侦察所得目标的精度,通过卫星导航系统,很容易获得这些精确的导航定位信息。

(3)GPS 是构成主体的、完整的 C4ISR 系统的重要的基础信息。卫星导航系统为分布在整个战场的各级作战单元提供准确、实时的位置信息,有效的通信网络,使指挥部能掌握整个战场己方单位的分布、相对位置信息及作战态势。对各作战要素和作战单元发出各种指挥信息,对各类武器系统和投放平台发出各种控制指令信息,形成实时的、一体化的指挥控制网络。

(4)用于各种需要时间信息和精确定位信息的作战单元的战术操作,诸如实施近空支援、海上布雷与扫雷、敌情侦察、物资和人员空投、海上与陆上搜索、火炮前方观测员定位、无人驾驶飞行器的控制与回收,以及火炮和雷达阵地的快速布防实时操作等。

(5)各种军事信息系统和计算机网络的时间同步。要形成陆、海、空、天、电磁五维实时的态势信息,实现各级指挥所之间的数据信息交换,以及计算机数据通信网与系统间的互联、互通、互操作,各计算机网络间,各通信节点间与计算机之间的时间同步是非常重要的。卫星导航系统可提供精确的时间信息,能使各通信系统、计算机系统之间的时间同步精度到纳秒级,便于形成整个战区内陆、海、空、天、电磁五维实时态势信息,实现各类通信网、计算机网的互联、互通、互操作。

卫星导航系统所提供的精确位置、速度和时间信息,在战前部队的调动和部署,在战中的指挥、控制及综合后勤保障等方面都起着极重要的作用。随着卫星导航技术的日益完善以及更加广泛的作用,卫星导航系统必然扩展到各级作战平台,配置到各种作战武器平台,并将在战争的各阶段发挥作用,进而影响战争的进程和结局。因此,高技术战争中,导航定位信息的争夺将是十分激烈的,导航战将成为重要的作战样式。

导航战是指美军针对全球定位系统在使用时一定会遭到敌军干扰的情况而提出的"在复杂电子环境中,使己方部队有效地利用卫星导航系统,同时阻止敌军使用该系统"的理论。施行导航战计划的目的是在未来战争中确保自己及盟国军队不受干扰地使用卫星导航系统,这也是美国最近提出的争夺导航权的一项具体措施。美国之所以提出"制导航权"和"导航战"的新概念,其根本原因在于目前先进的电子干扰技术已经对 GPS 脆弱的抗干扰性构成了直接威胁。首先,GPS 的研制目的是为高动态用户提供全天候、连续、高精度的七维信息数据,在研制初期并没有考虑到该系统将在复杂的电子干扰环境中工作的问题,致使GPS 在抗电子干扰方面异常脆弱。GPS 系统功率较低,其信号强度只有电视接收机天线接收到的信号的十亿分之一,仅相当于人的肉眼在能见度较好的条件下观看 1 万公里以外一只 25 W 普通灯泡的亮光。只要事先知道 GPS 的信号特征,就可以使用功率较小的干扰机对其实施有效的干扰。其次,目前电子干扰技术已经能够对 GPS 实施干扰。美空军曾成立一支代号为"太空侵略者中队"的小组,专门寻找卫星通信和导航系统的弱点。结果,充当"敌人"的两位工程师,通过互联网下载的资料和购自家庭用品店的配件,成功制造了一台干扰装置。如果将该装置装上货车,就成为一台干扰卫星导航信号或军方超高频接收器的"有效流动干扰装置",对 GPS 系统有较强的干扰作用。俄罗斯也曾推出了一种便携式全球定位系统干扰机,该干扰机能对美国现有全球导航卫星系统的两个频段(1 227 MHz 和1 575 MHz)及俄罗斯同类全球定位系统的两个频段(1 227 MHz 和1 607 MHz)实施有效的干扰,其干扰距离可达数百千米,而且体积小,重量轻,价格便宜,便于大量装备使用。GPS干扰机的问世,必将对美军各种武器平台和精确制导武器的"向导"——GPS 系统产生巨大的冲击。如果在未来战争中,美军的 GPS 卫星导航系统受到敌方的干扰,那么其精确制导武器不但不"精",恐怕连东南西北都分不清了。现代战争无论是单兵行动,还是全球作战,对 GPS 的依赖性越来越高。据资料统计,迄今为止美国已发放了超过 11 万个 GPS 接收机,美国参谋长联席会议主席曾说:"如果没有了 GPS 系统的支持,美国甚至连一场战斗都无法取胜,更谈不上打赢一场战争了。"面对下一次战争敌方可能使用 GPS 干扰机干扰美国的GPS,从而使美军丧失在精确制导武器方面优势的危险,美国决定实施导航战,旨在争夺战争中的"制导航权",保持美军的定位导航优势。

8.1.2 导航战的主要内容

海湾战争以来,GPS 导航技术的应用已开始出现在军事行动的各个领域,特别是它促进了精确制导武器的发展。随着各国卫星导航系统的相继出现,其精度、可用性及使用范围也在不断扩大。当今世界各大军事强国都在为今后打赢一场争夺"制导航权"的战争而积极准备着。

1. 世界上主要国家和地区的卫星定位系统

卫星定位导航系统自问世以来,已为公路、铁路、空中和海上的交通运输工具提供了精确的导航定位服务,同时在军事应用方面也发挥了其独特的作用。目前世界上的卫星定位系统主要有美国的 GPS、俄罗斯的 GLONASS、中国的北斗卫星导航系统,以及研发中的欧洲伽利略卫星导航定位系统四大卫星导航系统。

(1)美国的全球定位系统

GPS 是美国军方于 1973 年开始研发的一项空间技术,被视为继人类登月和研制航天飞机之后的又一项重大航天科技成就。该系统主要由环绕地球运行的 24 颗卫星组成,能够作为军民两用系统,并可向全球免费开放,但不同的是,美国为己方提供的是精确定位信号,为其他用户提供的是低精度信号。科索沃战争开始前不久,美国突然停止了对 GPS 系统 24 颗卫星相关资料的公布,而此前这些资料一直可以在美国国家太空总署的网站上查到。美方公开承认,这样做的原因是为了"防止潜在的敌人"。

(2)俄罗斯的格洛纳斯卫星导航系统

俄罗斯的卫星导航定位系统格洛纳斯(GLONASS)由 24 颗卫星组成,其主要用途也是为空中、海上及陆上目标提供精确的定位信息,并在守卫俄罗斯军事秘密和保卫其国家利益等方面发挥着重要作用。

(3)中国的北斗卫星导航系统

中国北斗卫星导航系统(BeiDou navigation satellite system,BDS)是中国自行研制的全球卫星导航系统,是继美国全球定位系统、俄罗斯格洛纳斯卫星导航系统之后第三个成熟的卫星导航系统。

北斗卫星导航系统空间段由 5 颗静止轨道卫星和 30 颗非静止轨道卫星组成,35 颗卫星在离地面 2 万多千米的高空上,以固定的周期环绕地球运行,使得在任意时刻,在地面上的任意一点都可以同时观测到 4 颗以上的卫星。北斗卫星导航系统由空间段、地面段和用户段三部分组成,可在全球范围内全天候、全天时为各类用户提供高精度、高可靠定位、导航、授时服务,并具短报文通信能力,已经初步具备区域导航、定位和授时能力,定位精度 10 m,测速精度 0.2 m/s,授时精度 10 ns。2012 年 12 月 27 日,北斗系统空间信号接口控制文件正式版 1.0 正式公布,北斗导航业务正式对亚太地区提供无源定位、导航、授时服务。2017 年 11 月 5 日,中国第三代导航卫星顺利升空,它标志着中国正式开始建造"北斗"全球卫星导航系统。2018 年 11 月 19 日 2 时 07 分,我国在西昌卫星发射中心用长征三号乙运载火箭,以"一箭双星"方式成功发射第四十二、四十三颗北斗导航卫星。至此,我国北斗三号全球组网基本系统空间星座部署任务圆满完成,标志着中国北斗从区域走向全球迈出了"关键一步"。

截至 2019 年 11 月 23 日,我国成功发射 51 颗北斗导航卫星,为 2035 年建成以北斗为核心的综合定位导航授时体系再迈进一步。

(4)欧洲的伽利略卫星导航系统

伽利略卫星导航系统(Galileo satellite navigation system),是由欧盟研制和建立的全球卫星导航定位系统,该计划于 1999 年 2 月由欧洲委员会公布,欧洲委员会和欧空局共同负责。系统由轨道高度为 23 616 km 的 30 颗卫星组成,其中 27 颗工作星,3 颗备份星;后来调整为 24 颗工作卫星,6 颗备份卫星。2016 年 11 月 18 日,阿丽亚娜 5 型火箭为该系统发射 4 颗卫星,已发射的 18 颗卫星于 2016 年 12 月开始提供初步导航服务。截至 2017 年 12 月,已经发射了 22 颗工作卫星,全部 30 颗卫星计划于 2020 年发射完毕,实现全部卫星组网。

与美国的 GPS 相比,建成后的伽利略系统将具备至少三方面优势:

①其覆盖面积将是 GPS 系统的两倍,可为更广泛的人群提供服务;

②其地面定位误差不超过 1 m,精确度要比 GPS 高 5 倍以上,用专家的话说,"GPS 只能找到街道,而伽利略系统则能找到车库门";

③伽利略系统使用多种频段工作,在民用领域比 GPS 更经济、更透明、更开放。

伽利略计划一旦实现,不仅可以极大地方便欧洲人的生活,还将为欧洲的工业和商业带来可观的经济效益。更重要的是,欧洲将从此拥有自己的全球卫星定位系统,这不仅有助于打破美国 GPS 系统的垄断地位,在全球高科技竞争浪潮中夺取有利位置,更可以为建设梦想已久的欧洲独立防务创造条件。

日本区域性导航卫星系统计划由日本科学与技术厅于 1996 年提出。它通过在通信卫星上搭载导航载荷来实现全球定位,系统由 1 颗地球静止轨道卫星和 3 颗或 8 颗低轨道卫星组成。这一计划虽曾因美国的反对而搁浅,但日本并未彻底放弃原来的打算。日本科学与技术厅于 1997 年 3 月要求日本宇宙开发事业团用 7 年时间开发导航卫星的关键技术,如研制星载高精度氢原子钟、精密定轨技术、卫星轨道保持技术等。日本在 1999 年发射了"多功能运输卫星"(MTSAT),该卫星服务于国际民航组织的通信导航监视/空中交通管理系统,并建立基于 MTSAT 卫星的 GPS 增强系统,其功能还包括增发 GPS 格式的测距信号。

2. 欧美卫星导航系统之争

全球卫星定位导航系统也称为星基导航系统。由于星基导航系统在各个领域,特别是经济和军事领域中的重要作用,其技术的发展已经成为世界强国之间新一轮竞争的焦点。

在 21 世纪,地面区域导航手段(陆基导航)将被覆盖全球的星基导航系统所取代,这将引起经济和军事两大领域全新的变革,其影响意义相当深远。可以这样说,谁在全球星基导航方面占据了主导地位,谁就更容易赢得未来战争的控制权。

经过多年的研究和开发,今天的全球星基导航系统已经趋于实用。截止到 2001 年底,南美洲阿根廷沿海的差分 GPS 基站投入使用,世界上最后一段海岸线也被 GPS 系统所覆盖,这标志着全球航海导航实现了"GPS 化"。

航空导航"GPS 化"的实现在技术上相对复杂。2003 年底,美国宣布广域增强系统投入使用,标志着北美洲航路导航、终端导航、飞机进近(机头对准跑道准备着陆那一刻)和一级着陆"GPS 化"基础设施建设的完成。目前,局域增强系统(LAAS)正在建设中,LAAS 的建成将为三级着陆"GPS 化"提供保障,届时,军用和民用航空器在航路导航、终端导航、进近、零能见度自动着陆、跑道滑行五个航行阶段全面实现"GPS 化"导航。GPS 将逐步取代第二次世界大战以来形成的陆基导航系统,成为海、陆、空航行的主要导航手段,而目前的雷达和地面导航设施将逐步退居次要地位。美国导航界认为,21 世纪是星基导航的世纪,星基导航结合现代化武器,将使大国在全球处于更加领先的地位。这也许就是大国之间争夺星基导航控制权的原动力。

在星基导航时代,如果某个国家有能力控制太空所有的导航卫星,就相当于控制了当今地面上所有的雷达系统,其后果可想而知。在无法控制所有导航卫星的情况下,如果能让世界上其他国家尽量推迟星基导航系统的建设进程,使自己国家星基导航的技术和应用水平领先于世界上其他国家,也不失为一种缓兵之计。

星基导航的频率资源和轨道资源是有限的。星基导航的资源是长期基础研究和技术进步的结果,从这个意义上说,星基导航的资源是有限的。通过对卫星轨道监控、传输误差、干扰与抗干扰、地面设备等问题的研究探索和综合论证,全世界星基导航界的科学家们几乎得出了相同的结论,建立了几乎相同的系统模式,即星基导航系统使用的是从 2.4 万千米到 2.6 万千米的中高度卫星轨道、频分多址 FDMA 或码分多址 CDMA 的数据编码调制以及 L 频段的信号传输。目前,人们基本掌握了 L 频段电离层信号延迟和大气层信号折射等误差特性,拥有了中高度卫星轨道的变化特性以及将卫星轨道误差控制在 3 m 以内的技术,还分析了可能的干扰、欺骗方式并研究了相应的对策,进行了被动式接收机的设计开发和技术应用。因此,中高度轨道 L 频段将是星基导航的宝贵资源,这必将受到发展星基导航大国的重视。

星基导航涉及世界上所有国家的安全问题。星基导航系统为全球所有的区域提供精确的导航信息,这也给该系统建设国自身带来安全问题。为了控制第三方对星基导航资源的利用,美国在其卫星上设计了选择服务(SA)功能和选择失效(SD)功能。SA 是一种人为增加导航定位误差的手段,可以使用户接收机定位误差达到 100 m;SD 是在人工控制下,有选择地停止卫星在某些指定区域的服务。考虑到 GPS 巨大的民用市场,加上美国民用接收机开发商的呼吁,美国白宫新闻发言人于 2000 年 5 月 1 日宣布了美国总统的决定,为实现 1996 年总统竞选时的承诺,即"鼓励世界范围内的民间、商业和科学研究和平利用 GPS 技术",决定于当日午夜零点停止使用 SA 功能。这一决定使普通民用接收机的定位精度由原来的 100 m 提高到 10 m。根据需要,美国政府随时可以再次开启 SA 功能。

3. 导航战的主要内容是争夺导航信息控制权或"制导航权"

(1)争夺导航信息控制权

现代高技术战争中,对导航定位信息的争夺必将愈来愈激烈,针对高精度的导航信息,敌我双方的利用反利用、控制反控制、干扰反干扰是导航战的主要内容。美军于 1996 年开始研究导航战,究其原因是他们拥有先进技术,即应用广泛的 GPS 系统和定位系统。为保持该系统在技术和应用上始终优于其他系统,为了防止对美国安全造成威胁,美制定了防止敌方使用 GPS 及其增加系统的措施,以确保美国保持军事优势,而又不会不适当地中断或降低民用有效使用卫星。

(2)制导航权

自 1996 年起,美国开始实施导航战计划,其目的是在发生冲突时,保证美军和盟军 GPS 的使用,同时阻止敌方对其的利用,并保证冲突区域外的民用 GPS 用户正常使用。导航战原指美军针对全球定位系统在使用时一定会遭到敌军干扰的情况而提出的"在复杂的电磁环境中,使己方部队有效地利用卫星导航系统,同时阻止敌军使用该系统"这一战争理论。实行导航战的主要目的是在未来战争中确保己方部队及盟军不受干扰地使用卫星导航系统。美国所提出的导航战和"制导航权"的概念是出于目前先进的电子干扰技术对 GPS 系统脆弱的抗干扰性能已经构成了直接的威胁。GPS 干扰机的问世对美军各种应用 GPS 技术的武器平台和精确制导武器产生了巨大的冲击。现代战争中无论是单兵行动、局部冲突还是全球作战,对 GPS 技术的依赖性越来越高。面对战争中敌方可能使用 GPS 干扰机来影响 GPS 系统的正常使用,令精确制导武器的作战优势丧失殆尽,美国及时筹备了旨在夺取战争中制导航权的导航战,使其在导航作战中的定位优势得以发挥。

进攻性导航战的目标是使敌国的卫星定位导航系统在规定区域内失效,而对其他区域的用户仍然有效。这一目标只能通过调整卫星发射频率的规定程序及采用干扰等技术来实现。防御性导航战是设法阻止敌人使用这些进攻性导航战技术,不让导航卫星为其军队和民用提供导航定位服务。

在伊位克战争期间,美空军及盟国空军压制了用于干扰他们的大功率 GPS 干扰机,这些压制都通过使用 GPS 制导武器来实现。同时,美军正在从 GPS 卫星、地面控制站、用户接收机设备等多方面采取措施,提高 GPS 系统的抗干扰能力:

①提高 GPS 星座后续星的发射功率,研制第三代 GPS 卫星;

②军用 GPS 接收机采用保密结构、自适应调零天线、抗干扰信号处理技术等;

③在武器应用方面,特别强调组合使用 GPS 与惯性制导系统,美军使用的"联合直接攻击弹药"就是两种制导技术的结合;

④研制 GPS 干扰源探测定位系统,使美军具备辨别每台干扰机位置的能力。

目前实施导航战的一个主动防御手段是给各种武器平台加装抗干扰天线系统,相关的抗干扰电子装置分为天线调零装置和电子波束形成器两类。天线调零装置能够感应干扰信号的来袭方向,并自动改变天线方向以规避这些方向上的干扰信号;天线波束形成器可以利用接收机位置和卫星位置信息来增强航天器方向的卫星发射信号。另外,将这两类抗干扰电子装置结合使用也能获得很好的效果。

8.1.3　GPS 系统在导航战中的作用

卫星导航定位系统在军事上的应用主要有以下几个方面:

(1)为车、船、飞机等机动工具提供导航定位信息;

(2)为制导武器进行精确制导;

(3)为野战和机动作战部队提供定位信息;

(4)为搜救人员引导方向。

GPS 技术的军事应用引发了导航战。根据美军导航战的计划、发展和部署,首先要在地球上空的三个卫星轨道平面上部署数颗卫星,然后对全球陆地、海面、岛屿进行测量和定位,对重要的军事战略地域、导弹发射场、机场、海军基地、指挥司令部、国防部、通信要地等进行精确测量和定位,对有争议的战区和战区前沿的军事部署进行精确测量和定位并严密监视,为开战时各种类型的作战飞机、预警机、电子战飞机、运输机以及各类军舰、潜艇、远程弹道导弹、巡航导弹等的导航与目标引导做好准备。

目前,美军的 GPS 星座由 24 颗卫星组成,这些卫星分布在 6 个卫星轨道上,其中每个卫星轨道上部署有 4 颗卫星,覆盖角度为 5°。1999 年在以美国为首的北约部队对南联盟进行的轰炸中,这 24 颗 GPS 卫星主要用于引导战机瞄准、导弹和智能炸弹命中目标,以及进行准确的空中加油和搜救行动,同时为地面部队、舰艇和武器装备提供精确的导航和定位信息,特别是对巡航导弹的精确打击和 B - 2 隐形轰炸机首次投射"联合直接攻击弹药"起到引导作用。据美国波音公司称,GPS 系统的导航卫星数目增加到 30 颗时,就能够获得更为显著的导航战优势。如果有 30 颗卫星部署在 3 个卫星轨道平面上,每条轨道上部署 10 颗,这样就可以提供 20°的覆盖角范围。这与 24 颗卫星所提供的 5°覆盖角相比,具有更高、更合理的导航、定位精度。

由于目前的民用飞机和舰船均依靠 GPS 进行导航,因此美国对 L_1 频段上的导航战前景更为重视。美军要求使用 C/A 码的用户应当注意美国白宫于 1996 年 3 月 29 日发布的声明,该声明规定了未来 GPS 的使用政策,并宣布废除定位参数选择性。美国国防部想通过政策的实施来确保美国在不严重破坏和降低民用 GPS 使用的情况下保持其军事优势。

目前,美国的许多新型制导导弹,如洛克希德·马丁公司制造的"联合空面防区外导弹”和波音公司制造的“联合直接攻击弹药”，均依靠 GPS 进行制导，而法国等其他国家的武器系统也计划使用类似的制导方式。由于这些武器比发射它们的载机更接近干扰源，所以它们遭受的干扰强度要比载机大得多。若 GPS 干扰机离目标很近，那么 GPS 制导导弹只有接近目标时才暴露在干扰信号中；若 GPS 能识别干扰信号的存在，那么使用小于 0.1°/h 的制导精度漂移量来通过 GPS 的内部检测装置，在剩余的较短时间内即能以较小的制导误差进行精确制导。

针对上述的潜在弱点，美空军研究实验室进行了大量研究并开发出两项抗干扰技术：一是采用自适应 GPS 滤波器/天线技术，用“插入式”天线单元采集 GPS 信号和采样干扰机的能量，然后利用这些数据来控制天线零点指向；二是采用时空反干扰技术，将 GPS 接收机与武器内部测量装置结合形成一个反干扰型 GPS/INS 武器制导系统。通过使用这两项技术将使 GPS 系统具有较强的抗干扰能力。

在美国国防科学研究小组提供的一份报告中指出，为使 GPS 系统更加有效地对抗干扰，应采用几种方法，其中最有效的方法是避开干扰机的辐射能量。因此，目前正在研究中的避开干扰能量的技术有自适应频率跟踪或波束成形技术和后相关波束或波束调零技术等。具体采取的措施如下：

(1)改进 GPS 接收机和使用自适应天线。改进现有的 GPS 接收机，并使用自适应天线就可在近期内使 GPS 的抗干扰能力提高 20～30 dB，但问题是大规模调整和改进将会带来庞大的经费开支。为此，波音公司认为应对卫星数目进行调整。而近期更为可行的解决途径是将卫星上 GPS 的发射机功率提高到 500 W，这不仅能提供足够的抗干扰能力，还能使目前使用的接收机具有更强的兼容性。

(2)发射 GPS 导航战卫星。洛克希德·马丁公司负责制造 Block R 型卫星，以逐步替换现役的 Block Ⅱ/ⅡA 型卫星，其中第 1 颗 Block ⅡR 卫星已于 1997 年发射升空。下一代兼备导航战能力的 Block ⅡF 系列卫星也已开始由波音公司进行研制，按原计划于 2002 年初发射第一批 6 颗、第二批 15 颗和第三批 12 颗卫星。这些卫星在设计中已预先考虑了备份电源、体积和底舱隔板等问题，并在每个太阳能板阵列上增加了一个前向板，以便在电源使用的间歇提供 500 W 的额外电源。这一改进措施从 Block ⅡF 第 7 颗卫星开始实施。

(3)提高 GPS 系统的抗干扰能力。为了提高 GPS 系统的抗干扰能力，美波音公司设法为 GPS 系统增加了一个可控窄波束天线，并通过该窄波束天线增益及增大发射功率，从而提高约 20 dB 的信号强度。同时，可控天线至少能使 4 颗卫星的波束指向某一作战区域，而地球上其他区域的接收信号强度却不会明显降低，这样就会迫使敌方提高干扰机的信号功率，以确保其干扰的有效性。随着干扰机尺寸的增大和干扰射频特征的增加，干扰机更容易被探测到，从而更有利于“哈姆”反辐射导弹对其进行攻击。

经过计算，如果 GPS 系统的抗干扰性能提高 18 dB 的话，就可以扩大固定阵地干扰机的非隐蔽性，而当抗干扰性能提高 40 dB 或更大时，固定阵地干扰机就更易暴露。据波音公司的专家称，在 21 世纪初的 20 年内，通过合理部署卫星星座、采用自适应天线以及更新 GPS 接收机等措施，可以使 GPS 系统提高约 60 dB 的抗干扰能力。GPS 系统的抗干扰能力和干扰对抗能力已经成为当今各国军方关注的焦点。

随着各国卫星导航系统的相继出现和利用，导航战和“制导航权”已不再是美国军方的专利，世界各大军事强国都在准备在未来战争中打赢一场争夺“制导航权”的战争。GPS 卫星定位导航系统与 GPS 干扰机之间的对抗将呈螺旋上升趋势。

8.2 GPS 干扰技术

8.2.1 GPS 原理

GPS 的起源可以追溯到 1960 年 7 月成立的美国航天公司应用科技去解决弹道导弹和航天系统中存在的问题。当时在研的一个航天系统是利用卫星的无线电信号对飞机进行导航。1963 年,航天公司空间分部开始了其 621B 项目——全球定位系统(GPS)。这个系统在本质上是用卫星星座替换以前导航用的单个卫星;用全天候的无线电电波替代星光;利用无线电信号的到达时间而非时钟来测量相对时间。

"导航星"(NAVSTAR)全球定位系统被定义为一个全球应用项目。尽管全球定位系统是采用美国资源实施部署的而且原计划用于军事目的,但该系统在全世界范围内主要是在民用方面得到了积极的应用。这样普遍的应用造成了一个进退两难的局面。随着应用越来越广泛,系统拥有者改变 GPS 有效性的能力在下降。即使希望在敌对情况下限制敌方对该系统的使用,也由于担心会对民用系统造成影响而不敢实施,甚至已严禁测试各种抗干扰技术的效果。要测试抗干扰的效果就意味着要产生一个干扰信号,但是如果没有对此进行严格控制,干扰在自由空间的传播可能会引起民用部门的混乱。

1. GPS 定位

GPS 是无源测距系统。用户接收其视界内的一组卫星发射的导航信号,从中取得卫星星历、用户与卫星间的距离、时钟校正参数、大气校正参数等数据,通过定位解算确定用户位置。要确定一个 GPS 接收机的位置需要同时测量它到四颗在轨卫星的距离。从单个卫星测得的粗略距离将接收机置于一个以卫星为中心的球面上,其半径等于所测得的距离。同时测得的到第二颗卫星的距离形成第二个球面,与第一个球面相交,生成一个相交区域,而接收机就位于这个区域。第三次测量形成三个球面相交于两点,一点位于空间,另一点则是接收机的地面位置。从理论上讲,三次测量就足以能产生一个明确的位置坐标,但实际上,由于用户时钟所造成的误差必须通过测量到第四个卫星的距离来校正。这时,存在四个未知量,用户的经度、纬度,相对于地球中心的高度和将用户时钟误差同系统时间同步所需的偏量以及四个独立的距离公式对系统方程求解所得出用户的位置数据,其位置精度至少为15 m,时间精度在 100 ns 内。

2. GPS 组成

GPS 是一个全天候、全球范围的精确三维导航和定时系统,它包括三个部分:一个发射信号的空间卫星星座、地面操作控制站网以及用户的无源接收机。

卫星星座包括 24 颗卫星。第一颗 GPS 卫星于 1989 年 2 月 14 日发射,第 24 颗卫星于 1994 年 3 月 9 日发射。GPS 卫星的平均寿命约为七年。因此,在 1996 年 3 月 27 日发射了首颗 GPS 替代卫星。麦克唐纳·道格那斯的 Delta Ⅱ 空间发射器将美国国防部"全球定位系统 Ⅱ－25"送入轨道,这是从美国佛罗里达州卡纳维拉尔角成功发射的第 25 颗 GPS 卫星。2000 年,洛克希德·马丁公司获得了一项价值 5 300 万美元的合同,对其中的 12 颗卫星进行更新,其内容包括增加第二个民用信号和两个军用输出,另外还包括提高信号功率以及对在轨卫星的信号重编程能力,所有这些措施都是为了提高其抗干扰能力。

GPS 卫星部署在 2 万多千米高空的圆轨道上,周期为 12 小时。每四颗卫星位于同地球赤道平面倾斜 55°的 6 个平面中的一个平面上。每颗卫星在两个频率上连续广播伪随机编码信号:1 575.42 MHz 的 L_1 和 1 227.6 MHz 的 L_2。L_1 用两种类型的编码进行调制粗获取码(CA)和精确(P)码。L_2 只传输 P 码。两种信号都采用右旋圆极化。

GPS 系统的第二部分是地面网站,包括分布很广的监测站。它们的位置都是进行了精确定位的。接收到来自卫星的传输信号后,监测站将其数据上传给主站,主站对数据进行分析并将 GPS 时间和通用标准时间进行比较。主站给为卫星上载数据的卫星控制设施制定信号编码校正并更改命令。

最后就是用户的 GPS 接收机。普通的 GPS 接收机可能包括天线、具有所需变频器的一个或多个接收信道、一个微处理器、存储器、控制和显示部分以及一个适当的电源。系统结构包括单信道时序接收,单信道多路接收或者每颗卫星一个单信道。时序接收机采用单信道,要连续跟踪所需四颗卫星中的一颗卫星几秒的时间,才能捕获或重新捕获并跟踪第二颗卫星。顺序重复四次就可以获得足够的信息来提供所需的坐标位置。

采用多信道接收机,则至少需要四个信道,每个信道用于一颗卫星。实际上则至少需要 5 个信道,第 5 个信道用于捕获进行连续更新所需要的下一颗卫星。6 信道接收机采用第 5 和第 6 个信道来提高定位的精度。8 个信道则可以对任意时间内理论上所能看到的全部卫星进行跟踪,24 信道的接收机则为每颗在轨卫星提供一个专用信道。采用 5 个信道以上的接收机其主要优点在于有更高的精度和备份能力。

3. GPS 的脆弱

当 NAVSTAR 处于计划阶段时,其在干扰环境下的工作能力还不是优先考虑的因素。原本并不希望 GPS 要在干扰的情况下使用。它只是作为一种导航的辅助工具,而不是用于炮弹中。

但实际上,GPS 信号相当微弱。1 575.42 MHz 的 L_1 信号其发射功率只保证在地球表面的最小信号功率电平为 – 160 dBW。1 227.6 MHz 的 L_2 信号到达地球表面其最小信号电平为 – 16 dBW。

即使是对发射信号一无所知,也可以干扰接收机。敌方可以采用宽带噪声进行干扰。这种技术尽管不能充分利用干扰机的功率,但容易实现而且相当有效。如果对所关注信号的特征事先有所了解,可以采用特定的干扰方式,从而降低对输入功率的要求并能大大提高干扰效果。

GPS 信号实际上已经被干扰过,尽管是无意干扰的。1997 年 12 月和 1998 年 1 月,一台"流氓"发射机在纽约/新泽西地区对 GPS 信号进行了长达两周的破坏。1997 年 12 月 30 日,在 Griffiss 空军基地开始了对安装在飞机吊架上的 GPS 发射机进行测试。一个带有 5 W 发射机的 GPS 天线在 1 227.6 MHz 的民用 GPS 频率附近进行调试,其发射脉冲只有几毫秒。调试起初是人工控制的,但后来升级为一个计算机控制的无线电系统。不幸的是这个系统一直开着,干扰了 300 km 半径范围内航班的正常飞行。大约 12 ~ 16 架装有 GPS 的飞机提交了干扰报告,而且至少一架大陆航空公司的飞机报告说在接近该区域时完全丢失了 GPS 信号。

美国海岸警卫队也提交了题为"对飞行安全的严重威胁"的报告,报告声称有 16 架飞机曾完全丢失过 GPS 信号,并提出由于 GPS 干扰所需的功率电平低,需要花几天时间才能确定干扰源的位置。该报告还引述了其他一些事例,得出了"GPS 干扰是飞机安全的一个严重威胁"的结论。

更不妙的迹象是据报道出现了一种手持式 GPS 干扰机,能有效干扰美国的 GPS 以及俄罗斯的 GLONASS 系统。这套设备在 1999 年巴黎航展上展出,由俄罗斯莫斯科的 Aviaconversiya 公司生产。这种干扰机体积小,质量轻(3 kg,120 mm × 190 mm × 70 mm),能在两个 GPS 频段和两个 GLONASS 频段(1 250 MHz 和 1 607 MHz)提供 8 W 的干扰功率。该公司声称若采用干扰机所提供的高增益或全向天线,则在假定与敌方导航接收机处于同一视野内的情况下,其有效干扰距离为几百千米。在巴黎航展上散发的宣传资料重点描述了该干扰机的各种应用情况,其中包括利用全向天线成功阻止"战斧"巡航导弹的定位。它将这种干扰机称作"信息武器",并引用了美国对伊拉克和塞族部队应用 GPS 制导武器的事例,从而来证明其价格高达 4 万美元一套是合理的。

麻省理工学院林肯实验室系统分析小组的 Sean Gilmore 博士在 1997 年一次会议上作了"军事应用的挑战"的讲话,间接提到一种功率 1 W,直径 3 英寸,由电池供电的"曲棍球精灵"干扰机,用现有的部件制造,其价格为 500 美元。当在 Hanscom 空军基地进行试验时,该设备有效地干扰了 GPS 信号。

即使是对 GPS 抗干扰技术的测试也是有问题和缺陷的。应当全力避免即使是一个微弱的干扰信号在可能影响民用活动的区域内的自由空间传播,且已向一些进行 GPS 测试的措施发出了这样的告诫。目前,美国研制一种威胁模拟器,它可以让军方在 GPS 干扰环境下进行测试和训练而不影响民用 GPS 用户或者航程仪表 GPS 接收机。这种称作选择性 GPS 干扰的技术已由美国红石兵工厂威胁系统管理办公室研制成功。

当需要自由空间传输时,可以利用如美国海军 Etcheron Valley 靶场等设施。该靶场位于美国加州中国湖和因约肯附近的一大片人烟稀少地区,占地面积 65 平方英里,有极好的空中和地面安全保障。由于其位置偏远、地势崎岖,可实施空域管制并对边界和地面进行控制,进行测试比较安全。但是早在 1995 年 4 月,美国联邦航空局就对在白沙导弹靶场附近 300 英里范围内飞行的飞行员发出过特别的告警。告警的内容包括一系列 GPS 民用/军用联合干扰试验,指出 GPS 信号可能无法使用。另外,在 1996 年 10 月,美国联邦航空局批准在 12 月整月的凌晨进行有限的 GPS 干扰试验,地点位于麦克唐纳 · 道格拉斯航天公司,受影响的区域据称为圣路易斯地区方圆 120 海里的位置。

(1)信号固定,易被截获

因为 GPS 为分布在广大地区的各方面用户提供导航信息,使用者包括海、陆、空、天的军用、民用和科学研究等各领域的数以百万计的用户,因此信号载频与格式不能轻易改变。另外,改变卫星导航的频率和信号强度耗资巨大,且需经国际电信联盟审查,很难做到随意改变信号载频和功率。所以 GPS 卫星导航信号载频和功率是已知的,容易被侦察和截获。

(2)信号功率低,易受干扰

GPS 卫星处于离地球表面 20 200 km 附近的圆形轨道上,根据测算,传播到地球表面的信号强度比电视机天线所接收到的功率要低 10 亿倍,具有先天的脆弱性,极易受到干扰。英国进行的地面和空中实验证明,干扰功率为 1 W 的干扰机实施调频噪声干扰,就能使在 22 km 范围内的民用 GPS 接收机不能正常工作,而且干扰功率每增加 6 dB,有效干扰距离就增加一倍。

(3)在轨卫星防护性能差,易遭摧毁打击

受到技术、性能和效费比等因素的制约,在轨卫星的防护能力有限,极易受到高能激光或粒子束等反卫星武器的攻击。而备用卫星造价昂贵,技术复杂,易受攻击破坏且更换周期较长,无法及时进行补充。

8.2.2 GPS 干扰技术

通常 GPS 接收机在接收信号的同时,不可能完全抑制外部干扰,以及一些特征参数与有用信号相同或相似的其他信号,GPS 接收机检测有用信号时必然存在一些不确定因素。利用这一特点,可以施放干扰信号,迫使敌方获得的有用信息量降至最小,因此对 GPS 的干扰就是通过辐射干扰信号来压制或欺骗敌方的 GPS 接收机。

据英国防御研究局的试验证明:"使用干扰功率为 1 W 的干扰机,在 GPS 频带上实施调频噪声干扰,就可以使 GPS 接收机在 22 km 范围内不能工作,发射机功率每增加 6 dB,有效干扰距离就增加 1 倍。"因此,使用小型干扰机在 50 km 外就可以有效地干扰 GPS 接收机的工作。另据称,一种价格 500 美元的干扰机就能辐射 1 W 的功率,其有效范围多达 70 km。这样,小型电池供电的干扰机就能够有效地干扰 GPS 信号,从而用于军事目的。

1. 侦察引导技术

在现代战争中,全球定位系统、卫星监视、光纤通信、因特网、高灵敏度传感器、精确制导武器等信息技术手段已充斥整个战场,导航的作用也不容忽视。在未来战争中,GPS 将成为美国及其盟国精确指挥控制、精确打击和精确兵力投送的关键。但是,从某种角度来说,GPS 信号功率很弱,极易受到干扰,对 GPS 信号的干扰是一种进攻性措施,可以有效降低敌方现代化武器的使用效能。因此,对 GPS 侦察干扰技术的研究具有十分重要的意义。

对 GPS 的侦察引导主要用于支援对 GPS 的干扰行动,为干扰系统提供技术情报支持,要求具备较强的机动性。在未来导航战的背景下,对 GPS 军用码的侦察测量是很有必要的,GPS 将来会采用地基或空基伪卫星技术,美国也可能在现有的频率上规划出部分频段给新的军用信号专用,调制一种新的带有先进导航信息的军用码。GPS 侦察引导站将完成对GPS 信号的截获、分析以及载频、码速甚至码型等参数的测量工作,为实施有效干扰 GPS 提供有力保证。同时,侦察引导站也需要产生逼真的 GPS 信号,引导干扰机实施欺骗干扰。因此侦察引导站的技术要求比较高,设备相对复杂,多为地面设备。而且一个侦察引导站可以通过无线或有线方式将相关信息,包括 GPS 假信息传向周围各地,引导多个干扰机工作,这样干扰机的设备就可以非常机动灵活,也解决了对 GPS 转发干扰时的收发间隔问题。

2. 干扰路径

(1)升空干扰技术

为获得较好的干扰效果,减少干扰路径损耗,可以采用升空干扰技术对 GPS 实施更有效的干扰。升空干扰可以采用直升机、专用电子对抗飞机、无人驾驶飞机等,升空高度应不低于一定值,以保证干扰信号能够进入 GPS 接收机的天线。

①机载(无人)干扰机。机载干扰机机动灵活,可获得独特的地理位置优势,甚至可让干扰信号以 GPS 信号方向到达接收机。升空干扰也使干扰信号传播损耗减小,取得相当的升空增益。机载干扰机还使远距离干扰成为可能,并使干扰不殃及我方武器设备。其中,无人干扰机具有很强的突防和战场生存能力,可进入敌纵深地带,贴近目标完成干扰任务。另外,无人机生产成本低、机动性好,可以很好地支持分布式干扰的实施。

②平流层飞艇载干扰机。平流层离地面 10～50 km,基本恒温,风向水平稳定。平流层平台视野开阔,控制范围大,从平流层平台发射的干扰信号通过电离层的路径短,大气衰减也小,可以获得可观的升空增益,能实现对远距离 GPS 接收机平台的干扰。平流层飞艇不需要依靠运载火箭,凭自身的动力系统即可移动至世界各地并保持稳定,在合适的时间、合

适的地点实施干扰,是一个理想的 GPS 干扰升空平台,而且平流层飞艇遥控方便,可回收维护,使用寿命长,与地面移动系统比较投入也不高。

③气球载干扰机。气球载干扰机使用起来方便灵活,价格低廉,可以辅助组成严密的干扰辐射网,支持重点目标的防护和国土防空任务的完成。

（2）星载干扰技术

如果要干扰远距离敌方空中目标的 GPS 接收机,普通的机载升空方式干扰机已无能为力,这是因为干扰机的升空高度难以达到有效干扰所需的理想高度,此时可采用星载干扰机进行有效干扰。考虑到减少干扰信号传播路径损耗的因素,运载卫星的运行轨道最好采用低轨道,离地面不能太高,以减少实施有效干扰所需的功率。但是,低轨道卫星相对于地球上的某一点是运动的而并非静止,不能进行定点干扰,只有当它通过目标上空时,才能实施干扰,因此其时效性受到限制。低轨星载干扰可采用欺骗与压制相结合,组成干扰辐射网。

（3）地面干扰技术

对 GPS 接收机的干扰也可采用地面干扰技术,多部陆基或舰载 GPS 干扰机可以采用空间功率合成技术汇聚足够的干扰功率,组成强干扰压制,以确保重点攻防方向干扰任务的完成,使敌前沿作战飞机和超低空飞行的导弹不能进行精确 GPS 定位。

3. 对 GPS 的干扰方式

在和平时期,GPS 对抗的主要任务是对 GPS 系统进行充分的侦察。在战争时期,对 GPS 系统实施干扰则成为对抗的主要任务,目的是干扰敌方 GPS 接收设备。从战术上考虑可以采用两种完全不同的干扰体制,一种是压制性干扰,一种是模拟性干扰或迷惑性干扰,通常称欺骗性干扰。另外,在导航背景下,也可采用有效的反卫星武器对 GPS 全球定位系统进行破坏和摧毁。

（1）压制式干扰

用干扰机发射某种干扰信号,以某种方式遮蔽敌方信号频谱,使敌方 GPS 接收机降低或完全失去正常工作能力,通常称为压制性干扰。这种压制性干扰又可分为两种,一是暴露性干扰,即施放干扰时,敌方能发觉受到人为干扰。另一种是隐蔽性干扰,即施放干扰时,使 GPS 信号遭到破坏,但敌方并未察觉。试验证明,飞机上的 GPS 在干扰信号为 -125 dBW ~ -130 dBW 时就会丢失锁定卫星信号的码元和载波,从而失去定位能力。

（2）欺骗式干扰

GPS 用户设备不配有原子钟,测量的用户至卫星的距离包括钟差等引入的误差,此距离称为伪距。由图 8-1 可知,测点 P 与第 i 颗卫星 S_i 的伪距 PR_i 可由下式确定:

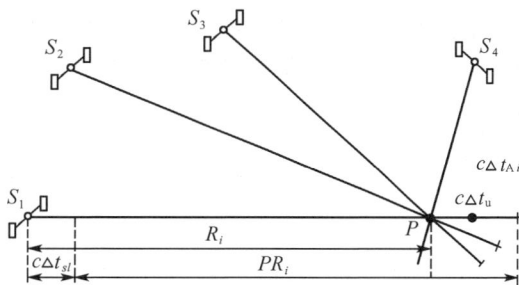

图 8-1 伪距测量原理图

$$PR_i = R_i + c\Delta t_{Ai} + c(\Delta t_u - \Delta t_{si}) \tag{8.8}$$

式中,$i = 1,2,3,4$;R_i 为第 i 颗卫星至观测点的真实距离;c 为光速;Δt_{Ai} 为第 i 颗卫星传播延迟误差和其他误差;Δt_u 为用户钟相对于系统时的偏差;Δt_{si} 为第 i 颗星的卫星钟相对于 GPS 系统时的偏差。

设卫星 S_i 和测点 P 在地心直角坐标系中的位置分别为 (X_{si},Y_{si},Z_{si}) 和 (X,Y,Z)，则有：

$$R_i = \left[(X_{si} - X)^2 + (Y_{si} - Y)^2 + (Z_{si} - Z)^2 \right]^{1/2}$$

代入(8.8)式中，即为

$$PR_i = \left[(X_{si} - X)^2 + (Y_{si} - Y)^2 + (Z_{si} - Z)^2 \right]^{1/2} + c\Delta t_{Ai} + c(\Delta t_u - \Delta t_{si})$$

在式中，卫星位置 (X_{si},Y_{si},Z_{si}) 和卫星钟偏差 Δt_{si} 由解调卫星电文并通过计算获得；电波传播延迟误差 Δt_{Ai} 用双频测量法修正，或利用卫星电文提供的校正参数根据电波传播模型估算得出，伪距 PR_i 由接收机测定。

从 GPS 的定位原理可以看出，GPS 进行定位欺骗可以从两方面着手，给出虚假导航电文，第 i 颗卫星的坐标 X_{si}，Y_{si}，Z_{si} 是假的，或者增加信号传播时延，使测量的伪距产生偏差。因此，欺骗式干扰有"产生式"和"转发式"两种体制。所谓的"产生式"是指由干扰机产生能被 GPS 接收机接收的欺骗信号，产生 GPS 码型以及当时的卫星电文数据，我们知道，C/A 码是公开的，P 码也已处于半公开状态，对它们的干扰可以实现，但对 P 码加密后形成的军用 Y 码的干扰还有较大困难，需要进一步的深入研究，突破关键技术。所谓的"转发式"干扰是利用信号的自然延迟，对敌方的 GPS 接收机进行干扰，没有专门针对措施的 GPS 接收机很容易被这种类型的欺骗信号所欺骗，这种干扰方式技术实现也相对容易。对转发式干扰来说，首先要解决收发间隔高度的问题，而且要从 -20 dB $\sim$ -30 dB 的信噪比中提取、放大信号并尽量减少信号畸变，提高信号信噪比，将来还会要求转发式干扰机更智能化，能够向被干扰目标提供任意的假位置。比如使用高增益、低噪声的天线阵列来跟踪 GPS 星座，阵列中每一个天线跟踪一个星座，分别处理各个卫星信号的传播时延，这可能使被干扰的 GPS 接收机测得的位置发生各种变化。

欺骗式干扰是一种针对卫星导航系统工作机理，GPS 接收机工作特性以及存在的薄弱环节，采用较隐蔽的方式进行的干扰，可以有多种变化形式。考虑到信号变化的多样性，无论是"产生式"还是"转发式"干扰体制，将来都要更加智能化。

（3）摧毁性打击

GPS 系统虽然采用中高度卫星、多星配置、卫星机动、航天飞机补充等措施来增强其生存能力，但该系统本质上是一个信息集中系统，系统的主控站、注入站、监测站均是整个系统的一个节点，节点一旦被摧毁，整个系统便会失效。为提高整个系统的可靠性，系统中设置了两个注入站，甚至也设置了备份主控站。即使如此，这种信息集中系统也易为敌方破坏，在战争中如何生存仍成问题。不断发展的反卫星武器、激光和粒子束武器将是 GPS 系统的致命克星。

参 考 文 献

[1] 梁小军,梁百川.卫星定位系统和导航战[J].外军信息战,2004(4):9 - 13.

[2] 黄鲲,王治力,张以忠.美国 GPS 抗干扰技术发展综述[J].外军信息战,2008(1):19 - 22.

[3] 焦逊,陈永光,等.对 GPS 接收机实施压制干扰的效能评估研究[J].航天对抗,2003 (3):11 - 14.

[4] 王琼,王伟,戚宗峰.欺骗干扰条件下的 GPS 定位方程求解性能研究[J].航天电子对抗,2008(2):21 - 23.

［5］徐长雷,蔡德林,刘晓琴. GPS 系统抗干扰性能及抗干扰技术分析［J］.航天电子对抗,2008(2):19 - 20.

［6］孙晓昶,张忠华,皇甫堪.基于循环平稳性的级联空时 GPS 抗干扰技术［J］.航天电子对抗,2004(3):45 - 48.

［7］金鑫,毕义明,方秦.反卫星武器发展的相关问题研究［J］.航天电子对抗,2008(3):13 - 15.

［8］袁俊.俄罗斯国家战略预警系统及其发展［J］.外军信息战,2008(1):4 ~ 7.

［9］Kaplan E D. Unersting GPS Principles and Applications［M］. London:Artech House Boston,1996.

［10］何四华,李天伟,韩云东.导航战中 GPS 干扰技术研究［J］.舰船电子对抗,2004,27(1):24 - 26.

［11］姜景山.空间科学与应用［M］.北京:科学出版社,2001.

［12］谭显裕. GPS 对抗技术的现状与发展［J］.现代防御技术,2003(1):34 - 37.

［13］周文佳.美国积极研究 GPS 抗干扰技术［J］.外军电子站,2001(1):3 - 7.

［14］除了北斗,这些卫星导航系统你知道吗?.新华网. http://m. xinhuanet. com/ah/2018 - 04/20/c_1122716749. htm. 2018 - 04 - 20

［15］IRNSS——印度区域导航卫星系统的原理与特点. http://www. beidounav. net/post/18. html. 2013 - 7 - 1

［16］印度发布 GAGAN 卫星导航系统服务. 中华人民共和国科学技术部。http://www. most. gov. cn/gnwkjdt/201512/t20151215_122915. htm. 2015 - 12 - 16

［17］邵博,耿永超,丁群,吴显兵. 国际星基增强系统综述［J］. 现代导航,2017(3):157 - 161